新时代浙商管理经验丛书·························

本书是教育部人文社会科学研究规划基金项目"制度创业视角下新兴民营企业商业模式创新主题设计及其影响机制研究"（编号：19YJA630052）和浙江省高校高水平创新团队"转型升级和绿色管理创新团队"的重要成果。

新时代浙商

商业模式创新经验

罗兴武 编著

经济管理出版社

ECONOMY & MANAGEMENT PUBLISHING HOUSE

图书在版编目（CIP）数据

新时代浙商商业模式创新经验／罗兴武编著 . —北京：经济管理出版社，2021.4
ISBN 978-7-5096-7951-7

Ⅰ. ①新⋯　Ⅱ. ①罗⋯　Ⅲ. ①企业管理—商业模式—经验—浙江　Ⅳ. ①F279. 275. 5

中国版本图书馆 CIP 数据核字（2021）第 079984 号

组稿编辑：张　艳
责任编辑：张莉琼
责任印制：黄章平
责任校对：董杉珊

出版发行：经济管理出版社
　　　　　（北京市海淀区北蜂窝 8 号中雅大厦 A 座 11 层　100038）
网　　址：www. E-mp. com. cn
电　　话：（010）51915602
印　　刷：北京晨旭印刷厂
经　　销：新华书店
开　　本：720mm×1000mm/16
印　　张：13. 75
字　　数：232 千字
版　　次：2021 年 6 月第 1 版　　2021 年 6 月第 1 次印刷
书　　号：ISBN 978-7-5096-7951-7
定　　价：78. 00 元

总　序

　　浙商是中国当代四大商帮之首。千余年来浙商风云际会，人才辈出，在浙江乃至世界各地书写了波澜壮阔的商业历史。从唐朝资本主义萌芽，到明清时期民族工商业的脊梁，浙商用敢闯敢拼的进取精神和踏实肯干的务实作风，用商业实践写就了中国民族资本主义发展的篇章。历史上，大量浙商曾在民族经济和民族企业发展过程中留下了浓墨重彩的一笔，如明初天下首富沈万三、清末红顶商人胡雪岩、五金大亨叶澄衷等。自改革开放以来，大批浙商纷纷登上时代的舞台，秉持"历经千辛万苦、说尽千言万语、走遍千山万水、想尽千方百计"的"四千精神"，在改革开放中取得了举世瞩目的伟大成就，一大批知名企业家如鲁冠球、马云、李书福、杨元庆、宗庆后、任正非等走在了中国改革开放的最前沿，成为改革开放的商业领袖，引领浙商企业在商业实践中砥砺前行，取得了空前伟业。

　　随着中国民营经济的蓬勃发展，浙商企业已成为中国民营企业发展的一面响亮旗号，威名响彻大江南北。"浙商"企业早已不是当初民营经济的"试水者"，而是助推中国经济腾飞的"弄潮儿"。"冰冻三尺非一日之寒"，浙商企业的成功既有其历史偶然性，更有其历史必然性。浙商企业的蓬勃发展是中国改革开放的一个缩影，通过"千方百计提升品牌、千方百计保持市场、千方百计自主创新、千方百计改善管理"的"新四千精神"，浙商企业在激烈的市场竞争中占据重要地位，浙商企业的管理实践经验对中国本土企业的发展有着深刻的启迪和引领作用。这其中蕴含的丰富管理理论和实践经验需要深入挖掘。

　　当前中国特色社会主义进入了新时代，这是我国发展新的历史方位。新时代下互联网经济和数字经济引领发展，以阿里巴巴为代表的移动支付等数字交易平台发展全国领先，新经济催生了新的管理理念和管理模式，新时代催生浙商新使命、新征程、新作为和新高度。对新时代浙商企业管理经验的全方位解读，并产出科研和教学成果，是产学、产教融合的有效途径，也是对浙商群体乃至其他商业群体发展的指路明灯。

2019 年恰逢中华人民共和国成立 70 周年，浙江财经大学成立 45 周年，浙江财经大学工商管理学院成立 20 周年。浙江财经大学工商管理学院在全院师生的不懈努力下，在人才培养、科学研究和社会服务方面做出了理想的成绩。新时代工商管理学院也对商科教育不断开拓创新，坚持"理论源于实践，理论结合实践，理论指导实践"思想重新认知和梳理新商科理念。值此举国欢庆之际，浙江财经大学工商管理学院聚全院之智，对新时代浙商管理经验进行总结编纂，围绕新时代浙商管理经验展开剖析，对新时代浙商企业的实践管理经验进行精耕细作的探讨。深入挖掘浙商企业成功的内在原因，进一步探讨新时代浙商企业面临的机遇和挑战。我们期望，这一工作将对传承浙商改革创新和拼搏进取的精神，引领企业发展和助推中国和浙江的经济高质量发展起到重要作用。

本系列丛书研究主题涵盖新时代浙商企业管理的各个方面，具体包括："新时代浙商企业技术创新和管理创新经验""新时代浙商文化科技融合经验""新时代浙商互联网+营销管理经验""新时代浙商跨国并购管理经验""新时代浙商绿色管理经验""新时代浙商企业社会责任管理经验""新时代浙商国际化经营管理经验""新时代浙商互联网+制造管理经验""新时代浙商知识管理经验""新时代浙商商业模式创新经验""新时代浙商战略管理经验""新时代浙商营销管理经验"等。本丛书通过一个个典型浙商管理案例和经验的深度剖析，力求从多个维度或不同视角全方位地阐述浙商企业在改革开放中所取得的伟大成就，探讨全面深化改革和浙商管理创新等的内涵及其关系，进一步传承浙商的人文和商业精神，同时形成浙商管理经验的系统理论体系。

本系列丛书是浙江财经大学工商管理学院学者多年来对浙商企业管理实践的学术研究成果的结晶。希望本系列丛书的出版为中国特色管理理论发展增添更多现实基础，给广大浙商以激荡于心的豪情、磅礴于怀的信心、砥砺前行的勇气在新时代去创造更多的商业奇迹，续写浙商传奇的辉煌。相信本系列丛书的出版也在一定程度上会对新时代其他企业发展提供必要的智力支持，从多个角度助推中国民营经济的发展。

浙江财经大学党委委员　组织部、统战部部长

董进才教授

PREFACE
前　言

　　本书是一部浙商商业模式创新案例的选编集，汇集了近二十年来浙商商业模式的探索以及成功经验，向读者生动呈现了浙商企业商业模式的现实样本。

　　错综复杂的全球经济危机、"三大老红利"的逐渐消失、网络经济时代的非线性竞争，以及"大众创业、万众创新"、经济新常态"三期叠加"下的中国情境制度创新，表明中国已进入深度经济转型阶段，正面临从要素、投资驱动转向创新驱动的新局面。商业模式，作为连接技术潜力与经济价值实现的启发式逻辑，其创新正成为网络经济时代企业转型升级的重要载体和突破口，是转型期中国创业企业实现快速赶超的关键所在。据统计，世界市值排名前100强至少有60%的企业主要收益来自商业模式创新，如GAFA（谷歌、苹果、"脸书"、亚马逊）、BAT（百度、阿里、腾讯）等。大数据、云计算、移动互联带来了连接效率的提升，使新创企业在缺乏关键资源和能力情况下仍可借助商业模式设计跨界整合要素，用"网络效应+零边际成本+长尾"重构范围经济、规模经济与市场边界，使原本侧重于供给端的"资源/能力—战略选择—价值获取"战略逻辑，已转向到了以需求端为焦点探索的"市场—商业模式—价值创造—价值获取"战略逻辑。

　　商业模式（Business Model）从战略视角看，是指企业执行战略的过程；从经营系统视角看，是指企业跨组织边界的交易系统或结构；从价值创造视角看，是指企业价值主张、价值营运和价值获取的活动。诚如现代管理大师彼得·德鲁克所言，当今企业间的竞争不是产品与服务的竞争，而是商业模式的竞争。从本质上来说，商业模式竞争的是价值定位、资源结构和企业家格局，探索的是企业价值创造和获取的基础架构形成过程。党的十九大报告明确指出，国家将大力推进互联网及相关技术创新，推进互联网及相关技术在整个社会领域的深度应用。2019 年中国政府工作报告明确提出将商业模式创新与技术创新一起作为经济增长的创新引擎，市场机会与制度包容的中国新兴经济也为商业模式创新提供了"独特的市场可行与制度合法的情境"。自 2015 年国务院正式印发《关于积极推进"互联网+"行动的指导意见》以来，我国以商业模式创新为主导的"独角兽"企业增长迅猛，从 2015 年的 70 家增长到 2016 年的 131 家，2019 年则达到 206 家的高位，涉及金融、文化娱乐、汽车交通、社交网络等 18 个行业。

浙江省素有"市场大省"之称，2018 年中国大陆企业 500 强中，浙江占 48 席，入围企业数居全国第 5 位，同时在 2018 年中国大陆民营企业 500 强中，浙江占 93 席，连续 20 年位居榜首。浙江涌现出一大批具有创新发展意识的企业家和因商业模式而壮大起来的企业，这些企业充分发挥新时代浙商精神，敢闯敢试、敢为人先，在企业的商业模式创新上领全国风气之先，如阿里巴巴、海康威视、物产中大、正泰电器等。2018 年很多企业自愿开展商业模式创新和产业转型升级，在差异化定位、多元化市场布局、科学技术革新、数字化转型、优化产业生态圈、创新模式探索等方面举措有力。截至 2018 年底，浙江新建数字化车间、无人工厂 66 家，新增工业机器人 16000 万台，累计上云企业 28 万余家。制造业数字化转型步伐不断加快，质量效益明显改善。2019 年，浙江省坚持"八八战略"再深化、改革开放再出发，深入实施富民强省十大行动计划，突出"稳企业、增动能、保平安"，聚焦聚力高质量发展、竞争力提升、现代化建设。另外，"城市大脑"、数字大湾区等标志性项目建设有序推进，数字经济"一号工程"深入实施，新产业拉动作用明显。这些商业模式的"践行者"与创新同行、与数字共舞，使得全省转型升级的步伐更加快速稳健，经济文明建设的动力愈加强劲。同时，浙商的商业模式经验也能够为更多的企业走上转型升级的发展道路提供有益的借鉴，为进一步推动我国产业升级的步伐，同时也为完善浙江省新时代商业模式研究的理论体系提供一些帮助。基于此，我们编写了《新时代浙商商业模式创新经验》一书，以期为更多有需要的企业家、创业者或相关专业的学者提供参考。

本书共收集了 14 个具有代表性的浙商商业模式创新案例，并系统总结了这些企业的管理经验和启示。全书主要分为以下三个部分：一是认知篇。主要讲述商业模式概念及内涵、商业模式创新设计、商业模式画布等知识。二是案例篇。主要遴选了 14 家浙商企业的商业模式创新案例。三是经验篇。主要总结了浙商企业商业模式创新的六大经验和六大启示。

本书中的浙商企业涵盖新零售行业、传统制造业、互联网医疗业、互联网金融业、安防行业、网约车行业、新媒体行业、旅游民宿行业等。各行各业的案例从不同的切入角度，以不同的商业模式组成一个比较丰富的案例库。从这些丰富的案例中可以看到，这些企业均是结合自身发展特点采取的商业模式创新，包含了一些商业模式创新的共性特征。为方便大家阅读和参考，本书在案例经验分析的基础上，概括总结出企业商业模式创新的六大经验与六大启示。具体而言如下：

新时代浙商商业模式创新的六大经验：

经验一：明确价值主张，注重客户需求。

经验二：找准目标市场，谋划业务布局。

经验三：坚持数字理念，助力转型升级。

经验四：强化技术研发，驱动模式创新。

经验五：顺应国家政策，挖掘创业机会。

经验六：寻找生态伙伴，携手共创未来。

新时代浙商商业模式创新的六大启示：

启示一：差异化市场定位，扩大品牌影响。

启示二：线上线下联动，扩展业务布局。

启示三：注重技术革新，以创新促发展。

启示四：做好数字化转型，开辟变革"赛道"。

启示五：优化行业生态圈，抱团发展共赢。

启示六：因势而谋、谋而后动，做好模式探索。

这些经验和启示是扎根于新时代浙商企业的丰富具体实践总结而成，具有坚实的现实基础，是对现实资料的深入分析得出。这些案例中的浙商企业从商业模式的价值主张、价值创造、价值传递、价值分配与获取等方面出发，对价值链与生态系统进行重构，并且协同组织架构、经营管理方面的支持，从而形成了从企业生产的源头到生产过程的控制再到产品的销售、项目的整体闭环发展。目前，这些率先创新商业模式的浙商企业在很大程度上成为了同行业中的"领跑者"，因为它们在商业模式创新的过程中能够学习并掌握更多的新技术、团结更多的新资源，进而对产业链上有一定的掌控力，并深挖"护城河"，以形成价值隔绝机制，维护可持续的竞争优势。因此，浙商企业的成功经验尤为珍贵，细致梳理并系统思考他们的经验，对于企业管理操作、学术理论研究都具有理论和现实指导意义。

本书可以作为相关专业（工商管理、市场营销、电子商务、国际商务等）的研究生、本科生、高职生学习"创新创业管理""管理学""战略管理"等相关课程的案例教学参考书、实训实践指导书或课外阅读书目，还可以为从事商业实践相关工作的职场人士（如管理人员、创业人员等）提供实践操作指导。

本书既是笔者在商业模式创新科研与教学所思所想的阶段性总结，也是对一段时光的记叙。感谢浙江财经大学董进才教授、王建明教授的帮助与支持，也感谢参与本书资料收集和整理撰写的浙江财经大学学生张皓、宋晨青、黄菲菲、林芝易等。浙江财经大学的图书馆记录了我春去秋来的岁月流淌，也见证了本书的不断完善。感谢这一段难忘的岁月，希望本书能让更多人受益。

最后，由于笔者水平有限，加上编写时间较为仓促，尽管已经做出最大的努力，但书中难免存在不当或者错漏之处，敬请各位专家、学者、老师和同仁批评指正（邮箱：chet168@126.com）

罗兴武

2020 年 5 月 20 日于杭州

DIRECTORY

目 录

认知篇

1 商业模式概念、要素及竞争本质

近年来，商业模式创新得到了管理学者和企业家越来越多的关注。正如现代管理学大师彼得·德鲁克曾言，当今企业间的竞争不是产品与服务的竞争，而是商业模式的竞争。商业模式最早作为专业术语出现是在20世纪50年代，20世纪80年代，商业模式的概念被用于描述IT行业动态，到20世纪90年代，随着互联网及电子商务的迅猛发展，商业模式作为企业界的时尚用语开始流行并逐步引起理论界的关注。

1.1 商业模式概念

对于商业模式的概念，学界至今尚没有达成一致。学者从各自的研究视角出发，形成了商业模式研究的"丛林"。综观商业模式概念的研究，主要有战略、经营系统和价值创造视角（见表1）。

表1 不同视角下代表性学者对商业模式的定义

类别	代表研究	定义
战略视角	Casadesus-Masanell 和 Ricart（2010）	商业模式是企业可以实现的战略的反映
	Morris 等（2005）	商业模式是创业战略、架构和经济学等领域一套相互关联的决策变量的简明陈述，它可解释如何在限定的市场持续创造竞争优势
	Osterwalder 和 Pigneur（2011）	商业模式是商业战略的概念和结构上的实施以及商业过程的基础
经营系统视角	Timmers（1998）	商业模式是产品、服务和信息流的架构，既是各种商业角色及其作用的描述，也是各种商业角色潜在利润和收入来源的描述
	Zott 和 Amit（2010）	基于交易连接活动的事实，商业模式是一个超越核心企业并扩展其边界的相互依赖的活动系统
	Hammer（2004）	商业模式是企业的运营结构，商业模式创新是企业组织结构深层变革
	Aspara 等（2011）	商业模式既是一种客观的物质结构和过程，也是人思想中存在的一种主观认知结构

续表

类别	代表研究	定义
价值创造视角	Amit 和 Zott（2001）	商业模式是开发商业机会，进行价值创造的交易内容、结构和治理
	Chesbrough 和 Rosenbloom（2002）	商业模式是连接技术潜力和经济价值实现的探索性逻辑
	Magretta（2002）	商业模式是解释企业如何运作的故事
	Teece（2010）	商业模式可以清楚表达逻辑、数据和其他证据，用以支持对顾客的价值主张，以及企业传递价值的收入和成本的可行结构
	Shafer 和 Smith（2005）	商业模式是价值策略的选择，以及基于价值网络的价值创造和价值获取
	Stewart 和 Zhao（2000）	商业模式是企业如何赚钱并维持现金流的陈述
	Rappa（2000）	商业模式的根本是企业的自我维持并清楚表达价值链中的定位及如何获利
	Cavalcante（2011）	商业模式是企业商业化的抽象概念，个人认知在商业模式动态变化中发挥了重要作用
	Verstraete（2012）	商业模式是可以传递给利益相关者的商业价值的概念化

战略视角。商业模式就是企业战略的执行过程，并从不同的战略方向去考察，涉及市场定位、客户细分、组织行为、企业竞争优势和可持续发展等。Casadesus-Masanell、Ricart（2010）认为，商业模式是公司已实现战略的反映。KM Lab 顾问公司（2000）认为，商业模式是企业通过组合产品、服务、形象、工作人员、作业基础设施等，在市场上创造价值的过程。Sinfield 等（2012）指出，商业模式是执行管理选择的集合所得到的结果。

经营系统视角。商业模式被认为是企业的运营结构，重在通过内部流程和组织框架设计实现企业绩效，其主要源于"结构—行为—绩效"（SCP）的分析范式。商业模式是企业活动的集合，包括战略、组织、技术、伙伴网络等（Chesbrough & Rosenbloom，2002；Morris et al.，2005），其中伙伴关系发挥了关键作用（Timmers，1998；Zott & Amit，2010）。

价值创造视角。商业模式是企业的经济运行模式，其本质是企业获取利润的逻辑。价值创造视角来源于 Porter 的价值链分析框架，Porter 强调通过价值链的构成单位，即基本活动（生产、销售、后勤、服务等）和支持性活动（人力、技术、采购、计划、基础设施等），来创造公司价值。Amit 和 Zott

（2001）认为，商业模式是开发、识别机会的价值创造机制，并通过内容创新、结构创新和治理创新加以实现。Afuah 等（2001）主张商业模式是获取并利用资源，创造比竞争对手更多价值以赚取利润的方法。商业模式各个要素共同作用于价值创造和价值获取（Johnson et al.，2008）。

1.2　商业模式组成要素

商业模式概念的差异性也直接导致了商业模式组成要素及结构的多样性。商业模式要素的确定有助于商业模式的描述，以及商业模式架构的建立。而架构理论对于理解、设计组织和产业等复杂的系统具有十分重要的意义，可以帮助管理者表达和陈述商业模式的逻辑，为商业模式设计提供一个有用的起始点。在商业模式的概念中，有些概念直接表达出了商业模式的组成要素，而有些则是概念和组成分开进行表述。将商业模式要素单独列出来，有助于全面理解商业模式，深入考察商业模式构成体的相似之处与不同的地方。Morris 等（2005）在 *Theentrepreneur's business model：Toward a unified perspective* 一文中对以往商业模式的要素做了回顾，我们在该基础上做了进一步的整理和补充。如表 2 所示。

表 2　商业模式组成要素

来源	组成要素	数量	范围	实证	数据性质
Horowitz（1996）	价格、产品、分销、组织特征、技术	5	普遍	否	
Viscio 和 Pasternak（1996）	全球核心、治理、商业单元、服务、连接	5	普遍	否	
Timmers（1998）	产品/服务/信息流架构、商业角色和作用、角色利润、收入来源、营销战略	5	电商	是	具体案例
Markides（1999）	产品创新、顾客关系、基础管理、金融方面	4	普遍	否	
Donath（1999）	顾客理解、市场策略、公司治理、内部网/外部网能力	5	电商	否	
Gordijn 等（2001）	角色、市场细分、价值提供、价值活动、利益相关者网络、价值界面、价值端口、价值交换	8	电商	否	

续表

来源	组成要素	数量	范围	实证	数据性质
Linder 和 Cantrell (2001)	定价模式、收入模式、渠道模式、商业过程模式、互联网使能的商业关系、组织形式、价值主张	7	普遍	是	和 CEO 的 70 次访谈
Chesbrough 和 Rosenbaum (2000)	价值主张、目标市场、内部价值链结构、成本结构和利润模式、价值网络、竞争战略	6	普遍	是	35 个案例
Gartner (2003)	市场提供物、能力、核心技术、投资和底线	4	电商	否	客户咨询
Hamel (2001)	核心战略、战略资源、价值网络、顾客界面	4	普遍	否	客户咨询
Petrovic 等 (2001)	价值模式、资源模式、生产模式、顾客关系模式、收入模式、资本模式、市场模式	7	电商	否	
Dubosson-Torbay 等 (2001)	产品、顾客关系、伙伴基础设施和网络、金融方面	4	电商	是	具体案例
Afuah 和 Tucci (2001)	顾客价值、范围、价格、收入、连接活动、执行、能力、可持续性	8	电商	是	调查研究
Weill 和 Vitale (2001)	战略目标、价值主张、收入来源、成功要素、渠道、核心能力、顾客细分、IT基础设施	8	电商	是	调查研究
Applegate (2001)	概念、能力、价值	3	普遍	否	
Amit 和 Zott (2001)	交易内容、交易结构和交易治理	4	电商	是	59 个案例
Alt 和 Zimmerman (2001)	使命、结构、流程、收入、合法性、技术	6	电商	否	文献综述
Rayport 和 Jaworski (2001)	价值簇群、市场空间提供、资源系统、金融模式	4	电商	是	100 个案例
Betz (2002)	来源、销售、利润、资本	4	普遍	否	
Gartner (2003)	市场提供物、能力、核心技术投资、概要	4	电商	否	

来源	组成要素	数量	范围	实证	数据性质
Osterwalder 等（2005）	价值主张、目标顾客、分销渠道、顾客关系、价值架构、核心能力、伙伴网络、成本结构、收入模式	9	普遍	否	
Teece（2010）	产品/服务、顾客价值、市场细分、收入来源、价值获取	5	普遍	否	
Johnson 等（2010）	客户价值主张、关键资源、关键过程、盈利模式	4	普遍	否	
Aspara 等（2011）	物质层面、认知层面	2	电子	是	具体案例
Verstraete（2012）	价值生成、价值回报、企业间共享规范	3	普遍	否	
Casadesus - Masanell 和 Zhu（2013）	利益相关者、价值创造	2	普遍	是	具体案例

1.3　商业模式竞争的本质

企业设计不同的商业模式，旨在能够占领市场的一席之地。事实上，对于各企业的商业模式竞争来说，其竞争的不是外在形态，而是形态中所隐含的内在特性，这些特性，如企业价值定位、资源结构、企业家格局，反映着商业模式竞争的核心与基础。

首先，商业模式竞争的是价值定位：商业模式的竞争力强弱很大程度上取决于它设计水平的高低，而提升设计水平的首要任务是有效定位顾客价值，回答好"顾客为何购买我们的而非竞争对手的产品"。价值定位体现商业模式的战略方向，新颖的商业模式如果价值定位不出彩，最终会使企业流于平庸，而传统商业模式若能发现新的顾客价值则能为企业带来巨大的竞争优势。如何寻找适合本企业的商业模式呢？目前试错学习是最可行的路径。马云认为，创业成功与否取决于创业者能否通过试错学习迅速做出调整，提炼出可行的商业模式。那企业又该如何开展试错学习呢？当前流行的"精益创业"理念可提供启发，它包括三大工具化步骤：①开发最小化可行产品，使顾客能够真实感知；②收集并解读顾客对该产品的反馈信息；③根据顾客反馈，以最快的速度改进产品，适应市场。总之，好的价值定位是迈向商业模式竞争优势的关键。但要实现大步迈进，企业需要保持碎步的试错思想。

其次，商业模式竞争的是资源结构：围绕价值定位这一商业模式竞争核心，理论界与实践界大多将商业模式视为企业的"价值逻辑"。客观来说，价值逻辑仅是一种经营思想，它能为企业带来竞争优势和高绩效。如果企业家只关注"商业模式的价值逻辑"，忽视"价值逻辑的资源结构"，会导致商业模式成为空中楼阁，难以落地。资源结构的重要性首先体现在资源的数量上，它决定企业有无能力挖掘出所定位的顾客价值。当企业资源有限时，好的价值定位无法成为企业获取竞争优势的机会，甚至会成为竞争对手的机会，损害自身发展。而将资源集中配置在企业的优势领域上，通常会取得较好的结果。为了塑造良好的资源结构，企业既需增加资源储备，又应合理配置资源。就增加资源储备而言，争取合作伙伴的支持是有效途径。途径也是一把"双刃剑"，随着对合作伙伴依赖程度增强，企业经营风险也随之上升。因此，在获取外部资源支持时，企业不应一味追求"量"，更关键的是应把握好"度"，基于自身资源储备按需所取，降低资源获取成本与风险。就合理配置资源而言，在资源充足的情况下，企业仍应围绕主要的价值定位来循序渐进地拓展新业务，如果荒废主业，战线拉得太长，企业很可能陷入经营困境，总之，在搭建商业模式资源结构的过程中，企业不能因资源充足而骄傲自大，也不必因缺少资源而妄自菲薄，只有合理地获取与使用资源才能形成商业模式竞争优势。

最后，商业模式竞争的是企业家格局：无论是顾客价值定位，还是资源结构选择，它们均属于企业家所做出的决策，因而商业模式竞争的最本质要素就是企业家自身。《财富》杂志主编吉夫科文曾说："企业家的格局决定企业的结局。"因此，商业模式在企业家个体层面，竞争的是企业家格局。在新产业、新技术、新业态、新模式快速涌现的"四新经济"背景下，企业家需要有大格局，如果过于保守，局限于当前利益，如同温水煮青蛙，最终会丧失竞争优势。那么企业家该如何树立大格局呢？一方面，企业家应当摆脱过于依赖熟悉知识的错误做法，走出认知的舒适区，充分关注外部环境所提供的关于商业模式的新颖信息，做到既不一味随大溜模仿成功典范，又不盲目追求新颖商业模式，而是通过不断构思与调试，确保商业模式能够支持企业可持续发展；另一方面，除了争取外部利益相关者的资源支持外，企业家更有必要在企业内部加大权力下放力度，考虑吸纳行业外的优秀人才到高管团队中，为商业模式设计与创新过程提供独特见解。企业家只有跳出商业模式表象，构建开放的格局，有效定位顾客价值并为此提供合适的资源结构支持，才能真正打造出具备可持续竞争优势的商业模式。

2　设计创新的商业模式

就商业模式来说，有不少企业走入"只要敢想，就可颠覆市场"的误区，他们往往只会看到腾讯、阿里等成功商业模式的表象，却很少去认真思考"这些企业为何会设计这种商业模式""又是如何能够保证商业模式成功""企业如何在移动互联时代获得新竞争优势来源"等更深层次的问题。

2.1　商业模式创新

创新概念可追溯到熊彼特，他提出创新是指把一种新的生产要素和生产条件的"新结合"引入生产体系。具体有五种形态：开发出新产品、推出新的生产方法、开辟新市场、获得新原料来源、采用新的产业组织形态。而对于商业模式创新来说，它的起点是"不走寻常路"，即一定不能走抄袭、模仿的老路，必须在某一个方面或者某几个方面做出创新，而不是全面超越，通过几个方面的创新来远远地超越现有的竞争对手，否则根本谈不上什么商业模式创新。概括来说，商业模式创新相对于以上提到的五种传统创新类型而言有三个明显的特点：

一是商业模式创新更注重从客户的角度，从根本上思考设计企业的行为，视角更为外向和开放，更多注重和涉及企业经济方面的因素。商业模式创新的出发点，是如何从根本上为客户创造增加的价值。因此，它逻辑思考的起点是客户的需求，根据客户需求考虑如何有效满足它，这点明显不同于许多技术创新，它通常是从技术特性与功能出发去找潜在的市场用途。商业模式创新即使涉及技术也不会是纯粹的技术特性。

二是商业模式创新表现得更为系统和根本。在组织内部，它的表现并不是单一要素的变化，而是同时涉及商业模式多个要素的重大变化，需要企业组织的较大战略调整，是一种集成创新。商业模式创新往往伴随产品、工艺、组织或服务的创新；反之，则未必构成商业模式创新。另外，在组织外部发现市场机会的基础上，设计商业模式就是要回答"选择何种利益相关者""不同利益相关者提供何种支持"以及"如何实现与利益相关者交易"三个问题，以有效开发市场机会，满足顾客需求。在这个创新过程需要辩证看待商业模式与其他商业概念（如营销、战略等）的关系，对这种关系的探索不能聚焦于整体，而应当将商业模式区分为不同的模块，进一步分析不同的模块之间的关系，这也有助于战略分析工具、营销分析工具等实践操作工具在商业模式不同模块设计中获得有针对性的应用。整个过程的重点在于开发商业模式不同组成模块之间的关联机制，这种机制正是商业模式最难模仿之处。不同时期应考虑的关联机制并不相同，如在市场分析期应考虑"顾客需求与产品特征""核心能力与目标市场选择"等关联机制，在产品或服务制造期则应主要考虑企业与利益相关者之间的合作机制，而在产品或服务销售期应考虑"成本结构与定价方式""资源投入与利润分配方式"等关联机制。

三是从绩效表现来看，商业模式创新如果提供全新的产品或服务，那么它可能开创了一个全新的可赢利产业领域，即便提供已有的产品或服务，也更能给企业带来更持久的赢利能力与更大的竞争优势。传统的创新形态，能给企业带来局部内部效率的提高以及成本的降低，但它容易被其他企业在较短期时期模仿。商业模式创新，虽然也表现为企业效率提高、成本降低，由于它更为系统和根本，涉及多个要素的同时变化，因此，它将更难以被竞争者模仿，常给企业带来战略性的竞争优势，而且优势常可以持续数年。

2.2　设计创新的商业模式

商业模式是一套系统性的方法论，在设计过程中要考虑到各个方面的要素，基于此本书概括了目前现有的六个商业模式设计要素供以参考：

要素之一：明确走向市场的模型。

这个模型的一方是企业，另一方是最终消费者，企业经过哪些环节把产品或服务交付给最终客户，这中间可能涉及中间商、合作伙伴等。时下流行的名词 B2B（商家对商家）、B2C（商家对顾客）、电子商务、服务外包等都属于商业模式的范畴，对于一家企业来讲，真正意义上的商业模式设计是指在某一个特定的商业模式之下，比如在 B2B 的模式下，本企业如何通过商业模式设计比竞争对手做得更好。

要素之二：明确企业的赢利模式。

企业要弄清楚赢利点在哪，在哪些产品上可以不赚钱，甚至赔钱，通过搭配组合赢得更多市场份额，通过牺牲局部利益来换取整体利益。另外，企业一定要清楚自己的突出优势是什么？比如服务体验、产品设计、物流配送等。在明确了优势后，就要持之以恒地加大在某一个或某几个方面的投入，逐渐强化企业的特色，并让客户和竞争对手都能清楚地感知到。这样可以帮助企业在激烈竞争的商业环境中，拥有独特的资源能力。除此之外，企业还要做好起步的保密工作，永远先行一步，与竞争对手保持难以追赶的距离。

要素之三：明确企业的价值链和生态系统。

企业要明确与自己相关的利益相关者，即把企业的利益相关者之间是什么关系，各自扮演什么角色，各自的价值如何体现理顺，将上下游关系和合作伙伴关系用一张图画出来，把各利益相关者在整个价值链上所创造的价值计算出来。面对竞争激烈的当今世界，必须整合更多的社会资源共谋发展，这样才能提高企业的成功率，提高企业的安全系数。越多企业参与进来，企业的安全系数就越高，一旦搭建起一个完整的生物链，就相当于有了一个屏障，可以阻挡竞争对手的进攻。毫不夸张地说，未来的竞争，将是生物链的竞争，谁拥有了健康的生物链，谁就拥有了未来。

要素之四：明确企业的价值主张。

企业的价值主张即企业能给客户带来什么与众不同的价值创新。例如，产品或服务更便宜、更便捷、更安全、更有效、更稳定、更结实、更时尚等，而在这些"更"的背后是企业的核心能力，因为要想实现这些价值创新，企业就要在资源配备上下功夫，需要很多年坚持不懈的努力。企业有了某种核心能力才可能建立竞争优势，才能与竞争对手拉开距离，才能让目标客户感受到企业的价值所在。

要素之五：明确企业的组织架构。

有了清晰的商业模式，就可以把企业的内外部合作关系和服务机制架构图清晰地画出来，让每一个部门经理、每一位员工都明白自己在公司内部的角色定位，即谁是自己的"内部客户"，谁是自己的"内部供应商"，自己的业绩和表现由谁来参与评价，从而设计出跨部门的标准化工作流程。把监督约束机制固化下来，形成企业的内部管控体系，为信息化系统建设，为全方位考评奠定基础。

要素之六：明确企业经营管理的"道"。

企业的经营管理是一种哲学，而不是"术"，虽然它必然涉及操作层面的事情，但是它依然需要战略层面上的思考。这项工作需要企业家和高管层的高度重视，通过丰富的实战经验、行业知识和非常高的专业技能建立一套完整的方法论。如果企业内部没有合适的人带领着大家一起去做商业模式设计，最好借助外部力量去完成它，这样可以达到事半功倍的效果。

总之，商业模式设计就是"基于未来看现在""基于对手看自己""基于客户看产品""基于价值看创新"，是为了建立企业的竞争优势而必须完成的一项艰巨的工作。唯有把商业模式设计好了，对外才能找准市场的切入点，给客户带来独到的价值，给客户一个选择本企业、本品牌的理由；对内则可以把企业内部的各种资源整合好，同心同德，统一思想，统一步调。不过，任何商业模式都是有生命周期的，所以企业要想跟上时代的步伐就要每隔几年对过去的商业模式做出修订，保证与时代同进步，延长生命周期。

3 以商业模式画布为工具的商业模式设计

对企业而言，顾客在变，供应商在变，竞争对手在变，企业也不停地在变化。对于个人而言，环境在变，能力在变，兴趣在变，关系在变。这些变化多数都超越了大部分组织及个人的掌控范围。因为无法改变整体大环境，组织及个人为了维持生存及发展，就必须不断评估及尝试改变自己的商业模式，有时甚至要创建新的模式。这是一个瞄准、射击、再瞄准的时代，商业模式思维是适应快速变化世界的最佳系统性思考方式。作为一个企业管理者，是否能想象 2 年、5 年甚至 10 年之后公司的商业模式，彼时是否还能从容面对那些挥舞着崭新、令人敬畏的商业模式的竞争者吗？所以，不要过于迷恋原有的商业模式，只有创新商业模式，才有可能成为奇迹的创造者。

3.1 商业模式画布

商业模式由企业组织结构、流程和系统等组成，但设计商业模式却一直缺乏可行的实用工具，因此《商业模式新生代》这本书一经出版，就在商界及研究界中掀起一阵热潮，它把商业模式描述为企业如何创造价值、传递价值和获取价值的基本原理。它说明了商业模式作为一种创造价值和实现赢利的行为模型最主要的特征。但该书在理论上最大的突破在于，它提出"商业模式画布"这一商业模式的设计工具，其有九个构造块，分别是客户细分、价值主张、渠道通路、客户关系、收入来源、核心资源、关键业务、重要合作和成本结构。书中最具价值和最有看点的内容正是这块，以九个构造块组合而成的商业模式，成为"新生代"的一种创见。每个构成要素，各有侧重，但覆盖了商业的客户、产品/服务、基础设施和财务生存能力四大方面，这些都对于整个商业模式的设计有着关键性的价值和意义（见图1）。

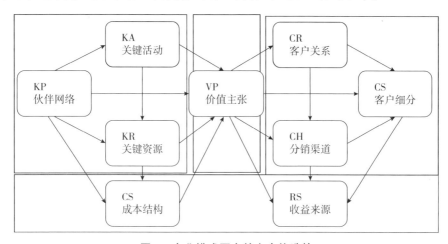

图1 商业模式画布的九个构造块

客户细分：其要解决的问题是"我们正在为谁创造价值""谁是我们最重要的客户"。价值主张：其要解决的问题是"我们该向客户传递什么样的价值""我们正在帮助我们的客户解决哪些难题""我们正在满足哪些客户需求"。渠道通路：公司沟通、接触细分的客户以及传递其价值主张的渠道，其要解决的问题是"我们的渠道如何整合""哪些渠道最有效""哪些渠道成本效益最好""如何把我们的渠道与客户的例行程序进行整合"。客户关系：用来描述公司与特定客户细分群体建立的关系类型，其要解决的问题是"我们每个客户细分群体希望我们与之建立和保持何种关系""这些关系成本如何""如何把它们与商业模式的其余部分进行整合"。收入来源：如果客户是商业模式的心脏，那么收入来源就是动脉，其要解决的问题是"什么样的价值能让客户愿意付费""他们更愿意如何支付费用""每个收入来源占总收入的比例是多少"。核心资源：每个商业模式都需要核心资源，这些资源使得企业组织能够创造和提供价值主张、接触市场、与客户细分群体建立关系并赚取收入。核心资源可以是实体资产、金融资产、知识资产或人力资源。关键业务：和核心资产一样，关键业务也是创造和提供价值主张、接触市场、维系客户关系并获取收入的基础。关键业务可以分为制造产品、问题解决、平台/网络等几类。重要伙伴：商业模式的优化和规模经济的运用、风险和不确定性的降低、特定资源和业务的获取三种动机有助于创建合作关系。很多公司创建联盟来优化其商业模式、降低风险或获取资源。成本结构：这一构造块用来描绘运营一个商业模式所引发的所有成本。成本结构分为成本驱动和价值驱动两种类型，而很多商业模式的成本结构介于这两种极端类型之间。

总的来说，商业模式画布呈现出一种系统化的思维方式，应用于组织的商业模式描述、转变、创新，也不局限于组织的商业模式设计，同时可以应用于其他领域。任何商业模式都不过是这 9 个构造块按不同逻辑的排列组合而已。每个人的定位、兴趣点及视角不一样，在各个构造块中添加的内容当然也就不一样，于是就有了不同的商业模式。利用这个模式去分析瑞士银行、谷歌、苹果等跨国企业，就会得出截然不同的商业模式。企业管理者不仅要熟稔如何利用这个画布做分析，也要知道企业自身的处境。总之，以商业画布描绘为基本工具的商业模式设计，对于整个商业设计的创新和变革有着关键性的价值和深远的影响。

3.2　以商业模式画布为工具的商业模式设计

以商业模式画布为基本工具的商业模式设计，旨在进一步提升商业模式设计的效果，保证设计的高质量。首先要进行客户的洞察，在市场研究之上下足功夫，加大投入的力度，并且投入大量的精力和人力，重点改进服务和设计产品的质量。从客户的角度出发设计商业模式，不意味着按照客户的思维来进行商业模式的设计，而是在评估的阶段中，将客户的思维融入进来，进行必要的改进和调整，运用一种创新性的思维，深入理解客户的意图。如苹果的产品就很好地做到了这一点，其知道人们的需求，为客户更新内容，同时，苹果还提供无缝式的音乐体验，这一点它可以说是行业的领导者。

其次进行创意的构思。一种全新的商业模式，需要进行大量的创新和构思，并且从众多的商业模式设计理论当中，精心挑选出最为恰当和最为适宜的设计方案，这一个过程极富有创造性，可以不断地收集新奇的意图和设计的理念，创意构思的过程有多种形式，扩展搜索的关键词，筛选关键性的问题，团队对创意进行挑选，最终完成原型的制作。而可视性思考对于商业模式设计而言不可或缺，在相关工作当中，运用草图、图片、幻灯片或者便利帖和图表等的形式，将创意思维表现出来，并且将各种复杂的概念重新组合在一起，创造出一个更加具有创造性的商业模式。在设计的过程之中，可以运用便利帖和商业模式相互结合的画布，进行描绘，便利帖可以增加创意的内容，并且可以在不同的创意模块之间自由移动，而绘图往往比便利帖来得更加有效，图画以及草图在多个方面都可以发挥出巨大的作用和效应，而最为简单的方式，则是商业模式的设计以及简单图画的描绘。

最后是原型的制作，针对原型制作主要是源于工业设计领域。原型的制作是为了帮助人们更加深入地展开探索，摸索出商业模式设计的最佳方向，保证方案设计的合理性与科学性。原型的制作，应该是一种可以进行辅助式思考的工具，可以帮助人们对商业制作的本质有更加深刻的了解，并且通过商业模式的原型制作，可以保证创意更加具有灵活性。此外，还需要根据客户的需求进行情景的推测，在原有的设计基础之上，可以将一种抽象性的概念变得更加细化，对设计的情景和设计的流程进行重现，进而在商业模式设计当中做出最为恰当的抉择。

4 移动互联网时代的商业模式设计

4.1 商业模式竞争优势来源

在移动互联时代赢得竞争优势的关键是理解新时代发展的驱动力以及竞争优势的新来源，进而在这个基础上重新设计商业模式，并实现商业模式的升级与转换。

移动互联时代，传统的工业思维被颠覆，新的商业逻辑亟待创建，企业家及管理者期望拥有新的管理工具，实现构建新竞争优势的目标。为此，我们需要重新设计商业模式竞争力模型优势来源，帮助企业应对不确定性以及超级竞争的挑战。而在研究数字时代竞争规律的过程中，我们发现了驱动数字时代演进的两大基本力量——融合与开放。从融合和开放两大维度去认识价值创造体系，确是一种有效的方法。管理者掌握该管理工具，可以让企业尽快适应移动互联时代的竞争需要。

在计算机产生之后的数字时代，数字技术不断应用融合到社会和商业领域，促进了生产力的提升；从数字时代的五个发展历程来看，融合一直是驱动数字时代演进的基本力量，其根本原因是在融合过程中可以创造新的价值体系。

随着计算机技术不断发展，IT 技术不断与传统产业融合，如与教育以及娱乐等融合，这大大促进了社会及商业生产力的提升，同时也促进了 IT 产业的高速发展。当数字时代发展到互联网阶段，融合驱动力发挥的效用更大，除了一些传统的产业提高了生产力，同时也因为互联网具有自身的经济规律——网络外部性，导致了不少创新商业模式的出现。例如，因为互联网广泛的传播性，在传统音乐行业出现了 Napster 等免费音乐模式，虽然传统音乐唱片公司通过法律手段打击了一些知名的 P2P（Peer to Peer）分享网站，但音乐产业仍然被互联网改变了。现在我们身处移动互联网时代，融合驱动力将发挥更为重要的作用，其中大家热捧的 O2O（Online to Offline），就是融合驱动力发挥作用的最典型现象之一。典型的 O2O 业务包括团购、电子商务等业务类型，这些业务类型正是线上信息传播优势和线下实体服务价值的完美结合。当然，融合除了给企业带来了发展机会，同时也给用户带来了新的价值。

按照迈克·波特的价值链分析方法，企业在价值链创造过程中，IT 技术是作为一种支撑能力融入其中的，虽然 IT 技术对价值链创造过程有影响，但大部分属于效率的影响，而不是生产模式的巨大改变。当商业社会进入互联网阶段时，以 IP（Internet Protocol）及网络连接等为基础的互联网促进了企业价值创造体系的根本改变。比如，在传统的工业思维逻辑下，企业经营者一般不会把自己控制的核心价值环节开放给价值链上的其他企业，就像微软与英特尔，其控制了 PC 产业链的软件及芯片环节十多年，期间虽然有不少企业期望挑战其垄断地位，最后都不得不放弃这个想法。而在互联网思维逻辑下，企业经营者愿意把自己的核心资源能力开放给多个价值链上的企业，通过开放的方式，这些企业经营者获得与以往不同的竞争优势，而传统的企业还很难理解这样的竞争优势，包括诺基亚、微软这样知名的企业。

综合以上对融合和开放两大驱动力的分析，我们可以发现，如果从融合和开放两大维度去认识价值创造体系，可以帮助企业形成与竞争对手不同的差异化优势，而这正是大量企业一直以来追求的目标。

4.2 商业模式竞争的模型

价值创造、商业模式、竞争战略及组织管理四个方面是影响企业成功与否的基本要素。在这四个基本要素中，商业模式成为影响企业最终管理效果的核心环节，因为商业模式决定着价值创造是否可行和竞争战略跟组织管理能否有效匹配。胡权（2014）认为，商业模式竞争力模型就是帮助我们进行产业生态分析、商业模式选择及管理体系确定的工具。商业模式竞争力模型回答了企业如何在移动互联时代获得新竞争优势来源的问题，并把商业模式分为四种基本类型（见图2）。

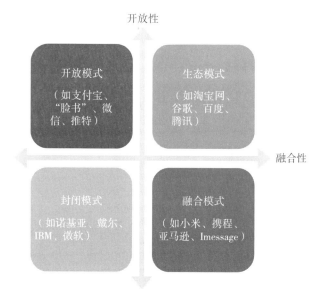

图 2 商业模式竞争力模型

模式一：封闭模式。

所谓封闭模式，主要就是传统工业思维的模式，也就是以单一价值链思考的方式。企业通过定位产业价值链某个自己具有优势的环节，实现价值创造、交付及获取的经营目标。判断封闭模式的主要标准是看价值创造过程涉及多少产业价值链，如果仅仅是一条价值链，那么其商业模式就是封闭模式。

对于一些领域（特别是传统工业特征较为明显的领域），采用封闭的商业模式反而是一种最佳选择。

模式二：融合模式。

当企业采用的商业模式涉及两个或两个以上的产业价值链，并且企业期望通过这些产业价值链的融合来创造新价值，那么这种模式就是融合模式，融合模式主要的特征是重构价值。一般情况下，企业可以通过产业价值链上一些环节的融合，促成产业价值链上的价值重新分配，从而实现自身的价值创造及获取。如果企业介入了其他产业价值链，同时创造出新的价值（或者攫取产业价值链上其他参与者的价值），那么它就是采用了融合模式。

模式三：开放模式。

对于开放模式，企业通过分享自身的核心资源能力给一个或多个价值链上的经营者，与采取封闭模式或融合模式的企业相比，采取开放模式一般以规模化为经营目标。企业之所以采取开放模式，这是由于行业竞争激烈，企业期望通过开放的方式，与竞争对手形成差异化的定位，实现一定的规模化，从而加强其经济规模效应，避免直接的价格战。

模式四：生态模式。

生态模式是以生态系统为核心的商业模式，其最大的特征是涉及多个领域的价值链，同时也较深入地参与了价值链多个环节，这就形成了业内统称为生态系统的价值创造体系。采用生态模式的企业必须同时满足两个方面的条件：一个是满足融合模式的条件，即介入两个或两个以上的价值链并参与多个价值链环节，实现了价值的重构；另一个是把自身的核心资源能力开放给一个或多个价值链上的参与者。

任何企业在选择商业模式时，都需要结合企业自身的资源与能力，选择适合自己的发展模式。如果一味追求更强大的竞争优势，但与企业自身的资源能力不匹配，最终难逃失败的结果。

4.3　商业模式竞争力管理

选择一种基本商业模式并实现管理目标是一项需要深思熟虑的工作。一般来讲，采用商业模式竞争力管理工具的企业，需要做三个阶段的工作，分别是产业生态的分析、商业模式的选择、管理体系的确定。

与传统的工业思维提出的产业价值链分析不同，互联网思维指导下的产业分析应该采用生态分析的方法，这样才可以保证扩散性思维，不放过一些潜在的发展机会，从而扩大企业可以选择的战略空间。在进行产业生态分析的时候，需要对融合和开放两大驱动力进行深度分析。围绕价值创造过程来看，融合是一个较为直接的并不需要过多创新的价值创造，因为融合驱动力本身带来的是价值重构。一般来讲，采用融合模式的企业大都会从产业价值链融合的角度去思考，找出两条或者多条价值链融合会带来的价值点，并结合企业自身的资源能力进行分析，确定这些价值是否可以被企业自身获取。在这个过程中，企业需要客观评价融合的可能性，一是市场本身具有这样的融合机会，二是企业要拥有相关能力，这两者缺一不可；在分析开放可行性时，企业应该客观认识自身的核心资源能力，并考虑自身在生态系统中的地位问题。如果企业自身拥有强势资源能力，即便分享给价值链上的企业，也不会对自身竞争优势造成多大影响，反而可以获得更大的发展，就可以采取更高程度的开放。反之，就应该降低其开放程度。

当对产业生态进行分析之后，明确了介入融合和开放的程度问题，企业管理者就可以选择适合企业自身的基本商业模式了。按照商业模式竞争力模型的划分，企业可以选择的基本商业模式包括封闭模式、融合模式、开放模式和生态模式。如果企业管理者判定对某个市场用户有较强的融合能力，那么就可以选择融合模式或者生态模式；同样当企业管理者对某个市场有较强的开放能力，那也可以选择开放模式或生态模式。结合融合和开放两个因素的判断，企业管理者就可以确定有利于企业发展的基本商业模式。对于难以进行融合或开放的领域，企业可以采用传统的介入方式，即选择所谓的封闭模式。总之，企业管理者需要进行仔细的判断，因为特定企业的资源能力不同，会导致一些看似显而易见的选择，却出现一些不同的结果。

企业需要构建一个内部交易成本较低的管理体系，实现其使命及经营目标。对管理体系比较熟悉的管理者都很清楚，选择不同的商业模式，所需要的管理制度和流程是不相同的。一个选择开放模式的企业，自然不能与选择封闭模式或融合模式的企业一样，采取过度流程化和风险控制的模式，这将阻碍企业完成其经营目标。因此，对于已经确定了基本商业模式的企业，应该调整或重组其管理体系，保证相关商业模式的顺利实施。一般来讲，封闭模式大都采用制度性强的管理体系；融合模式强调超越被介入价值链上其他企业的执行力；开放模式需要企业拥有开放的思维，并为接受开放服务的企业提供帮助；而生态模式要求企业平衡融合与开放两个方面的要素。

综合以上对商业模式竞争力管理三个环节的分析，企业管理者应该清晰地认识到，这三个流程不是单一线性的工作，而是一个不断循环的闭环管理，只有不断地根据用户反馈和市场变化而改变，企业才可以真正实现竞争优势的构建。

5 传统企业的大数据再造

道格·莱尼（Doug Laney）指出数据增长的挑战和机遇有三个方向：量（Volume，数据大小）、速（Velocity，数据输入与输出的速度）与多变（Variety，多样性）。这些大量、高速、多变的数据现在已经变成信息资产，将驱动企业商业模式的创新与重构。事实上，大数据无处不在，正在引导着整个商业模式的变革。以淘宝为例，每天有数以万计的交易在淘宝上进行，这些交易背后的大量数据组合起来可以分析出不同产品、事件的长期走势、不同商品的人群特征、市场细分等详细数据（如淘宝推出的淘宝指数功能）。那么，未来传统企业如何利用大数据驱动商业模式的创新与重构，进而实现企业的再造呢？

5.1 传统商业模式的创新与重构

对于传统行业来说，其与创业型公司不同，大部分的成熟公司通常有着自己一整套的组织惯例，这些组织惯例是企业成功的保障，但这些惯例也可能在不知不觉中使企业信息不畅、职责不清、决策复杂、墨守成规等，甚至出现"大企业病"。正如克里斯坦森（Christensen）在《创新者的窘境》中提出的一个经典困境：管理层所做出的合乎逻辑的和强有力的决策，对企业的成功至关重要，然而也正是这些决策可能会导致他们失去领先地位。那么，传统行业的企业想要在新的时代里突围，就需要打破常规，通过重新设计所有活动的连接架构，实现再造与重生。要实现这一点，传统企业至少需要思考以下四个问题：①明确挑战，传统企业在商业模式的创新与重构过程中，面临着哪些需要打破常规的困难；②理解机制，大数据驱动传统企业商业模式创新与重构的具体机制是什么；③把握关键，传统企业通过大数据驱动商业模式创新与重构的过程中，需要把握的关键问题是什么；④培养能力，为了实现商业模式的创新与重构，传统企业需要培养哪些能力。

5.2 大数据如何驱动商业模式的创新与重构

对于传统企业的再造与重生来说，大数据为其进行商业模式的创新与重构提供了一次难得的机会，但也充满挑战，这就需要把握住利用大数据驱动商业模式创新与重构的机理。通常大数据通过以下几个方面来驱动商业模式的创新与重构：

（1）通过大数据重构客户价值主张。尽管为客户创造价值是企业得以生存的根基。然而，管理者却总是在强调自身产品和服务有多优秀，忽视了客户真正所需要的东西。客户价值主张是提供给顾客的特定利益组合，客户需要的不是某项产品，而是解决一个实际问题，企业提供的不仅是一个产品或者服务，而且是解决客户这一实际问题的一整套方案，只有企业通过其产品和服务给消费者解决了某个潜在问题，企业才对消费者有了实际意义。在这个过程中，也必须有一整套公司内部的价值创造过程与之相匹配。

（2）通过大数据重构价值创造过程。客户价值主张一旦得到确认，整合组织内部的资源进行研发、生产、营销成为公司快速创造价值的关键。重构现有资源组合（人、财、物）是首要的步骤，重新整合和利用现有研发、生产、销售渠道资源是保障已经识别的客户价值主张得以实现的关键。资源是基础，通过捆绑资源培育出企业独特的、难以被模仿的能力是企业形成持续竞争优势的保障。最后，对资源和能力进行动态调整的能力成为保持企业成长，并持续为客户创造价值的保障。

随着信息技术的日趋成熟，企业可以在内部建立一整套系统，这套系统试图把成千上万个销售网点与公司内部各个研发团队、生产车间的各个小组乃至各个机器进行连接。当组织内部所有资源、能力都变成一个个数字，重构资源组合架构、捆绑资源建构能力、培养高阶能力变得更加容易。

（3）通过大数据重构价值获取模式。现代企业创新生态系统主要由客户、供应商、主要生产商、投资商、贸易合作伙伴、标准制定机构、工会、政府、社会公共服务机构和其他利益相关者组成，是具有一定利益关系的动态结构系统。企业在满足客户价值主张后获取的每一分钱都将在创新生态系统中流动起来，而如何在创新生态网络中分配价值正在发生深刻变革。

传统的价值分配模式更多的是在企业边界内部进行价值的分配。而事实上，在企业虚拟边界中进行分配已经成为现阶段重新设计价值分配的主要方式。更为重要的是，在跨企业虚拟边界进行价值获取模式重构已经成为趋势。重构价值获取模式的关键在于让数据在价值网络中流动起来。

5.3 传统企业的再造与重生

与新创企业在崭新的画布上任意勾画新的图景不同，传统企业的商业模式变革需要痛下决心。在大数据变革来临之际，商业模式的创新与重构为传统企业的再造与重生提供了一条可行的道路。如果能够做到以下五个方面，传统企业的管理者将有更大的可能获得成功（见图3）。

图3 商业模式重构的"五力"保障模型

数据搜寻力。传统企业首先需要找到各种结构化与非结构化的数据。例如，产品数据，从设计、建模、工艺到测试、维护、变更等；价值链数据，从客户、供应商到合作伙伴等；运营数据，从采购、生产到库存、计划等。在如今的大规模定制和网络协同发展的时代，大数据只会被有心人搜寻。例如，"Nike+"是耐克旗下的线上运动社区和数字化平台，将近2000万用户参与的运动社交网络使得耐克的商业模式也在不断变化，这些用户每天上传的数据成为耐克战略选择的重要依据。耐克在2014年底大规模推广女子运动系列决策的关键依据就是"Nike+"社区中的数据。

数据分析力。传统企业需要迅速提升从数据管理、数据挖掘、可视化分析到预测性分析能力。重新配置资源成立一个与各个部门间紧密合作的独立部门必不可少，又或专门成立一个子公司来独立运作相关活动也是一个明智的选择。例如，2008 年阿里巴巴就把大数据作为一项公司基本战略，将阿里云和阿里数据平台改建为单独的事业部，为阿里巴巴集团内部和外部客户服务。

敏锐洞察力。大数据可以呈现事实，但却不等于智慧。大数据知道客户需要什么，但是仍需管理者敏锐的洞察力来为客户面临的问题提供一整套的解决方案。2014 年春节，微信的移动支付通过两周赶制出来的红包功能一出现，便引爆互联网，赚足了人气。2015 年春节更为用心地推出红包功能，如春晚的"摇一摇"，推出具有特殊含义的小额红包（如 8.88 元），其成功的关键是对于中国人情社会的敏锐洞察力。

资源组合力。管理者需要意识到哪怕是同样的资源，不同组合方式也有可能产生不同的效果。这其实是一个搭积木的游戏：管理者需要对企业的所有资源有充分认识（这正是成熟企业所具有的优势），而后通过组合不同的资源类型，通过适当调整，形成体系的价值创造流程。

容错文化力。正如对所有创新都应该保持耐心一样，尽管有着大数据的支持，保持对商业模式创新尝试的容错也至关重要。或许管理者更多的精力应该放在学习、适应以及执行上，而不是紧盯着失败，正是一次次的尝试才为传统企业奠定重生的机会。

总的来说，传统企业的再造与重生困难重重，大数据带来的变革正在为传统企业重构商业模式提供一次难得的机遇，但也充满挑战。成功正是来自一次次对机遇的准确把握，利用变革进行商业模式重构，完成一次华丽转身，或许这正是深陷危机的传统企业再造重生之时。正如狄更斯的描述："这是一个最好的时代，也是最坏的时代。"

6 数字化转型中的生态协同创新战略

6.1 数字化发展的三阶段

针对美国与欧盟战略发展规划的两份重量级研究报告不约而同地突出了

数字化转型对增强国家竞争力的意义，并且强调大数据、信息和知识是数字经济时代的"基础性新能源"，需要在合理保护的基础上充分开发利用，以赋能知识经济。因此，数字化经济的重要性不言而喻。

根据高德纳（Gartner）的 IT Glossary 给出的解释：数字化转换（Digitization）指的是从模拟形态到数字形态的转换过程。例如，从模拟电视到数字电视、从胶卷相机到数字相机、从物理打字机到 Word 软件，其变革的本质都是将信息以 0-1 的二进制数字化形式进行读写、存储和传递。

而数字化升级（Digitalization）强调的是"流程的数字化"，高德纳的词条将其定义为运用数字技术改造商业模式、产生新的收益和价值创造机会，例如，企业资源计划（ERP）系统、客户关系管理（CRM）系统、供应链管理（SCM）系统等都是将工作流程进行了数字化，从而倍增了工作协同效率、资源利用效率，为企业创造了信息化价值。

然而，高德纳给数字化转型下的定义是开发数字化技术及支持能力以新建一个富有活力的数字化商业模式。因此，数字化转型完全超越了信息的数字化或工作流程的数字化，着力于实现"业务的数字化"，使公司在一个新型的数字化商业环境中发展出新的业务（商业模式）和新的核心竞争力。

数字化转型（Digital Transformation）是建立在数字化升级的基础上，是以新建一种商业模式为目标的高层次转型。在这一层次上，数字化转型企业的真正"对标者"是数字化原生企业（Digital-native Enterprise）。

6.2 传统企业数字化转型

对于数字化原生企业来说，其从创业伊始就天然地基于数字经济的逻辑而设计了其商业模式，因此它们甚至不需要考虑转型的问题。而传统企业则不同，传统企业进行数字化转型的有效途径是"生态协同创新"战略。该战略有三个核心理念：创新生态化、生态协同化、协同创新化（见图4）。

首先，创新生态化意味着要放弃中央研究院式的封闭式创新，构建开放式创新生态系统。位居美国市值前列的苹果、微软、亚马逊等公司都是分别开垦出了 iTunes 音乐平台、App Store 应用软件平台、Windows 操作系统平台、Azure 公有云平台、Amazon 电商平台、AWS 公有云平台等"黑土地"，并吸引来庞大的生态伙伴群落，这些生态伙伴的创新又不断"反哺"平台，激发"黑土地"完成自身的更新换代。如此，众多创新主体的"场力"交叉干涉、

图 4　生态协同创新的数字化转型战略

动态迭代，最终形成了一个个庞大的、充满生命力的创新"热带雨林"。基于此，传统的大型企业应设立负责技术研发与研发生态建设的"首席技术官"，统筹建立开放式创新生态系统，才能借助数字化技术转型成为本行业内全球技术创新的引领者。

其次，生态的自然生长过于缓慢且具有较大的不确定性，因此生态协同化意味着要借助大数据智能技术对生态系统进行主动的干涉和管理，实现生态系统的"量化运营"。进入数字经济时代，万物互联与大数据智能技术的出现使得生态的大规模协同的成本大为降低、效率大为提高。因此，企业应在集团层面设立"首席数据官"，借助大数据智能技术将研发类生态伙伴、供应链生态伙伴、销售类生态伙伴、人才类生态伙伴、投融资生态伙伴的能力进行有机协同，统筹整个集团体系内生态系统的"量化运营"，为实现生态"大协同"下的快速进化提供数字化养料。

最后，协同创新化是实现数字经济时代"技术创新+商业模式创新"双轮驱动的核心引擎。如果能够将销售端最为敏感的"商业模式创新"与研发端最为敏感的"技术创新"进行强耦合，设立"首席创新官"岗位以有意识地引导"技术创新+商业模式创新"双轮驱动，形成协同创新化的新局面，则必能有力牵引一个传统企业实现数字化转型。

总而言之，传统企业在数字化转型过程中，应考虑实现创新生态化、生态协同化、协同创新化，才能实现数字经济时代"技术创新+商业模式创新"的双轮驱动增长。中国传统行业里的头部企业们虽有过去的荣誉，但过去的荣誉不能担保未来的成功。只有"看见"数字化转型的"未来图景","想透"如何设计数字化转型的"战略路径",才能抓住新时代的机遇。

7 产业赋能平台：智能时代的商业模式变革

我们正在迈进一个智能商业时代，全面进步的数字化技术一方面真正确立了顾客主权，驱动顾客需求从同质化产品消费向个性化解决方案消费的全面升级；另一方面通过大幅降低交易成本，使大规模的网络协同取代过去以价值链为主体脉络的专业分工成为可能。为了极致满足日益个性化和多变的客户需求、抵御无处不在的跨界竞争和随时可能发生的颠覆风险，包括传统企业和互联网平台公司在内的现有商业企业，都不得不借助数字化技术的赋能对自身的理念、模式、组织和运营进行一场不间断的系统改造。

传统产业领袖需要借助数字化技术的力量实现从产品型公司向平台型公司的变革，以应对传统主业市场规模接近饱和、顾客需求分化与迭代及无界多维竞争带来的多重危机；互联网平台公司则需要深入产业，在交易环节之外构建更多的互补型产业基础设施实现对产业参与者的深度赋能，以化解用户流量日渐枯竭带来的增长难题和由于平台同质化、转移成本低以及负面网络效应带来的平台崩塌风险。

7.1 产业赋能平台模式

产业与互联网的深度融合将催生一种全新的商业模式，这种模式应当既具备传统封闭价值链模式下的价值聚焦性和能力专业性，又具备数字化交易平台模式下的边界开放性和资源社会性，从而在传统价值链模式的基础上实现多元和迭代，在数字化交易平台模式的基础上实现对平台参与方的深度锁定，我们将它定义为产业赋能平台模式。

产业赋能平台是一种通过一系列界面设计和基础设施投入，赋能于顾客需求场景中的价值创造者并连接其与顾客互动的新型平台模式。区别于传统管道型价值链模式和纯粹的线上交易平台模式，产业赋能平台模式具有一系列自身独有的特征和内涵。

客户至上。产业赋能平台是真正实现了客户导向的商业模式。产业赋能平台通过一系列的界面设计和产业基础设施的投入，不仅能帮助顾客实现与固有商品的链接，实现匹配层面的用户导向，更能将个性化的顾客需求深度反馈和融合到供给侧的价值创造中，实现新价值创造层面的用户导向。如果说线上交易平台使顾客在交易选择层面享有了"用脚投票"的特权，那么产业赋能平台将使顾客在包含制造和交易的全产业链中最终加冕为王。

智能化。与线上交易平台实现交易环节的数字化相比，产业赋能平台将数字化技术真正渗透到了价值创造与交易的全流程。相比垂直价值链模式在信息化时代对信息的有限收集、分析、分享和应用，产业赋能平台模式更加注重数据的全息化、计算的深度化、分享的即时性和应用的广泛性。而相对线上交易平台模式，产业赋能平台模式则在全息化数据收集和挖掘的基础上，进一步将分享和应用渗透到供给端，从而搭建起一套从顾客端出发的、数字信息流贯穿价值创造全流程的智能商业体系。

开放性。与线上交易平台类似，产业赋能平台模式通过开放边界、引入多种类型的参与方来实现平台的多样性和迭代。但产业赋能平台与线上交易平台在开放性上有两大不同：一是产业赋能平台不仅强调供给端的开放，而且同样注重在赋能端通过开放模式引入一系列的互补型资源与能力，从而能够为供给端的创造者提供更加全面和深度的赋能，这提升了供给侧对于平台的依附程度和平台的稳定性；二是产业赋能平台需要在一系列产业能力上通过或自营或开放的模式进行重投资，因此不可避免地带有更强的价值属性，这会让平台对于参与者的筛选设定更加严苛的标准，从而能在更大程度上消解线上交易平台发展中极易产生的平台噪声和平台崩溃风险。

7.2 产业赋能平台的运行

产业赋能平台是唯一能够实现产业能力深度专业化和集成化的商业模式。与线上交易平台相比，产业赋能平台深度渗透到产业，更加注重对供给端的改造。同时，由于具备更加全面的经营视角和更加雄厚的投入实力，产业赋能平台相对垂直价值链模式更有条件在一些基础性的产业能力上进行持续投入与饱和攻击，从而在那些决定产业未来的重大能力上形成长期积淀。

为了实现对供给端的赋能，产业赋能平台需要将产业能力标准化和模块化，转变产业经营的基础设施，供参与方随需调用。参与方不需要像以往那样在每一个价值链环节上进行全面布局，而只需要专注于自己擅长的领域，便可以嫁接和调取平台的专业能力共同完成价值创造和变现的全过程（见图5）。

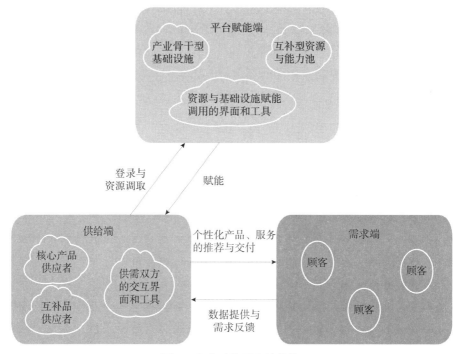

图 5　产业赋能平台的结构

首先，赋能端是产业赋能平台最为核心的组成部分，作用在于构建全新的产业生态使得供给端的供给质量大幅提升，从而一方面深化整个供给端对顾客的极致化价值提供能力，另一方面消解网络噪声。赋能端主要包括：

（1）产业骨干型基础设施。随着传统产业的大量基础设施开始数字化和智能化升级，一方面企业基础设施效应大幅提升，从而具有了更大的外部性；另一方面又推动了投入成本的大幅攀升，比如智能工厂、智慧门店的投入一般远超传统的工厂和门店。这些成本高昂而外部性溢出又非常明显、同时对顾客价值创新和创造又非常重要的基础设施，需要作为产业生态的推动者和维护者的产业赋能平台去投入。这样才能完全内化投入的外部性效应溢出。骨干型基础设施应该包括一系列的数字化基础设施和通过数字化改造后能够一方面集成共享，形成外部性内部化；另一方面又能在数字化和智能化技术下实现灵活调用的传统基础设施，比如能实现规模化个性定制的智能生产设施以及能实现同时集成高效率、大规模和个性化的智能仓储等。

（2）互补型资源与能力池。为了进一步强化对供给端产品或服务生产者的吸引力，推动产业创新创业生态的形成，通过开放引入社会资源的方式为产品或服务生产者提供各类资源，包括资金和各种要素资源，形成强大的赋能资源池，是产业赋能平台推动供给侧升级的重要举措。开放化的资源与能力池和开放化的产品和服务生产者，将形成供给侧的双边平台，产生不断促进和增强的网络效应。小米的开放资金池可以看作供给侧互补资源池的一个典型。作为智能硬件产业的生态圈构建者，小米构建了高度开放的资金池，作为小米平台的参与者，只要产品技术过硬，能对该产品的产业格局形成颠覆，小米和外部的资金就会赋能于这个团队，推动其成为这一领域的破坏者和未来领袖。

（3）基础设施与资源池的调用界面和工具。基础设施和依附于产业赋能平台的大量外部资源与能力，需要通过完善的界面和一系列的调用工具实现灵活和即时的调用，以支持供给端参与者的产品供应或服务提供过程。

其次，供给端是产业平台中通过丰富的产品或服务组合，为客户提供极致化和个性化的解决方案的主体，其主要包括：

（1）核心产品供给者。在组成客户需求的场景化或功能化解决方案的一系列产品或服务中，一般会有对整个解决方案具有基础支持作用的特殊产品。在这类核心产品的提供上许多平台会采用封闭或有限开放的政策，同时会采用标准化或有限的定制化，以确保核心产品供应具有良好的品质和突出的竞争力。

（2）互补品供给者。为了提供给顾客极致化和完整化的场景或功能解决方案，产业赋能平台一般会开放引进大量的各类互补产品或互补服务的供应者，并在大数据和智能算法的基础上，实现围绕个性顾客需求的定制化推荐和定制化需求解决。

（3）供给端与顾客的交互界面和工具。产业赋能平台作为连接供给端和需求端的触媒和中介，也具有一般双边交易平台所有的交互界面和一系列便利于展示、筛选、搜寻、匹配、交易和产品使用的工具。这些界面和工具一方面充分展示合适的产品信息给匹配的顾客，另一方面帮助顾客简化选择，实现互动与方便购买及使用。对于产业赋能平台来说，这种界面可能包括线上展示、交易和服务商城，也包括线下的一系列门店、服务体验中心及服务设施。产业赋能平台通过线上线下结合，多种媒体或渠道深度互嵌，实现了与顾客体验消费全过程的完美交互。

最后，作为供需双边平台的需求方，顾客在整个产业赋能平台中是具有决定地位的角色。虽然随着产业赋能平台包络更多的平台，最终可能会形成多个顾客群组成的复杂生态，但一般来说整个产业赋能平台构建的意义还是在于极致地满足某一核心客户群的某种功能化或场景化需求。

为了让顾客端产生更强的顾客规模经济，许多产业赋能平台开始推进顾客端的社交网络化，从而一方面激发对每个顾客越有价值的单边网络效应；另一方面又使顾客因为社交网络的存在而对平台产生更强的黏性、更高的忠诚度和更高的转移成本。

产业赋能平台通过相互包络的创业赋能平台和产销交互平台，以为客户提供更极致和更匹配的需求解决方案为目标，推动了供应端的重构，大幅提升供应端满足顾客的水平，最终形成了具有强大壁垒的产业生态。

8 "万联网"与多智生态系统：未来商业模式与组织架构

5G、物联网、云计算、人工智能等新兴技术迅速走向规模化商用，行业数字化转型正进入"深水区"，以万物数字、万物互联、万物智能为三大特征的智能社会即将来临。在未来到来之前，人们对于未来的预感大多是模糊不清的。当前人们对于"万联网"的理解与表述也有类似的情形。

8.1 万联网的内涵

"万联网"（Internet of Everything，IoE）的概念起源于思科公司（Cisco），定义为"人类、流程、数据和事物的智能连接"。其拓展了"物联网"（Internet of Things，IoT）的概念。后者强调物与物之间的连通性，而前者不仅包括物与物、物与人的连接，还包括技术辅助条件下人与人的交互，是对更复杂且泛在连接系统的描述，其中连接一切物与人的媒介正是数字化数据，尤其是大数据，这也成为多智生态的基础。

"万联网"在技术方面含有三个内涵层次：一是以硬件为基础、实现数字化的数据获取感知层；二是以硬件/软件兼顾为基础、实现数据互联化的数据传播网络层；三是以软件为基础、实现智能化的数据处理应用层。多元新兴技术在不同层次发挥不同作用，在数据化方面主要依靠硬件智能化技术；在互联化方面主要依靠物联网、区块链等技术完成；"智能化"方面则主要由大数据、云计算、边缘计算和人工智能等技术实现。由此可以看出，"物联网"是"万联网"的子系统。

总的来说，"万联网"是传统工业和新型智能（多智融合）的有机融合，即原有工业革命中的机器、设施与新兴互联网革命中的信息、通信技术的深度融合；其实质就是现实世界（如实体硬件）与虚拟世界（如数字化孪生）的跨界融合。这也正是"万联网"涵盖并超越物联网的原因所在。因此，"万联网"之前所有互联网的范式均可采用平台概念（如双边或多边市场），而"万联网"必须采用生态系统概念。

8.2 万物多智时代的生态系统管理范式

曾鸣在 2018 年"智能商业"新书中将数据智能与网络协同两者视为智能商业的"双螺旋构成"，作为阴阳两面；此外，赋能与平台也被视为一体两面，前者为目标方向，后者为手段机制。而万物多智时代为人类面对 VUCA（Volatility/易变性，Uncertainty/不确定性，Complexity/复杂性和 Ambiguity/模糊性）提供了新的管理范式，我们称之为"生态系统管理范式"，其中包括生态型商业模式与生态型组织架构。

（1）万物互联+多智共生=生态系统管理范式。万联网是一个长期交互平台，更是一个全面赋能生态系统。其优势表现为以下几方面："万联网"善于整合"硬件+软件"，以及"线上+线下"，最能有效地提供定制产品与服务，对构建多业态/跨业态意义上的生态系统最为有利；"万联网"善于获取产品与服务的使用行为大数据，因此最能有效地提供迭代创新的定制，对构建大数据/人工智能应用意义上的生态系统最为有利；"万联网"善于跨越需求消费端或供应生产端，实现 B2B2C 全价值链连通整合，对构建 B2C 与 B2B 综合意义上的生态系统最为有利；"万联网"善于跨行业，对构建多行业/跨行业意义上的生态系统最为有利。总的来说，万联网通过大数据、云计算，以及智能网络技术，将人类群体以及无数智能终端（设备）连接起来，对其不断赋能，其长期交互和全面赋能的核心功能远远超越以前的短期交易、资源部分整合、有限赋能等功能。所以，"万联网"既是生态系统涌现的条件，同时也是生态系统所产生的结果。

另外，从广义智能视角来看，人类智能与人工智能（机器智能）的多智融合可能就是超级智能的形态。一方面，人类通过大社交网络技术相互连接，使得数十亿的人类群体多元智力释放出难以想象的巨大智慧能量；另一方面，数量更为巨大的智能设备群体在人类推动下不断迭代，也将形成更为强大的人工智能（机器智能）。总之，大社会个性化群体智能与万物智能化群体智能的有机融合可以形成最强的超级多元智能。这也是"万联网"与生态系统内在联系的另外一种存在形态——多智生态系统。

（2）多智赋能+大社会个性化协同=生态商业模式。曾鸣提出过"网络协同+数据智能"思路，他把数据智能视为未来商业的核心。也就是说，未来商业的决策会将越来越依赖于机器学习，依赖于人工智能，机器将取代人，在更多的商业决策中扮演关键角色，而决策的效果远胜于人工运作的结果。其中数据智能的实现路径，就是业务的数据化、算法化和产品化。

此外，网络协同是指通过互联网完成分工、合作与协同。信息和人都联网在线，人与人、人与信息之间的交互越来越丰富，交织成越来越繁密的网络，以此实现"网络效应"（即网络参加者越多，网络的使用价值越高）。其中"网络效应"（Network Effect）是目前有关互联网、物联网、"万物网"文献中最为时兴的理论解释，但数据智能尚未得到充分重视，更不用谈两者的互动与融合。

本书认为，在消费需求侧为主的固定互联网与移动互联网时代，抓住并利用了网络协同的公司就能在竞争中脱颖而出；在生产供给侧的物联网时代，数据智能的作用日益突出。那些能够迅速提升数据智能，并将其与网络协同融合的企业或行业，将最有可能迎来指数式增长。因此，"网络协同+数据智能"思路应该变更先后次序，将数据智能提到网络协同之前。此外，"网络协同+数据智能"的内涵需要进一步拓展（包括边缘计算），成为大社会个性化协同与多智赋能。就目前物联网和人工智能等技术的发展阶段来看，生态商业模式的潜力还远未释放出来。

（3）物向赋能+人向赋能=生态组织架构。万物多智时代的"物"的本质就是数据+算法。数据代表人类认识这个新世界的认识论对象，而算法则表示人类改造这个新世界的方法论内涵。数据源于物联网提供的海量大数据，而算法则是依据数据分析获得的规律性发现进行决策，然后反作用于数据的各种应用服务，包括从消费端到生产端的各种应用软件，尤其是以人工智能为基础的软件。

"万联网"中"物"与"人"的组合方式构成生态组织架构，其核心功能就是为生态组织各个构成部分提供有效的赋能服务，因此生态组织架构必须提供有关"物"之维度或方面的赋能，也要提供有关"人"之维度或方面的赋能；既要从"物"与"人"的来源方向产生赋能，又要往"物"与"人"的目标方向提供赋能。我们称前者为"物向赋能"，而后者为"人向赋能"。人类智能与人工智能（机器智能）之间的逐步深入融合，将会形成超级智能。因此，"万联网"中物向赋能与人向赋能两者如何融合则是生态组织架构的核心问题。

8.3 企业新未来：生态商业模式与生态组织架构

未来生态商业模式的核心机制是"多智赋能+大社会个性化协同"基础上的大规模定制。具体而言，"万联网"时代的大规模定制具备两大独特功效：首先，"万联网"时代的大规模定制导致消费者直接与供应商联系，跳过中间商（无论中间商是传统销售商，还是现代电商），因为中间商无法有效帮助大规模定制。消费者与供应商的直接联系取代作为中间商的消费电商以及产业电商。因此，我们需要担心的是未来制造业在大规模定制条件下电商是否会被颠覆或取代。另外，智能化制造企业比互联网电商更有潜力采用生态商业模式，而且价值更大，可持续性也更强。不言而喻，最佳模式可能就是类似苹果公司那样实现硬件与软件天衣无缝的有机融合。其次，"万联网"时代的大规模定制可以有效地通过智能产品获取消费者的使用行为大数据，其数量与质量远远超过交易数据。因为它可以帮助产品设计人员深刻了解消费者的日常习惯行为，因此能够深入了解消费者的现有痛点，甚至未来潜在痛点。

除了大规模定制这一核心机制，生态商业模式还有其他两项辅助机制。第一个辅助机制是跨界融合。跨界融合导致生态商业模式与传统商业模式不同。生态商业模式条件下的跨界融合包含两个维度：一是纵向跨界融合，即拉通产业价值链上下游，融合消费需求与生产供给，也就是整合 B2C 与 B2B；二是横向跨界融合，即联通跨行业价值网络，也就是超越单一行业供应链或价值链，实现多行业整合。生态商业模式的第二个辅助机制是竞合机制。竞合机制导致生态商业模式与传统商业模式不同。竞合机制认同每一个人或每一家企业都有合情合理的自我利益或私利，同时也都有合情合理的共享利益或公利。一般而言，生态系统内部条件下合作大于竞争，而生态系统之间条件下竞争则大于合作；而交易成本在竞争条件下趋于上升，交易价值在合作条件下趋于上升。

总之，以上一大核心机制与两大辅助机制，在诸多方面总体说明生态商业模式明显区别于平台商业模式，是未来的全新商业模式。

对于未来生态组织架构来说，目前有关的研究并不多，而且观点分散。传统组织形态一共有三种：一是最为传统的市场组织形态（Market Form），二是随后出现的科层组织形态（Hierarchy Form），三是近期涌现的网络组织形态（Network Form）。市场组织形态以市场价格作为管控机制；科层组织形态以科层权威作为管控机制；网络组织形态以人际信任作为"管控"机制（但更多依赖超越他人管控的自我管控与激励的独特机制）。平台可能成为第四个新的组织形态，可被称为平台组织形态（Platform Form）。与以前三个已有组织形态不同，平台组织形态不是一个单纯组织形态，而是一个混合型组织形态，由具备科层组织形态的平台主（常常由少数或个别垄断性大型企业充当）以及具备市场组织形态的平台成员（常常由多数附属性小型企业构成）共同组成，并且进一步加入网络效应这一深层机制。有学者预测，未来生态组织架构最有可能是表3中四类组织形态的有机组合，既包括市场组织形态与科层组织形态，也包括网络组织形态与平台。

表3　组织形态的划分维度与类别

	独立性/封闭性/统一性	相互依赖性/开发性/多元性
中心化/集权化管控	科层组织形态	平台组织形态（高网络效应）
分散化/分权化管控	市场组织形态	网络组织形态（低网络效应）

这一思路也与"三台"组织架构概念高度一致。其中，"三台"组织架构中的前台与市场组织形态高度一致；中台与平台组织形态（以科层组织形态为主，而以市场组织形态为辅）高度一致；后台与网络组织形态高度一致。在万物多智时代，生态型组织的前台能够提供多元定制生产与服务，而这种多元定制需要一个统一稳定的中台，以此提供大规模生产与服务所需要的标准化、工具化赋能。换言之，生态商业模式所要求的产品与服务规模化与定制化需要生态型组织的前台与中台共同完成，以此形成多元统一的生态系统。

生态型组织架构的"三台"就像三个运转速度不同的齿轮，前台运转最快，后台最慢，中台就是衔接并调节前台与后台两者速度的枢纽，共同构成未来生态体系的组织架构，并且组织内外之间的边界将逐渐消融。具体而言，作为中枢的中台承接企业"经营前台"（眼前短期导向的研发、销售、品牌和市场等）和"保障后台"（未来长期导向的基础研究、未来市场培育、长期战略设计、组织与文化建设等）的组织功能模块集成起来，成为整个组织的数据交汇中心、业务整合中心、资源汇集中心和命令协调中心。例如，早在2015年，阿里巴巴就进行了"小前台、大中台"的组织架构调整，阿里巴巴成为最早提出"中台战略"的公司。随后，中台的概念得到更多企业的认可和实践，着力构建生态型组织及中台架构的实践案例日益增多。2017年底，京东搭建了京东商城中台研发体系和京东开放平台中台系统。

然而，如何设计前台、中台与后台三方衔接与转换的互动界面依然是没有明确答案的最大挑战课题。通过对中国企业最新尝试的总结，我们看到未来"三台"组织架构的主题就是将组织功能从管控转为赋能，因此组织的最大价值在于为其成员提供最大成长空间。这种赋能包括前述的物向赋能与人向赋能，两者的融合成为生态组织架构的核心问题。

未来，已在面前。生态系统管理范式正是新商业文明的具体体现，其中生态商业模式以"多智赋能+大社会个性化协同"为核心内容，而生态组织架构则以"物向赋能+人向赋能"为核心内容，这种管理范式可以保持生态系统生生不息。

案例篇

1　盒马鲜生：新零售商业模式的探索

 公司简介

　　盒马鲜生是阿里巴巴集团旗下以数据和技术驱动的新零售平台，旨在为消费者打造社区化的一站式新零售体验中心，用科技和人情味带给人们"鲜美生活"，它是阿里巴巴对线下超市完全重构的新零售业态。盒马鲜生是超市，是餐饮店，也是菜市场，但这样的描述似乎又都不准确，因为它涵盖了这些，却又不止步于此，消费者可到店购买，也可以通过线上的盒马APP下单。除此之外，盒马鲜生最大的特点之一就是快速配送：门店附近3千米范围内，30分钟送货上门。盒马鲜生多开在居民聚集区，因为其目标服务人群大体有三类：第一，晚上大部分时间在家的家庭用户。第二，基于办公室场景推出针对性便利店或轻餐。第三，周末会带着孩子去超市的用户。另外，线上下单购物需要下载盒马APP，只支持支付宝付款，不接受银行卡等任何其他支付方式。实际上，在这强推支付宝支付背后，是盒马鲜生未来将对用户消费行为大数据挖掘的野心。阿里巴巴为盒马鲜生的消费者提供会员服务，用户可以使用淘宝或支付宝账户注册，以便消费者从最近的商店查看和购买商品。盒马鲜生未来可以跟踪消费者购买行为，借助大数据做出个性化的建议。盒马鲜生在阿里内部低调筹备两年多，正式成为阿里"动物园"中继天猫、菜鸟、蚂蚁金服之后的新成员。2017年7月，盒马鲜生创始人兼CEO侯毅在接受新闻采访时表示，盒马鲜性营业时间超过半年的门店已经基本实现盈利。2019年6月11日，盒马鲜生入选"2019福布斯中国最具创新力企业榜"。

案例梗概

（1）盒马鲜生抓住政策导向，线上与线下结合实现"新零售"电商业态。

（2）提高市场竞争力，建立线上下单，线下门店体验新模式。

（3）发展自有品牌，布局产品差异化与品质化，吸引不同消费群。

（4）分析用户属性，采用会员制度筛选忠诚用户，确定主要的三类服务对象。

（5）解决消费者痛点，通过线下门店的体验互动，吸引顾客参与。

（6）应用支付宝大数据分析技术，掌控线下消费数据，为门店赋能。

（7）打造全自动物流模式，将供应链系统的设计完全数字化，实现高效配送。

（8）扩大战略布局，实现广度和深度两方面的补充，打造盒马生态链。

关键词：新零售；大数据赋能；全自动物流；传统零售业转型

 案例全文

1.1 盒马鲜生成立的缘由

对于传统生鲜零售业来说，随着我国社会的发展，乐于接受新鲜事物，追求健康和高品质生活的"80后""90后"群体正逐渐成为商品的消费主力。而现如今年轻白领的生活节奏越来越快、工作压力越来越大，每天下班后没有精力花费大量时间购买生鲜食品，他们更爱用碎片化时间上网浏览商品，消费者采购生鲜原材料省时的诉求不断膨胀。同时，随着2015年全国"两会"上"互联网+"行动计划被写入政府工作报告，互联网思维日渐兴起，瞄准了"互联网+生鲜"领域的良好发展前景后，诸多生鲜电商创业企业如雨后春笋般涌现。因此，受新一代消费者生活方式和消费价值的改变以及网络零售电商影响，去传统农贸市场、超市采购生鲜的方式受到挑战，传统零售业逐渐萎靡，线下实体店寻求转型势在必行。

2017年中央一号文件明确提出推进农村电商发展，促进新型农业经营主体、加工流通企业与电商企业全面对接融合，推动线上线下互动发展；加快建立健全适应农产品电商发展的标准体系；支持农产品电商平台和乡村电商服务站点建设；推动商贸、供销、邮政、电商互联互通，加强从村到乡镇的物流体系建设，实施快递下乡工程；完善全国农产品流通骨干网络，加快构建公益性农产品市场体系，加强农产品产地预冷等冷链物流基础设施网络建设，完善鲜活农产品直供直销体系。一系列利好政策的出台势必会加快生鲜电商行业的蓬勃发展。在此环境下，盒马鲜生这种线上线下结合的"新零售"电商业态应运而生。2015年3月，以超市为主体的盒马鲜生项目正式成立，以生鲜为特色，线下重体验，线上做交易，大方向确定为"超市+餐饮+物流"。

1.2 盒马鲜生的探索

1.2.1 产品/服务：线上线下融合，带来极致体验

（1）线上业务，餐饮外卖和生鲜配送。线上业务端口为盒马 APP，APP 中分为盒马外卖与盒马鲜生两个模块。盒马外卖主打专业餐饮外卖，盒马鲜生主打生鲜配送。盒马外卖区别于传统外卖形态，定位为专业外卖服务，不提供堂食。盒马外卖目前在上海共有陆家嘴、人民广场等 10 家厨房，在北京三里屯等已有 4 家厨房，立足于各大 CBD，目标客户为白领阶层。据盒马外卖 CEO 介绍，单个厨房硬件投入在 500 万元左右，一般需要 2~3 个月建设期，客单价 35~40 元。盒马鲜生主营生鲜、食品配送，基于门店发货。线上订单配送范围为体验店周围 3 千米内，配送时间为 8：30~21：00。盒马鲜生通过电子价签等新技术手段，保证线上与线下同品同价，通过门店自动化物流设备保证门店分拣效率，最终保证顾客通过 APP 下单后 3 千米内 30 分钟送达。

（2）线下业务，生鲜超市和餐饮体验。盒马鲜生创业团队致力于将其打造成一家以"吃"为核心，为用户提供完美购物体验的线上线下融合企业。"门店的本质是流量收集器，它是交易的起点，而不是终点，交易的终点应该在电商。只要在线下完成交易，就会受到坪效极限的制约，只有把交易放到互联网上完成，才能突破极限。所以，线下门店的任务，就是收集流量，把方圆 3 千米内的人群，通过良好的体验，吸引到门店来，然后将他们转化为线上会员。消费者周末有时间，就来线下体验；工作日没有时间，就在线上购物。"盒马鲜生的创始人侯毅说道。

为了给到店顾客提供良好的购物体验，吸引顾客线上购物，盒马鲜生从外部货架设计到产品服务都费尽心思。基于人体工学设计，盒马鲜生门店的货架高度都不超过 1.5 米，让顾客抬手就能取到商品；货架上摆放的价签都是电子价签，除了显示品名、价格、有情怀性的文案之外还有商品专属的二维码，打开盒马鲜生的应用扫一扫，就能在手机上将它加入购物车。产品上，盒马鲜生强调为用户提供最新鲜的食材，大力推广"鲜"的消费理念，其自营品牌"日日鲜"只卖当日生鲜，隔夜产品均会下架处理。"消费者买到的商

品都是新鲜的，每天吃的商品都是新鲜的！"盒马鲜生致力于满足用户每一餐的需求，所提供的产品都是预包装、小包装的食材，消费者每次采购只买当餐需求。

同时，为了增加消费者的店内体验，侯毅提出做餐饮的想法。但平台起家的阿里巴巴是不倾向于重资产的，但按照现在的设计，盒马开店面积至少在4000平方米以上，加之全品类、高品质产品的提供，开店成本至少要在千万元，目前做超市就已经是重资产模式了，再做个餐饮，无疑更加重了资产。而在侯毅看来，"关于餐饮化，这是必须做的多元化创新策略。餐饮的占比虽然不高，可能占整体业绩的10%不到，然而餐饮的配置可以拉动人气，让更多人进入盒马门店消费。同时，生鲜是损耗率极高的商品，如果配合餐饮一起经营，现场加工可以降低生鲜商品的损耗率。集团觉得做餐饮模式重，那我们就把餐饮外包出去，在店内招商做餐饮，但海鲜这一块我们必须要自己做。"在创始人的领导下，餐饮化的模式最终被采纳并得以落实。如今，进入盒马鲜生线下门店，不仅会看到商品陈列区，还会看到一个大大的就餐区（约占1/3的营业面积），以及若干食品加工的档口。用户在盒马鲜生买了海鲜，可以送到档口，支付加工费请师傅加工成菜品，现场享用，这种"边逛边吃"的形式无疑给消费者带来良好的体验，极大地激发了消费者进一步购物的欲望。

盒马鲜生通过给用户创造与众不同的良好体验，打消用户线上下单可能会有的疑虑，获得用户对其生鲜商品的信任和偏好。生鲜产品与可乐、薯片不同，它不是标准品，很难保证用户每次体验生鲜产品时，感受都是一样的。在传统生鲜超市，用户至少可以挑，但是在互联网上买，会送来什么样的产品，完全不知道。所以，用户对在网上买生鲜缺乏一份信任感。通过让消费者亲自在现场吃，感受"盒马品质"，增加客户体验，打消顾虑，建立信任，实现线下客户向线上转化。所谓"众口难调"，为满足不同用户的任何一种对"吃"的需求，盒马鲜生线下门店通过最优产地直采，提供来自全球100多个国家，超过3000款各类商品，从2元的蔬菜到1000多元的帝王蟹都有，满足消费者对不同价位、不同商品的消费需要。

总之，盒马鲜生采用"线上外卖+线下门店"的经营模式，门店承载的功能较传统零售门店进一步增加，集"生鲜超市+餐饮体验+线上业务仓储配送"为一体。传统超市的动线设计就是为了增加顾客门店停留时间，接触更多的商品。盒马鲜生在动线设计理念上与传统超市就存在较大差异：①盒马鲜生为真正意义上的全渠道超市，每件商品都有电子标签，可通过 APP 扫码获取商品信息并在线上下单。②店内分拣更加高效方便。公司通过电子标签、自动化合流区等新技术解决了全渠道信息获取及店内分拣难题。根据阿里巴巴财报，截至 2019 年 9 月 30 日盒马鲜生在全国共有门店 170 家。根据盒马鲜生 CEO 侯毅在阿里巴巴投资者大会上披露的数据，盒马鲜生线上销售占比从 2018 年 8 月 51% 上升到 2019 年 8 月的 61%，同店增长 13%，店均运营成本大幅下降 30%，12 个月以上门店税息折旧及摊销前利润（EBITDA）已经转正。另根据燃数科技数据，2019 年 9 月盒马鲜生线上销售额约 20 亿元，4~9 月线上销售额增长 35%，平均环比增长速度达到 6.4%。

（3）发力自有品牌，主打差异化与品质化。国内零售行业竞争日趋激烈，零售商纷纷选择发展自有品牌作为突围路径。自有品牌的发展能使零售商具备差异化的商品供应能力以提高消费者黏性，同时自有品牌的高毛利率也能提升零售商的盈利水平。根据尼尔森数据，2016 年全球自有品牌销售占比为 16.7%，其中西班牙和英国自有品牌的销售占比最高，均超过 40%，中国自有品牌发展则相对落后，2017 年销售占比仅为 1%。

盒马鲜生自创立以来便重视自有品牌的发展，目前其自有品牌销售占比已达到 10% 左右。从模式上看，盒马鲜生自有品牌可分为纯自有、第三方自有和联名品牌（老字号、IP 定制）三种类型。从品类上看，盒马自有品牌分为生鲜和标品两条线：生鲜自有品牌包括盒马日日鲜（菜肉蛋奶等民生类商品）、帝皇鲜（冷藏冻品）和盒马工坊（熟食点心、半成品菜、净菜），还有正在培育的有机鲜、高山鲜等新品牌；标品自有品牌则分为蓝标、黑标、金标三大类，主打不同层级的消费需求。差异化方面，盒马鲜生自有品牌设有对不同消费能力消费者的商品分层，如大众都能消费的蓝标（米面粮油等），以及针对消费能力较强人群的金标（日日坚果等）；而且还针对不同消费偏好的消费者进行分类，如为注重有机食品顾客群体推出的"有机鲜"系列，和出自四川海拔 1000~3500 米以满足客户"不时有食"需求的"高山鲜"系列。另外，基于不同场景和用户需求，盒马鲜生也做了差异化，以酒类为例，盒马针对吃螃蟹开发的黄酒叫螃友，还有搭配火锅、烧烤的薄荷拉格啤酒、搭配海鲜、蔬果的雨橙小麦啤酒，搭配肉类、甜品的印度淡色艾尔啤酒等。盒马鲜生的自有品牌产品也会迎合区域企业环境和区域口味进行改良设计，讲究本地本味。比如盒马的日日鲜牛奶，在不同区域就选用了不同的合作品牌，在江浙沪地区选择安佳，在广深地区选择温氏，在成都地区选择新希望。

在品质化方面，盒马鲜生迎合了中国消费升级的趋势，紧紧围绕消费者需求，不断推出改良商品。盒马鲜生的买手在全球范围内找原材料基地，开发成高品质、优价格的盒马牌商品，满足消费者的品质升级需求。例如，帝皇鲜品牌全部以进口海鲜和肉类为主，是由专业的盒马买手在海外寻找优质基地，将挪威三文鱼、越南黑虎虾、阿根廷银鳕鱼等特色海鲜产品带给国内消费者。

1.2.2 主要客户：精准定位，持续服务

（1）找准市场，稳扎稳打。流量、增量和存量是所有管理者极其重视的指标，从最初的广撒网，到现在的精准营销，盒马鲜生也是经过了一番摸索试错。最初，为了增加流量，盒马鲜生采取了各种营销措施，但一旦活动结束，有些顾客就不再购买了；在经过一段时间的流量积累后，盒马鲜生开始着手清理"僵尸粉"，通过会员收费的方式，盒马筛选出黏性较强的忠实用户，降低了用户维护成本，因为任何一家企业都不可能做到满足所有消费群体，这时就要有所选择，有所侧重。盒马鲜生把目标消费群体定位于大城市中高端白领阶层，特别是25～35岁的互联网从业人员，他们基本上都住在门店旁边周边，消费能力高，休闲时间较少，对价格敏感度不高，但是对生活品质要求高，这些顾客通常忠诚度高，是盒马电商的高黏度用户群。同时，基于用户属性，盒马对于比较便宜的蔬菜、水果，在适当范围内涨价；而高端精致的海鲜却比一般的生鲜电商、市场上便宜，从而抓住了这些目标用户的心理预期，使目标顾客更愿意来盒马鲜生购买生鲜，并促进其他商品的出售。经过这一番修正，盒马用户的黏性和线上转化率相当惊人，实现每笔交易单价纯线上75元，纯线下113元，会员月消费额线上279元，线下228元，线上订单占比超过50%，营业半年以上的成熟店铺更是可以达到70%，线上用户转化率高达35%的良好销售业绩。

（2）解决消费者痛点，提供极致体验。盒马鲜生团队提出"所想即所得，用户需要的，盒马必须提供"的战略性要求，并提出采用店仓合一的经营理念，如今，通过盒马鲜生提供的3千米内30分钟送达服务，消费者无论想要鲜活的海鲜、冰凉的冷饮，还是热腾腾的熟食，只要通过盒马APP下单，30分钟内马上送到家，满足用户在任何场景的即时性需求，让消费者的生活更加方便。同时，盒马将线上和线下打通，实现全渠道营销和交易模式，既可以单独线上、线下消费，也可以实现线上、线下智能拼单，比如顾客在店铺购买完成后，在回家的路上发现觉得不够，可以通过APP加单，系统会自动

把两个单拼接在一起，然后一起配送。线上、线下的高度融合为消费者提供了随时随地的便利购买，全天候的便利消费，特别是下雨天盒马鲜生的线上销售异常火爆。

同时，在产品品质上，盒马鲜生承诺永远无条件退货。生鲜很难标准化，所以品控非常难，这个不确定性风险，必须有人来承担。在过去，这个风险由消费者承担，消费者虽然有怨言，但也能理解，但是当购买到不好的生鲜水果时，就会大大降低消费者网上购买的热情。为了克服这种难以凭流程和标准化消除的风险，盒马鲜生提出了一个逻辑：永远无条件退货。买到的生鲜产品，不管因为什么理由不满意都可以免费退货，无须举证，快递员直接上门取货。生鲜产品一旦退货，基本上就等于货损了，但是为了贯彻消费者获益这个理念，盒马鲜生还是坚持做了。执行这个政策之后，客户可以无理由退货，反倒赢得了消费者信任，使退货率非常低。

（3）注重体验互动，吸引顾客参与。在纯粹的吃之外，盒马鲜生也致力于赋予"吃"更多的内涵和价值，把"吃"做成一种娱乐、一种享受。店里有可爱萌萌的3D背景墙，让女孩子们边吃边晒；也有每个月的用户活动，让妈妈带着宝宝亲手DIY自己的专属粽子。顾客还可以选购海鲜食材，在店内加工之后直接享用，也能直接买到制作食物所需要的调料，自己回家进行加工，实现食物的"生熟联动"和"熟生联动"。此外，盒马鲜生还将最新鲜的商品做成小包装及时配送，让家庭按需采购；通过提供精包装后的原料、半成品和成品，并在盒马鲜生的APP聘请五星级大厨传授做菜方法和相应的教学视频，让不太懂做菜的年轻消费者喜欢上做菜，并乐于分享自己的作品。这些细致的考虑，使盒马鲜生与消费者之间的互动更为频繁，逐渐建立信任关系，吸引越来越多的顾客参与。

1.2.3　方式：科技赋能，打造盒马供应链

（1）科技赋能：掌控线下消费数据。盒马鲜生不接受现金付款，只接受支付宝结账。消费者到店消费时，服务员会指导首次消费者安装盒马APP，注册成为其会员，最后通过APP或支付宝完成付款。支付宝统一付款为盒马鲜生创造了掌握线下消费数据以及线下向线上引流的机会：①掌控线下数据：传统零售过程中，顾客通过现金结账购买，其消费偏好、交易行为等难以形成大数据供零售商分析。而通过盒马APP或支付宝结账，用户的每一项购买行为都会与账号关联，同时支付宝付款也可以形成广告、营销价值。②全渠

道营销机会：支付宝支付可以让每位到店顾客下载盒马 APP 并成为其会员，方便公司打造全渠道的消费体验。

通过使用盒马 APP 与支付宝，盒马团队把线下门店和线上销售的数据进行汇集处理，依靠阿里巴巴在大数据方面的积累，通过深度挖掘消费者数据，将数据不断沉淀，反向导入平台化体系，进而分析数据与数据之间的交叉网点，构建用户画像，理解消费者的具体诉求，利用前端的销售数据去影响后端的供应链生产，随时对店内的商品进行调整，以此有效地控制成本，并逐渐形成自身的社区商业模式。同时，盒马加大资金投入，不断维护和更新 APP 和后台运营系统，为消费者提供最稳定、最好用的 APP，提升顾客购物时的消费体验。事实证明，盒马鲜生的这一想法是正确的：一次，盒马门店里售卖的牛奶保质期还剩一周，但还有 20 箱的库存。为降低损失，店铺采取了前所未有的"买一送一"的折扣力度进行促销。尽管如此，半天过去了，牛奶却只卖出了十几瓶。接近傍晚时分，眼看时间一点点流逝，盒马团队意识到传统零售"守株待兔"似的销售方法行不通，于是，盒马团队从会员信息数据库中甄选出买过临近保质期牛奶的客户，统一推送了打折促销信息，结果 3 分钟之内，20 箱牛奶被抢购一空。盒马鲜生通过支付宝这一口径获取顾客信息，按需求推送，真正实现了线上线下融合。

（2）全自动物流体系，实现高效配送。盒马鲜生通过对用户调查，发现半小时是用户短暂等待的极限时间，大于 30 分钟到 2 小时都不属于短暂等待，因此，快速送达对生鲜企业来说非常重要。为了实现"三公里范围，半小时送达"，盒马鲜生和阿里巴巴的系统研发团队一起完成了盒马鲜生整个供应链系统的设计和开发，实现供应链、销售、物流履约链路完全数字化，构建"全自动物流模式"。

整个系统分为前台和后台。用户下单，店员 10 分钟内完成拣货打包，快递员 20 分钟实现 3 千米以内的配送，实现店仓一体。实现该流程依靠的是互联网时代的计算机技术，盒马运用机器学习训练算法，不断复盘优化流程路线。从商品的到店、上架、拣货、打包、配送任务等，作业人员都是通过智能设备去识别和作业，用计算机进行分拆和组合，保证分拣的迅速，也保证了配送的时候给快递员分配的包裹的合理性，简易高效，出错率极低，因此盒马每天面对 1 万多个订单，捡货员和顾客在门店里依然不显得拥挤。特别值得一提的是店内的智能悬挂链传送系统——盒马全链路数字化系统的一部分。盒马鲜生的门店分成几个区域，每个捡货员只负责一定的区域，拿着

POS 机跑来跑去拣货，有效地减少分拣时间；店员把本区域的商品拣好装在袋子里后，挂在悬挂链上，传送到后场汇集；后台打包装箱，交给快递员送货。整个过程不能超过 10 分钟。快递员接过包裹后，骑上电动车就往用户家里跑，20 分钟之内，送到用户家里。这样的送货速度，对流程线上的员工速度要求极高，因此盒马鲜生为每位配货员工开出了 8000~10000 元/月的高薪酬。通过上述举措，盒马鲜生不仅提升了用户体验，同时由于最后一段路不需要用冷链车配送还降低了物流成本。

（3）扩大布局，打造盒马生态链。在盒马鲜生单店模型迭代基本成熟后，2018 年以来其扩张速度明显提升。盒马鲜生的首份成绩单显示，截至 2018 年 7 月 31 日，盒马鲜生已在全国拥有 64 家门店，覆盖 14 个城市，服务超过 1000 万名消费者，运营 1.5 年以上的盒马鲜生门店日销售额平均超过 80 万元，单店坪效超过 5 万元，单店均销售额达到 80 万元，客均单价 80~100 元，毛利率 25%，远超过传统实体超市，老店模型基本跑通。盒马鲜生很好地满足了一线城市主城区消费者对商品品质和到家服务的需求，但难以覆盖郊区及下沉市场，且前期投入较大、选址较难。为了满足更多消费者的需求，不安于现状的盒马团队又开始不断进行其他门店类型的探索，2019 年 3 月盒马将门店体系调整为"一大四小"，在盒马鲜生大店的基础上发展出四种新业态，具体为：①盒马菜市，定位城市社区与郊区，取消餐饮业态，引入散装生鲜，增加食品现做档口，商品价格更亲民。②盒马 mini，定位社区、郊区与县镇，为盒马鲜生精简版，根据不同社区需求进行品类结构的调整。③盒马 F2，定位办公商圈，以便利店、餐饮店为主力业态。④盒马小站，即前置仓业态，作为城区内的网络覆盖和补充，用于快速填补盒马鲜生难以快速覆盖的空白区域，专注于满足周边线上消费者一日三餐的日常需求。不同的业态和商品结构，满足了消费者更多需求；同时又扩大了盒马鲜生覆盖范围，实现在广度和深度两方面的补充。至此，一系列盒马鲜生生态链的形成，共同助推盒马鲜生走向更高战略布局。

资料来源

王崇锋、巩杰、杨箫、晁艺璇：《盒马鲜生：新零售企业的商业模式探索之路》，《中国管理案例共享中心》2019 年 5 月 7 日。

洪涛、倪华：《电商巨头孵化的生鲜超市新物种——盒马鲜生》，《广发证券新零售系列报告》2017 年 1 月 19 日。

宁浮洁、王凌霄、周洁：《业态创新与商品力打造，新零售之路砥砺前行》，《招商证券——批发零售行业盒马更新报告》2019年11月21日。

经验借鉴

生鲜产品的高损耗特征使生鲜电商对物流配送提出较高要求，从而诞生了多种不同的商业模式，如垂直电商平台模式、综合电商平台模式、传统零售平台模式、物流企业平台模式等。虽然理论上商品毛利额大于履单成本便可跑通模式，但问题在于，多数平台依然处于靠促销吸引用户、培养消费者习惯阶段，这使其毛利率远远低于实体零售店，从而有95%的生鲜电商企业身处亏损困境中。除此之外，人们对线上购买的关注点已经不再仅仅局限于费用低廉等方面，而是越发注重对消费过程的体验和感受，要赢得消费者并非易事，因此，各大零售商在面临互联网人口红利消失、互联网电商红利见顶情况下，都在努力寻求新的增长点。盒马鲜生作为其中的创业者，它的成功经验有如下几条：①勇于创新商业模式，克服原有商业模式存在的弊端，探索生鲜电商的未来道路。盒马鲜生不仅是为顾客提供简单商品，更是提供一种生活方式的经营理念，以往家庭完成的事情放到店里完成，为顾客提供的是可以直接食用的成品、半成品，改变了传统超市的商品结构。②盒马鲜生打通上下游产业链，并运用大数据、移动互联、智能物联网、自动化等技术及先进设备，实现人、货、场三者之间的最优化匹配，从供应链、仓储到配送都建立了自己完整的物流体系，从而保证门店附近3千米内30分钟送达。同时盒马鲜生也有自己的APP，并且其将线下门店和线上的商品销售数据与天猫打通，利用销售数据反过来影响后端的供应链生产。③敏锐地发现市场中的变化，在市场趋势中寻找机会，升级战略。盒马鲜生敏锐地发觉到消费主力的价值主张发生变化，物美价廉不再是关注的重点，产品的情感导向替代了价格，因此盒马从传统的低价战略创新性地转向高品质、情感战略，提供高品质、有情怀的产品，提倡"鲜·美·生活"的消费理念，培养消费者心智。④转变商业思维，提高用户黏性。盒马鲜生从客户思维转向社群思维，以往的商业模式都是先有交易再有客户，而它的商业模式则是先有社群再有客户，其非常重视社群的管理，利用碎片化时间，实时在线与顾客沟通，并通过粉丝经济、移动社群等方式建立消费者黏性，获得销售增长；从产品思维转向最终解决方案思维。⑤顺应时代转变思维，解决消费痛点。盒马鲜生从解决行业、用户痛点出发，利用支付宝、盒马 APP 提供的大数据和自建的供应链、物流体系实现精准营销、时时新鲜、快速送达，解决生鲜的品质控制问题，满足顾客对生鲜的即时性需求，建立自己的核心竞争力。

 本案例启发思考题

（1）盒马鲜生在创立时所面临的商业环境是什么样的？

（2）在渠道策略上，盒马鲜生是怎样通过线上线下融合，实现全渠道营销的？

（3）盒马鲜生与传统生鲜零售超市的区别在哪儿？

（4）你认为什么是商业模式？商业模式的构成要素有哪些？请结合案例及相关资料，分析盒马鲜生的商业模式。

（5）能否将盒马鲜生与每日优鲜、多点生鲜比较？比如各自的模式、供应链、优缺点等。

（6）整体来看，盒马鲜生的商业模式创新主要体现在哪几个方面？

（7）盒马鲜生现有的商业模式是否存在可能的隐患？

2　海康威视：多元整合，技术为王

公司简介

海康威视是领先的安防产品及行业解决方案提供商，致力于不断提升视频处理技术和视频分析技术，面向全球提供领先的安防产品、专业的行业解决方案与优质的服务，为客户持续创造更大价值。海康威视拥有业内领先的自主核心技术和可持续研发能力，提供摄像机/智能球机、光端机、DVR/DVS/板卡、BSV 液晶拼接屏、网络存储、视频综合平台、中心管理软件等安防产品，并针对金融、公安、电信、交通、司法、教育、电力、水利、军队等众多行业提供合适的细分产品与专业的行业解决方案。这些产品和方案面向全球 100 多个国家和地区，在北京奥运会、大运会、亚运会、上海世博会、60 年国庆大阅兵、青藏铁路等重大安保项目中得到广泛应用。

公司的营销及服务网络覆盖全球，在中国内地 33 个城市已设立分公司，在洛杉矶、中国香港、阿姆斯特丹、孟买、圣彼得堡和迪拜也已设立了全资或控股子公司，并将在南非、巴西等地设立分支机构。公司在全国设立渠道代理商。持续快速发展的海康威视，已获得了行业内外的普遍认可。2007～2011 年公司连续五年以中国安防第 1 位的身份入选 A&S "全球安防 50 强"；2011 年名列 IMS 全球视频监控企业第 4 位，2012 年名列 IMS 全球视频监控企业第 1 位、DVR 企业第 1 位；连年入选 "国家重点软件企业" "中国软件收入前百家企业"。"专业、厚实、诚信、持续创新" 的海康威视，以人人轻松享有安全的品质生活为愿景，矢志成为受人尊敬的、全球卓著的专业公司和安防行业的领跑者。

 案例梗概

（1）海康威视开拓多种创新业务，围绕视频技术扩大布局，打通技术、产品、系统等业务体系。

（2）切合产业发展趋势，聆听顾客声音，以优秀的前瞻性产品规划和实施能力，实现内部规划与外部需求有效匹配。

（3）实施全球化经营战略，建立自己的海外营销体系，使中国品牌 "走出去"。

（4）坚持自主研发道路，坚持科技创新，使改革和创新成为企业发展的动力。

（5）重视人才，健全员工培训体系，以高薪酬及发展空间留住中坚力量。

（6）整合资源，建立并不断完善现代化管理体系，为全球化提供资源支撑。

（7）捕捉深度学习对行业带来的机遇，居安思危，开始创新业务的布局。

关键词： 安防行业；视频监控；国际化；全面创新

 案例全文

2.1　海康威视初长成

作为全球视频监控细分领域的头号企业，海康威视是中国制造叫响全球的杰出代表之一。2016 年，海康威视安防产品综合排名跃居全球首位。海康威视最新财报显示，2016 年前三季度，公司实现营收 211.37 亿元，同比增长 28.6%；净利润 48.50 亿元，同比增长 26.7%。一家成立于 2001 年、创始团队仅 28 人的小公司，如何在十几年间就成长为世界制造舞台的"优等生"？海康威视董事长陈宗年表示："我们不追求破坏性或颠覆性的创新，而是坚守自己的核心技术，并以此为基础不断进行创新。这种'守拙'式的成长是我们不断取得技术突破，并在全球竞争中取得佳绩的关键。"

在海康威视成立初期，中国电子产业正逐渐摆脱仿制、模仿阶段，进入自主开发阶段，中国安防行业也正经历着从以贸易为重心向以实业为重心的转变。市场已经逐渐成熟，海康威视也必须伺机而动，而技术是首要的难题，技术跟不上，注定无法在行业中立足。2002 年，在市场从盒式磁带录像机（Video Cassette Recorder，VCR）向数字视频录像机（Digital Video Recorder，DVR）转变时，海康威视占领先机，较早进入了 DVR 市场，并且解决了该领域技术难题——硬盘录像问题，取得了重大的技术突破。硬盘录像问题的解决，从技术上彻底地解决了在异常情况下硬盘索引文件丢失的问题，成功奠定了海康威视硬盘录像机的地位。仅仅两年后，海康威视就突破重重难题，掌握了高清摄像领域的核心技术，成功进军高清摄像机领域。在此之前，在监控领域最大的摄像机市场中，国内摄像机厂商主要使用索尼、夏普等芯片组，而企业本身主要做参数的配置和信号的处理，并没有深入到摄像机的核心技术——图像信号处理（Image Signal Processing，ISP）环节。但海康威视意识到如果一直如此，止步不前，早晚会被市场淘汰。于是海康威视立即开始投入人员研发 ISP 技术并逐步获得突破，从而在高清摄像机方面获得了一定的技术优势。自此，海康威视的实力不断增长，如图 1 所示，公司营业收入平稳增长且一直保持 20% 以上的增长率。

2.2 艰辛探索

钱塘江南岸，有一栋外观呈不断递进波浪形的办公大楼，这就是海康威视的总部大楼。海康威视也正像这座办公大楼的外形一般，发展之势如波浪层层推进，来势汹汹。海康威视总能及时抓住市场机遇，从数字化到网络化再到智能化，它抓住了每一次技术浪潮带来的发展契机，不断成长壮大，并且能够保持持续高涨的发展势头。但究其真正的原因，海康威视的发展离不开"创新"二字，具体来说，海康威视从企业管理的各个方面出发积极推动创新，而其中在技术创新、市场创新和人才创新方面尤为突出，可以说是拉动海康威视不断向前的"三驾马车"。海康威视一直坚持着建设以"市场为导

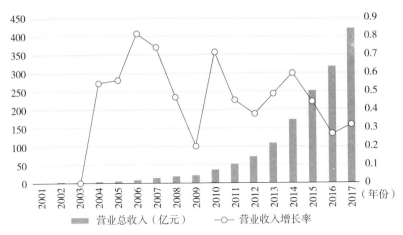

图1 海康威视营业收入及增长率

向"和"研发为核心"的双核驱动组织架构的管理理念，强化市场体系对客户服务、战略方向和资源规划的决策支撑能力，同时通过研发管理等系统的高效运作，确保以客户满意度为导向的公司整体战略实施。另外，在建设双核驱动组织架构的同时，公司不断完善创新人才培养体系，从而不断提升企业竞争力。

2.2.1 产品：开拓新业务，扩大布局

2001年11月底，海康威视正式注册成立，12月海康威视与其他竞争对手几乎同时开始研发基于MPEG-4算法的新一代压缩板卡。之后，依托视频压缩板卡的率先研发成功，海康威视逐步由视频压缩板卡研发制造商向数字监控产品研发制造商转型。但自2014年以来，海康威视营业收入虽仍高位增长，但其增长率却逐年下降，一方面是因为体量越来越大，另一方面也是因为主流安防行业已趋向有节制的增长，进入从追求规模向效益调整的阶段。此时如何开拓新的业务增长点引领行业发展，成为海康威视新的战略方向，针对于此，公司也早已围绕自身竞争优势做了一些有益的尝试和探索。

早在2012年，海康威视就着手布局互联网业务，2013年发布萤石系列民用安防品牌，主要服务于智慧家庭与智慧商业领域，经过5年的发展，2017年实现营收超过10亿元。此外，其他创新业务也在加速成长，2015年海康威视开拓机器视觉、移动机器人及行业级无人机业务，其中移动机器人领域的AGV产品及解决方案已帮助京东、顺丰等物流企业完成复杂自动化项目的落

地应用。2016 年，海康威视发布机器人智能仓储系统，开辟汽车电子、红外传感新业务，并且其高清摄像机业务终于不负所望在全球市场份额排名第一。2017 年，海康威视布局了固态硬盘和智慧存储解决方案业务。其他创新业务 2017 年营收超过 5 亿元，同比增长率高达 275.41%。

对于这些外界看起来完全和主营业务"不搭边"的创新业务，陈宗年表示，"只是一个顺理成章的过程"。"我们原来做视频监控，现在已经进入计算技术、交互技术、连接技术等领域，这些都为可视化管理提供了很好的技术基础。随着人工智能、数据挖掘、大数据分析的逐步成熟，数据背后的价值会渐渐显现，都是大数据中隐藏的'金子'。"陈宗年说。

目前，海康威视的业务体系俨然已将技术、产品、系统全部打通，预示着海康威视在坚实的市场和技术基础上，驶入了蓬勃发展的"快车道"。

2.2.2 精准定位，服务客户

（1）结合市场趋势，聆听用户需求。海康威视明白一家企业不断研发出新产品固然重要，但若想推出可以引领产业的新产品、新技术就必须要切合产业发展趋势，因此企业需要具备优秀的前瞻性产品技术规划和实施能力。而产品技术的前瞻性规划和实施，不仅需要埋头苦干，还需要与市场应用转折点结合，而这一点也恰恰是海康威视鲜为人知的特长。

安防监控应用市场的发展，已经或正在经历从 VCR 到 DVR、从模拟摄像机到 IP 网络摄像机、从 DVR 到 NVR、从小型系统到大型系统、从通用型系统到行业应用解决方案等一系列的转换节点，而每一次海康威视都不失时机地推出了对应的优势产品技术，这直接体现了海康威视将内部规划实施与外部需求有效匹配的超强能力。那么，要如何才能捕获先机？海康威视 CEO 胡扬忠做出了简短回答：客户需求。事实证明，海康威视一次又一次的成功与其密切关注顾客需求是分不开的。关注市场需求、满足顾客需要一直是海康威视所秉持的坚定信念。2017 年，海康威视实现营业总收入 419.05 亿元，同比增长 31.22%；实现归属于上市公司股东的净利润 94.11 亿元，同比增长 26.77%。当外界为海康威视 2017 年交出的亮丽成绩单感慨时，胡扬忠却直言，净利润不是最重要的，重要的是如何更好地去服务好客户，为客户创造价值，在此基础之上再去考虑业绩。他说："企业的目的还是满足客户的需求。"或许对海康威视来说，取得的成绩实际上是其能够满足客户需求的一种证明，成绩不是目的，而只是获得客户认可的勋章。海康威视的核心价值观和管理理念都在强调"客户"和"市场",海康威视的高层领导人也在各种场合提及满足市场需求的重要性和决心,对海康威视来说,"满足客户需要"绝不仅仅是一句口号,而是作为企业的使命。

海康威视是一家国有控股的混合所有制企业,它能够建立一套高度市场化、高度灵活的机制是十分难得和令人惊讶的,也是需要付出更多的努力才能够达成的。胡扬忠说:"如果我们仅仅都关注大股东在想什么、在琢磨什么、在要求什么,那我们就建不成市场化企业。所以,我们更多地去听客户的声音,了解客户需求,去关注产业的发展和演变,洞察市场,而这也都取决于董事会和经理人。"大股东的开明支持,董事会和经营层的极大认同,都促使企业选择了市场化这一正确的道路。因此,为了洞察客户需求,海康威视不断地贴近客户。从2004年开始,海康威视大规模搭建销售营销体系,海康威视是行业里第一家自建销售网络的公司。安防行业项目市场产业链比较长,从厂家到总代、区域分销商,再到集成商、工程商、安装商,最后才到用户。海康威视选择自己做区域代理,在全国建立分销网络,设立分公司,分公司的销售、物流、仓库、交付、人事任免权和财务管理等全部与总公司打通。到如今,海康威视在国内设立了35家分公司,200多个国内业务联络处,37家海外销售分支机构,营销网络覆盖100多个国家和地区。另外,为了更贴近最终用户,海康威视开始行业细分,区域下沉。从2010年起,海康威视针对用户的不同行业,陆续组建了公安、司法、金融、文教卫等七大事业部,每一个事业部下面又细分为十来个子行业,面向各个细分行业提供系统解决方案,同时,在分公司的基础上,又拓展出地市级办事处,以更好地服务用户。越来越贴近用户和市场,对越来越细分的行业和场景进行充分研究,让海康威视的产品更能精准地瞄准用户需求。

(2)全球化经营,整合国际化资源。海康威视成立之初,业务重心为国内市场,公司通过数字化DVR产品突破了某些厂商的先发优势壁垒,但是仍与行业内国际主流厂商存在较大差距。随着前期技术创新能力的积累,海康威视开始实施全球化经营战略,加紧境外业务布局,逐步在美国、中国香港、印度等地建立了境外子公司,目标是完成从国内市场主流向国际市场主流追赶。

2007年开始,海康威视调整海外市场策略,开始走自主品牌道路,并逐步建立自己的海外营销体系。这条路走得非常艰难——除了文化差异,还要面对国外客户对于中国品牌的不信任,需要持续的投入。在一些项目中,有人会要求直接把中国品牌"踢出去",他们认为中国生产的产品质量没有保证。同时还会受到国内同行的低价冲击。2008 年,是海康威视"自主品牌"推广的"分水岭"。2008 年奥运会后,中国的国际形象得到提升;另外,经济危机也让客户更加注重性价比,更理性地进行选择,这才为海康威视提供了更多机会。海康威视的国际化营销经历了两个明显的阶段,最初是以 OEM 形式为主的"产品""走出去"阶段,随着中国国际地位的提升与企业自身国际化发展战略的需要,海康威视逐步在海外建立分支机构,深切落实本地化战略。海康威视产品已经成功应用于全球 100 多个国家和地区,尤其在高端应用场合成为首选品牌,其以稳定卓越的性能受到广泛好评。海康威视国际化发展情况如图 2 所示,国际化营销所占比重越来越大,境外营业收入占总收入比重已从 2010 年的 17% 增长为 2017 年的 29%,境外营业收入始终保持 20% 以上的增长率,国际市场已经逐步成为公司销售收入的重要来源。

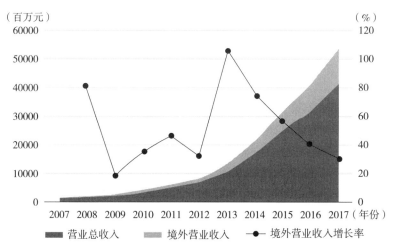

图 2　海康威视国际营销情况

随着海康威视国际品牌影响力的逐年提升,公司逐渐从海外渠道分销市场向项目市场拓展,加大海外项目市场的投入力度,并在多个国家和地区的项目市场实现了重大突破。海康威视品牌产品已销往海外多个国家和地区,美国费城平安社区、韩国首尔平安城市、意大利米兰国际机场、法国戴高乐机场、英国伦敦地铁等都有海康威视品牌的身影。通过持续在全球建立和巩固海康威视的自主品牌,公司一步步打出了自己的品牌,海外客户也逐渐认识到:中国产品在质量、性能、服务方面也是有充分竞争力的,公司品牌是值得信赖和合作的品牌。

2.2.3 方式：多种方式，促进发展

（1）大手笔研发投入，驱动创新。"海康威视本身就是创新的产物。通过核心技术与体制机制的创新探索，海康威视从科研院所变为上市公司，从设备生产商发展成解决方案提供商，再到现在成为内容服务的提供商，改革和创新始终是企业发展的动力。"陈宗年如是说。

成立之初，海康威视就深深地了解技术研发的重要性，然而公司才刚刚成立，前期巨额的研发投入对公司来说隐藏着巨大的风险，因为谁也无法预测所研发产品的市场反应如何，一旦失败，后果不堪设想。考虑再三，海康威视总裁胡扬忠最终仍然坚信这条技术研发之路非走不可，他认为没有技术作为支撑，海康威视或许走不了太远。于是，胡扬忠极力给予公司员工和管理层信心，陈明利弊，以理服人，最终公司内部从股东到经营层都给予了胡扬忠充分的授权和极大的支持。自此，海康威视走上了自主研发的道路，坚持科技创新，并积蓄了强大的研发实力。

目前，海康威视作为一家以技术见长的公司，其在视频监控产业向数字化、网络化、高清化、智能化方向发展的过程中，始终保持高额的研发投入。2011~2015 年公司的研发投入近 50 亿元，其中仅 2015 年就超过 17 亿元。"在长期专注的创新投入下，海康威视在前瞻技术方面取得了一些突破。"陈宗年介绍说，公司现已拥有视音频编解码技术、视频图像处理技术、嵌入式系统开发技术等多项核心技术及云计算、大数据、人脸识别、深度学习、视频结构化等前瞻技术，目前已获得授权的专利达 1252 项，其中发明专利 288 项，国际专利 88 项。

（2）世界范围内汇集人才。走进海康威视杭州总部，看到大多数都是青春洋溢的年轻员工，不经意间还以为错入了大学。而这也正是海康威视引以为傲的地方。海康威视现有研发人员超 8300 人，研究院的研发团队中很多都是"90 后"，而且在这支队伍中，硕士、博士、博士后的占比接近 70%。

没有人才就谈不上创新，这也是海康威视一以贯之的理念。"公司的目标愿景和我们能够提供的工作平台、高薪酬及发展空间是留住高端人才的关键。"海康威视数字技术股份有限公司副总裁郑一波表示，仅在 2015 年，海康威视就新进了 5000 多人。人才引进的速度快，内部人才优化的速度也得相应加快。不仅如此，海康威视还广纳全球人才，为其所用。目前，在其遍及

全球的 23 家分支机构里，超过 1000 名海外高级知识分子正在为海康威视的发展打拼。人才是海康威视发展最活跃的推动力，任何先进的产品创新都需要优秀的人才来创造性地实现。陈宗年也说："海康威视的发展，第一靠的是人才。我们已经拥有业内领先的自主核心技术。下一步，我们将不断增加创新研发投入，加强创新平台建设，培养创新人才队伍，促进创新链、产业链、市场需求有机衔接，培养创新驱动的高端人才。"企业高层领导对人才的重视和尊重是企业人才培养的前提，在此基础之上，建立多层次、全方位的人才培养体系和合理先进的用人制度，使每位员工都能人尽其才，发挥最大作用，是海康威视引进人才、留住人才、激励人才的利器。

首先，为留住人才，海康威视首先构建了十分完整的员工培训体系。"新人训练营"、"鹰系列——飞鹰计划、鹞鹰计划"、"孔雀翎——翎眼、翎心、翎羽"、核心人才培养机制等构成了全方位立体化的培训模式，为公司的人才培养打下坚实的基础。仅 2014 年，公司在培训上的投入约 600 多万元，培训总时长达 9 万多小时。其次，把合适的人放在最佳岗位上也是海康威视的用人理念。如此一来，可以发挥每位员工的最大才能、挖掘最大的潜能，同时也使员工的能力不断提升，以适应不断提高的要求。员工在尽情施展才华的同时，也能树立起强烈的事业感和归属感，从而为企业创造更大的价值，同时实现个人的成长。最后，海康威视有一个人才评鉴中心，专门针对核心人才、业务骨干进行评价，根据每位人才不同的情况开展一系列培训和提升，为核心人才量身定制成长计划。通过人才培养体系公司培养出了一大批核心人才，也是海康威视未来发展的中坚力量。

（3）整合资源，完善管理体系。海康威视向世界一流企业看齐，进行了一系列的流程导入和管理变革，不仅在人力资源管理上下了很大功夫，其还在供应链管理、资源配置、研发管理等方面进行了持续改进，借鉴成功的实践经验，建立并不断完善现代管理体系。为加强从采购到交付客户全过程的管理，公司建立供应链管理中心，推行供应商认证管理流程，与主要供应商建立紧密的合作伙伴关系，赢得快速、高质量、低成本供货保障的相对竞争优势，确保高效、柔性地满足市场需求。

海康威视品牌国际化的打造离不开全球资源的统一协调与配置，全球的销售网络已带来量上的突破，而这背后实际上是全球供应链网络、研发网络与服务网络的协同支撑。目前，公司在国内拥有四大生产制造基地，分别为杭州滨江制造基地、杭州桐庐智能制造基地、武汉智能产业园、重庆科技产业园，在国外拥有两大物流中心，分别为美国仓储物流中心和荷兰欧洲物流仓储基地。中国产品的海外竞争力实际上来源于响应速度和定制化，这两大物流中心可以负责装配、检测、测试，直接给当地供货，会大大加快公司的供货和响应速度。海康威视形成以杭州为核心的全球协同研发体系，建立了辐射北京、上海、重庆、武汉、新疆以及加拿大蒙特利尔、美国硅谷和英国利物浦的研发中心体系，并计划在西安、武汉、成都、重庆和石家庄建立新的研发基地。海康威视的内核实际上是一家软件公司，因为整个产品形态和技术含量是由嵌入式软件水平决定的，而自主创新的能力和速度是海康威视设立海外子公司的基准，技术功能与性能的创新速度决定了公司海外开拓的速度与节奏。比如在其国际化发展早期，海康威视坚持产品首先要有本土基础，因此研发中心在杭州公司总部，新产品一般在国内发展成熟后再推向海外。随着公司海外物流、研发、服务等体系的完善，海外研发中心开始研发满足当地定制化需求的产品，并且展开新兴技术的研究，知识的转移机制也从原先母公司单方面输出转变为子公司反哺母公司技术与市场知识，双方互动螺旋上升。研发、制造、服务体系通过协同配置物流、财务、IT 等资源，不仅完成了需求管理的本土化，而且实现了资源支撑的全球化，全球化的网络布局使海康威视离成为一家"受人尊敬的世界级企业"的目标越来越近。

2.3　发展成果

海康威视行业领导者地位的不断巩固，源自持续改革、持续创新。海康威视长期保持高研发投入，不断开发出高性能的产品和解决方案，满足市场多样化的需求，其视觉算法上的研发实力，为继续引领行业发展打下良好的基础。从模拟到数字化，再到网络化，海康威视成功引领了安防行业过去 10 多年的大变革，而今随着云计算、大数据、物联网等技术的融合发展、广泛应用，视频监控的 AI（人工智能）产品越来越受到外界关注。AI 的兴起为安防行业打开了新空间，这预示着海康威视即将迎来又一次全新的机遇。"我们的产品、技术和方案，都在不断地发展，所以这波人工智能，基于深度学习的人工智能来的时候，我们应该是赶上了这一波浪潮。"胡扬忠自信地说。

海康威视的信心到底来源于何处？原来这家行业"领头羊"一直居安思危，早早就开始了创新业务的布局。2006 年，海康威视率先开启智能分析技术的研发，捕捉深度学习给行业带来的机遇，将视频感知、深度学习、云计算、大数据技术及用户业务需求有机融合，赋予物联网感、传、知、用四个层次以全新内涵，推动行业整体升级，迎接视频人工智能时代的到来。2013年海康威视又开始了深度学习的技术布局，进行前瞻性技术探索，更加专注于感知、智能分析、云存储、云计算及视频大数据研究。如今，海康威视已在人工智能领域深度布局，拥有智能安防设备、大数据资源、深度学习算法和下游实力客户四大优势，其技术及设备应用于公共安全、智能家居、工业制造、汽车智能化等领域，如近年来比较热门的人脸识别等，海康威视均有涉足。为何要布局创新业务？胡扬忠说："任何产业都有自己的生命周期。如何让一个企业持续发展，活力不断，就需要不断做出新产品，形成新的二次生命周期。如果一个企业，没有这样的活力。那么，这个企业只能赶一波潮就结束了。"虽然海康威视有信心应对近几年 AI 大时代带来的挑战，但十年后、二十年后市场又将如何，还很难预测，因此海康威视必须不断地进行创新以应对未知的挑战。

资料来源

华信：《海康威视崛起的背后，"守拙"者，霸"视界"》，《经济日报》2017 年 3 月 22 日。

蒋琬、孟凯莉、郑春东：《海康威视：抢占安防行业"C"位》，《中国管理案例共享中心》2019 年 4 月 28 日。

吴晓波、付亚男、吴东、雷李楠：《海康威视的国际化与超越追赶》，《中国管理案例共享中心库》2018 年 10 月 23 日。

 经验借鉴

海康威视是领先的安防产品及行业解决方案提供商，拥有业内领先的自主核心技术和可持续研发能力。作为行业"领头羊"，海康威视的发展历程中，有很多值得学习的经验：①聆听顾客需求，掌握市场动向。一家企业能够不断研发出新产品固然重要，但若想推出可以引领产业的新产品、新技术就必须要切合产业发展趋势。而产品技术的前瞻性规划和实施，不仅需要埋头苦干，还需要与市场应用转折点结合。海康威视的成功密码正是聆听顾客需求，掌握市场动向，从而实现将内部规划实施与外部需求的有效匹配。②开拓新业务，扩大布局。海康威视原来做视频监控，现在已经进入计算技术、交互技术、连接技术等领域，这些多元业务的扩展都为后来的可视化管理提供了很好的技术基础。并且随着人工智能、数据挖掘、大数据分析的逐步成熟，数据背后的价值逐渐显现，人们才发觉，原来海康威视一直在挖掘大数据中隐藏的"金子"，而海康威视已经在坚实的市场和技术基础下，驶入了蓬勃发展的"快车道"。③全球化经营，整合国际化资源。随着技术与创新能力的不断积累，海康威视开始实施全球化经营战略，目标是完成从国内市场主流向国际市场主流追赶。海康威视调整海外市场策略，走自主品牌道路，并逐步建立自己的海外营销体系，目前国际市场已经逐步成为公司销售收入的重要来源，并提高了国内品牌在国外的技术和质量口碑。④海康威视从科研院所变为上市公司，从设备生产商发展成解决方案提供商，再到现在成为内容服务的提供商，始终保持高额的研发投入。正是始终坚持自主研发的道路，坚持科技创新的方法，才为企业积蓄了强大的研发实力，创造了坚实的发展动力。⑤海康威视的发展，第一靠的是人才。企业高层领导对人才的重视和尊重是企业人才培养的前提，在此基础之上，海康威视还建立了多层次、全方位的人才培养体系和合理先进的用人制度，使每位员工都能人尽其才，发挥最大作用。⑥整合资源，完善管理体系。海康威视通过研发、制造、服务体系通过协同配置物流、财务、IT 等资源，不仅完成了需求管理的本土化，而且实现了资源支撑的全球化，全球化的网络布局使得海康威视离成为一家"受人尊敬的世界级企业"的目标越来越近。

本案例启发思考题

（1）海康威视的发展过程经历了几个阶段？

（2）海康威视进行了哪些方面的创新？效果如何？

（3）海康威视进行的各方面的创新存在什么关系？如何发挥作用？

（4）海康威视为什么选择美国这种高地市场作为海外市场首站？

（5）试从全球价值链视角分析海康威视从营销、品牌两个方面重点布局国际化的原因。

（6）海康威视发展成功的最关键因素是什么？对于其他企业具有哪些可借鉴之处？

（7）在市场竞争如此激烈的今天，你认为海康威视在哪些方面的创新还需要进一步加强？具体如何实现？

（8）如果你是一家新创立的高科技公司的总裁，海康威视的创新实践会给你什么启示？

3 汉帛：传统行业智慧转身

公司简介

汉帛国际集团有限公司（以下简称汉帛）是一家以服装为主导产业的跨国集团，1992年由企业创始人高志伟先生成立，总部办公大楼和生产基地位于浙江杭州。汉帛成立25年来，从开始的女装加工发展成为一家涵盖出口贸易、智能制造、品牌零售、产业服务、时尚智慧产业园区五大业务板块的大型企业。作为国内历史最悠久服装企业之一，汉帛已经成为国际社会观察和了解中国服装产业的标志性企业。目前，新一代的汉帛，以"ZHI"Fashion为核心理念和价值，正在用全新的角度诠释汉帛国际集团未来业务形态，构建"ZHI"时尚产业链，逐步打造成为服装行业全方位全供应链服务的平台商。汉帛（中国）有限公司是一家为全球数十家高级女装品牌提供OEM服务的企业，年出口能力达到1500万件（套），拥有从德国、瑞士、意大利、法国、日本等国引进的最先进的吊挂生产线、全自动裁床、自动熨烫设备、自动装箱设备和完善的理化测试中心等全套国际一流的生产设备和检测设备。公司以其精湛的制衣工艺、娴熟的制衣技术和严格而人性化的管理赢得了国际合作伙伴的信赖，成为中国大陆生产高档女装最具代表性的企业之一。

案例梗概

（1）汉帛不断完善技术设备，致力于打造成为中国乃至世界女装品牌前列的产业集团。

（2）打造产业品牌，定位于世界女装和休闲服的高端市场，逐步扩大市场份额。

（3）关注市场从消费者需求出发，调整自己的生产策略，不断提升品牌整体影响力。

（4）抓住发展机遇，利用自身优势建起"中国网商城"，借势发展电子商务平台。

（5）发起国际性服装设计大赛，秉承原创设计力量，整合一切渠道资源，与优秀设计师构建多元化合作。

（6）牢牢抓住新一轮科技变革契机，推动实体经济与数字经济融合发展，逐渐从单一制造商转型为时尚平台服务商。

关键词：品牌建设；电子商务；传统企业转型；数字经济

 案例全文

3.1　汉帛起源

从最开始的女装加工到之后的自主品牌、国际品牌的创立，以服装为主导产业的汉帛一直在成长和发展中，逐渐由生产加工型企业转型为生产服务型企业。20多年来，累计产值252亿元。与此同时，公司努力将纺织业的历史传统与时尚设计相结合，不断发展中国的"时尚生活美学"，用时尚来装点生活。品牌、设计和专注等语言符号构成了汉帛国际对时尚产业最为直观的表达。

思路清晰，充满热情，一个理性与感性的综合体——这是汉帛创始人高敏给人的第一印象。作为一个"创二代"，高敏信念坚定、持之以恒、对未来保持乐观，这是她作为总裁带领汉帛集团一路前行的秘诀。2007年高敏从美国回到国内，三年后从父母手中接过汉帛集团，将这个坐落于杭州的传统服装加工厂成功转型。她敏锐地把握住了中国政府鼓励"中国企业'走出去'"的契机，通过亚马逊的全球开店业务涉猎跨境出口领域，成为中国具有代表性的、面向全球的时尚女装服务商。

改革总是面临重重阻碍与困难，但高敏始终坚持自己的想法，一点点突破困局。"在这个过程中我觉得首先要有一个非常强大的信念，要始终相信这件事情是可行的。"谈起改革的过程，高敏将信念摆在了首位。在思考与着手汉帛的转型之初，高敏面临的是一个25年老企业巨大的经营压力——老化的管理体系以及诸多的老员工。她首先敏锐地感知到互联网公司的运作方式将成为未来企业的一种模范，因此力排众议，坚持将公司原来大而全的体系拆分成二十几个不同的服务组织，并设立了合伙人制度。她为公司设立了女装供应链服务商的定位，用大型工厂的资源和优质的服务去赋能众多中小型的卖家。除了设计、研发、物流、品牌包装的综合服务体系，汉帛如今还涉足内容、IP、品牌策略、艺术合作的软性服务。高敏带领汉帛实现了生产线的信息化、数据化、自动化，用传感器和大数据来控制流程，以及帮助客户做数据采集。这些改革成功帮助汉帛抓住新的行业趋势，站在了行业尖端的位置。

在改革中，高敏需要跟父母和众多老员工大量沟通，让他们去接受自己新锐的理念。"不是每一次沟通都是顺利的、愉快的，大部分是不顺利、不愉快的。"高敏直言不讳。她的信念、坚持以及乐观的心态帮助她走了下去，她说："我是一个特别能坚持的人，对于我认定的事我会花很多的心思，我会很有激情地去说服一个人，或者去'熬'"。除了改革之外，和亚马逊的合作也是因为高敏的坚持才得以成型。这样的"熬"换来了客户的认可，也带来了新的商业机遇和思考方式，为企业上下带来了极大的信心。

3.2 汉帛的探索

3.2.1 工欲善其事，必先利其器

汉帛国际的目标是要打造成为中国乃至世界女装品牌前列的产业集团。未来，公司将一如既往专注于中国女装行业，并将不断向着世界顶端推进。2014 年，其提出要致力于将"推动城市生活美学"作为自身的核心经营理念，指导未来 10 年工作方向，最终形成城市美学实践项目——汉帛栖地、供应链整合服务平台汉帛栖地、供应链整合服务平台、多品牌的零售模式、互联网时代的 O2O 经营、汉帛学院等板块。为实现此目标，公司基于服装行业相关分支和上下游行业进行开发，以服装产业为主，将制衣过程进行可视化完整展示。同时，与世界级的供应链整合服务平台、中国时尚文化创意产业园区、个性化品牌为主的多重零售模式等结合，超越传统模式，为这片领域注入新的活力。

2003 年 8 月，杭州汇丽绣花制衣有限公司正式更名为汉帛（中国）有限公司。按照汉帛所一贯坚持的"不求最大，但求最好最精"的原则，汉帛建立起了中国乃至世界最先进的服装生产基地。这里可以接受世界最高档、最精致的女装和休闲装的订货，为全球数十家知名服装品牌，如 ZARA、H&M、C&A、NEXT、UNIQLO 等提供 OEM 和 ODM 服务，并为 ARMANI、MAX-MARA、BCBG 等顶级品牌进行订单加工服务，其中 ZARA、H&M 等早在十几年前就是汉帛的忠实客户了。位于钱塘江畔的汉帛女装园是汉帛（中国）有

限公司的工厂所在地，是目前中国大陆最现代化的女装加工园区，已经成为众多国际知名品牌高级成衣在中国的加工"心脏"。为了满足不同客户群的需求，汉帛从意大利、瑞典、日本等地引进先进设备和理念，建起了矩阵式、吊挂式和"U"形三种生产线，可同时进行大批量或多品种小批量的服装生产。对于生产力的发展，汉帛毫不含糊。

改善设备："工欲善其事，必先利其器"，只有引进一流的设备、采用一流的工艺，才能生产出一流的产品。为此，汉帛将其绝大部分利润都用在了设备更新和扩大再生产上，对承担了几乎全部海外业务的汉帛（中国）有限公司，集团先后进行过三次大规模的增资。第一次是在1997年，投入资金180万美元，更新缝纫设备500台（套）；第二次是在1999年，增资至400万美元，建成标准服装生产流水线30条，年服装生产能力达到1000万件（套），款式3000多种；第三次是在2000年，增资至700万美元，并投资建立了现代化的纺织服装理化测试中心。厂房的扩大是另一个重要方面，随着生产能力的提高和职工人数的增加，原有的厂房规模已经不能满足汉帛的要求。继1998年收购了通惠路分厂的两幢1.4万平方米的标准厂房以后，汉帛开始建设专属厂区——面积达540亩的汉帛时尚产业园。2005年初，汉帛时尚产业园区的一期建设完成并正式投产，令汉帛的年服装生产能力提高到1500万件（套）；2008年8月，汉帛时尚产业园二期完成并投产，成为萧山女装园区规模最大的生产基地。

技术引进：汉帛拥有从德国、法国、意大利、瑞士、日本等国引进的世界最先进的吊挂式生产流水线、自动裁床、自动物流吊挂系统等，是目前中国乃至全世界最现代化的服装加工基地之一。瑞典ETON全自动吊挂流水线：2001年，汉帛创国内之先，引进了瑞典最先进的ETON全自动吊挂流水线，组建西装车间，把业务从专业化向区别化延伸，把生产从规模化向效率化转变。自动物流吊挂系统：为满足服务大型客户的需求，汉帛投建了数条全自动吊挂式生产线，大大提升了大批量生产的效率。"U"形生产线：在"U"形机台布置之下，系统中的每一位工作人员都可以负责数台机器的操作，如此不但能提高生产效率，还能提高生产线的弹性以应对突发变化，是一种兼具效率管理和品质监督的先进作业方式，尤其适用于多品种小批量的生产。矩阵式生产线：在矩阵式生产线中，不同的生产线能够服务于不同的客户群，使生产更加高效和完善。

严控供应链：汉帛（国际）集团以市场为导向，以客户为中心，以质量为重点，以安全为前提，对生产经营过程实行严谨、精细的科学管理。针对不同的客户配备专职业务人员负责：R&D 面辅料开发中心根据每季流行趋势和客户需要提前制作流行趋势概念版和新品种面料开发，不断向客户提供新颖面辅料。每位客户配备从技术 QA—打版师—样衣制作小组，并建有快速反应团队，从样衣打版到样衣制作一星期内完成。面辅料采购团队能够根据不同面料品种，划分专业的采购员进行采购跟单，从而满足不同客户订单的需求。公司还采用了 ISO9001 的质量管理体系，规范各部门的操作流程，先进的理化测试中心，确保了每一个环节的安全生产。

3.2.2 抓住市场，从制造到创造

"在发展过程中，我们认识到要抓住市场、引领时尚，就要有自己的话语权，而品牌则是重中之重。"汉帛国际总经办莫勇这样说道。

为此，公司始终将产品定位于世界女装和休闲服的高端市场，为此从国外聘请最知名设计师组成设计团队，并与服装科研院校进行战略合作，创立了 HAILIVES、NANCY K、HEMPEL 等数个自主品牌。2001 年 10 月，汉帛旗下的浙江汉帛服饰有限公司成立，标志着汉帛集团的业务开始从单纯的服装生产向服装品牌经营迈进。自 2002 年开始，汉帛服饰有限公司先后创立了 HAILIVES、HEMPEL 和 NANCY K 三个自有品牌，并迅速在中国十多个重要城市开了 200 多家自营店。继而公司又代表汉帛（国际）集团成功代理了法国高级女装品牌 LA FEE MARABOUTEE、ZAPA、FLEUR DE SEL、Cotelac 和德国高级女装品牌 FRANK WALDER。2005 年 8 月，浙江汉帛服饰有限公司的业务由新公司浙江汉帛服饰营销管理有限公司接管，接管之后又增加了 AR-RTCO 和 ARRTCO collection 两个新的集合品牌。2007 年，新公司与英国女装知名品牌 NEXT 合作，成为其在中国唯一具有经营权的合作伙伴。此外，其还与全国各大知名百货公司及 Shopping Mall 合作，在全国设立了 400 多家零售终端网点。现在，浙江汉帛服饰营销管理有限公司正在将汉帛旗下品牌推向另一个制高点，通过整合内部研发生产资源，提升产品、服务及营运管理，运用多品牌多选择的策略，逐步扩大在中国服装市场的占有份额。从中国制造走向中国创造，汉帛国际利用现有资源优势，加速推进产业集聚整合，提高了产业核心竞争力。

但随着企业的高速发展，所遇到的竞争也逐渐激烈，高敏说："企业接下来应该怎么办，战略应该怎么调整，内部结构要怎么搭，我们在快速发展中

不得不开始去思考这些问题。以前，我们对消费者关注得太少，现在则必须要学会去了解我们的消费者，以及怎样更多地去关注消费者之前做事情都很少进行深入的调查和测试，今后就要进入一个新时代了，是到了企业该动脑筋的时候了。"2012 年，从消费者需求出发，汉帛集团保持了稳定的增长速度，这在高敏看来并不意外，她认为，现代企业要懂得时刻关注国际国内的环境变化，随时做出最准确的变化和调整，控制好自己的库存量，调整自己的生产策略。如今的市场竞争是充分的，不淘汰落后，行业是不可能发展的。中国纺织业未来还会是一个非常大的产业，会有非常好的企业留在里面，但是淘汰一部分落后产能是必须要面对的。企业只能做到自己一直不断进步，坚持下去成为不被淘汰的那部分。2016 年，汉帛旗下又增设杭州一伙人文化传媒有限公司，专门提供品牌策划、视觉包装、活动企划、新媒体传播等服务，提升品牌整体影响力。

3.2.3　巧借东风，搭建两大平台

从中国制造走向中国创造，汉帛的产业核心竞争力逐渐提高。在未来的市场发展中，汉帛国际发现电子商务占据着重要位置，因此其抓住机遇，利用自身优势建起"中国网商城"这一平台，并建造了 30 万余平方米，集生产、办公、物流、生活配套等服务类的建筑体，建立起提供服装价格行情、供求信息、企业信息等服务的网站。这是中国时装产业首次全面建设在线电子商务的线下孵化与集成创新服务平台，是传统大型产业集群首次全面介入电子商务业务，是在线虚拟商务与线下支持体系的集合，是一种高度平衡线上与线下的资源和商业发展的新型商业模式，成为中国时尚电商的标杆。网商城的建设与运行不仅帮助了传统产业转型升级，也带动了销售收入的增加。除国内的电商平台打造，汉帛国际在亚马逊全球开店的邀请下，开始参与一个不同于以往的全新商业合作项目。借由亚马逊的品牌与平台，提供设计与产品，展开了汉帛的首次跨境电子商务之旅。在高敏看来，亚马逊全球开店超强的运营能力帮助汉帛的优质产品走出了国门，是一次行业模式的新鲜尝试。尽管该项目因为与工厂传统的"先收款，再出货"模式不一样而在内部推行时遇到了一些困难，但这次大胆的尝试还是为汉帛带来了许多新的资源和经验。在这次合作中，汉帛通过亚马逊的数据反馈更清楚地知道了如何去改进产品、调整价格和进行布局，同时也有空间去发挥企业自身的长处。高敏表示，"和亚马逊一起开展这个项目让我们学会了不单纯地用工厂的思维思

考，这在以后可以复制到任何一个我们的潜在客户身上，对我们来说意义非凡。"2016 年，汉帛国际旗下的杭州耀誉信息技术有限公司应运而生，公司包含软件开发、IT 硬件维护、服务器应用配置管理、各类网络工程、成衣及面辅料仓储和线上销售等业务，为客户提供从信息化到仓储再到线上销售的一体化体系，同时也将经验应用到国内外的网商模式解决线上管理及后续供应。

除搭建"中国网商城"这个平台外，为培养更多优秀青年设计师，并为他们创造更多优质的推广资源，从 2002 年开始，汉帛国际还与中国服装设计师协会联手打造了一个发掘青年设计师人才的广阔平台——"汉帛奖中国国际青年时装设计师作品大赛"。办赛 10 多年来，已有 40 多个国家近 3 万名青年设计师加入了"汉帛奖"大家庭。渐渐地，这个大家庭开始成为每年中国服装周上的"重头戏"，此活动已成为中国目前最高水准的设计大赛，系国内唯一国际性的创意服装设计大赛，自创办以来，共有来自世界 5 大洲 68 个国家和地区超过 2.5 万名青年选手在此交流、切磋和成长，有 675 位青年设计师进入决赛，来自世界各地的年轻设计师们在这里角逐走向国际时尚 T 台的机会，同时在这个平台上也是一种东西方时尚理念碰撞与融合的切磋。"汉帛奖"走到今时今日，不仅是每年 3 月中国国际时装周的开幕号角，也是中外媒体、中外服装产业界、服装教育界极为关注的焦点。另外，汉帛国际始终秉承原创设计力量是时尚发展的核心动力这一观念，认为任何品牌任何设计师都需要不断寻找灵感和创意。因此，无论是挖掘原创设计的大赛舞台"汉帛奖"，还是支持设计师发布作品的平台"号集"发布会，还是集团旗下两大设计师集合品牌 ARRTCO 以及 ARRTCO collection，我们都能看出汉帛国际推动原创设计力量的目标方向。作为中国和国际原创设计师力量背后强有力的推动者，汉帛集团与设计师的合作方式也非常多样化，甚至可以说是设计师定制化合作。从不断挖掘、培养设计师到创建品牌；从引进设计师品牌商品合作到推出联名系列及礼品开发系列；从邀请优秀设计师成为大赛导师及评委，到引荐国内服装设计师走向国际，进行不同地域不同文化背景下的时尚设计之间的交流；从与设计师进行橱窗展陈及设计展览活动到支持设计师品牌发布会，汉帛集团正通过整合一切渠道资源，构建起与中国乃至国际优秀原创设计师最多元化的合作关系。

3.2.4　数字化时代，促使产业转型

数字时代，数据就是机遇，数据就是潜力。当前，信息化引领经济社会

发展已是大势所趋，若能牢牢抓住新一轮科技变革契机，推动实体经济与数字经济融合发展，中国经济高质量发展将迎来新机遇，获得新动力。安装传感器和平板电脑、接入网络，一台缝纫机"摇身"变成了工厂的"中枢神经"。在服装制造商汉帛集团的柔性生产线上，工人可根据指令同时操作多个流程，打破以往只负责一个工序的局面。通过缝纫机采集的数据，可帮助实现小订单、快生产。"以前一个款式会停留几个礼拜，现在则每天都在变化。"汉帛总裁高敏说，数字技术帮助汉帛实现小批量灵活生产，市场需求多了，库存压力小了，订单也来得快了，汉帛正从单一制造商转型为时尚平台服务商。数字经济改变的不只是一台缝纫机，越来越多站在国际品牌背后的中国工厂，正用"数字"撕去"代工"标签，制造业本身也因数字发生蝶变。相关数据显示，2019 年 1~4 月，我国高技术制造业增加值同比增长 8.7%。当前，重点行业骨干企业数字化研发设计工具普及率、关键工序数控化率分别达到 68.9%、49.2%，实施智能化改造的试点示范项目生产效率平均提升近40%。网络化协同设计、云制造等新业态，正不断提高我国整体供给体系质量。

在产业转型升级中，纺织业一度被视作首先"抛弃"的旧动能。不过，中国服装协会专职副会长周一奇曾指出，2018 年中国服装产业拥有 15 万家规模以上企业，占据社会消费零售总额的 10%，这说明纺织服装业依然是实体经济的中坚力量。2019 年，随着以李佳琦、薇娅为代表的带货"网红"、淘宝品牌、社区电商的订单逐渐增多，服装业面临的环境正在发生巨大变化。以大客户为中心，随之而来的大批量订单已逐渐成为历史。对于包括汉帛在内的传统生产企业来说，转型已经势在必行。但如何转型，成为摆在同行竞争者前的首要难题。工人手中那台小小的缝纫机，成为了高敏改造汉帛的突破口。她表示："我们的逻辑很简单。现在大部分软件或大众系统，可以呈现很多可视化的信息，除了成本比较高，你会发现中间还缺一个东西——缝纫机的数据。所以我们就跟所有软件公司反过来，先切缝纫机的数据。"在汉帛，高敏为缝纫机建立了一整套解决方案，"我们会在每台缝纫机上装一台设备（Device），这台机器可以抓取缝纫机的数据，同时又可以指导工人进行哪一步操作工序。所以在新的产线上，机器不动人动。工人根据不同款式，刷卡用这台设备看他要做什么工序，工人会流动起来"。尽管还没有为这台设备想出一个名字，但高敏对其充满了期待，"工业领域并没有成功的产业互联网项目，尽管也有类似的项目，但整体投入成本非常大。但我们整套系统加起来，一个百人工厂，可能 20 万元左右就能搞定"。在高敏看来，相比此前风生水起的消费互联网，产业互联网的门槛要高得多。"我找了一批最传统的互联网人一起做这件事情。所以我不怕被挖人，只有最传统的纺织制造业出身和最传统的互联网人在一起，才能产生这样的综合效应"。

起码从目前来看，趋势站在了高敏这边：导入富士康的智能制造能力、成立哈勃智慧云、构建"ZHI"时尚产业链……汉帛在她接手之后实现每年30%的增长。2018 年，高敏受邀进入由全球 6 个核心供应商组成的 H&M 战略顾问团，此前的汉帛管理层从未有此待遇。如今的高敏把汉帛定义为服务产业的服务商，"这个产业永远不可能只是一个点，而是所有环节一气呵成。卖面料的人永远在想做什么衣服，做衣服的人永远在想怎么做出来，做出来的人永远在想怎么卖出去，一环连着一环，从头到尾联动起来，"高敏说。当下的产业互联网革命，正发生在汉帛工厂流水线的缝纫机上。如今，这场发生在中国制造最底层的革命已悄悄进行了一年时间，而对于高敏来说，"现在也许正是时候"。

资料来源

叶斌杰：《汉帛国际：用时尚装点生活》，《经贸实践》2015 年第 4 期。

《汉帛高敏：哈勃智慧云助力产业互联网升级转型》，《飞象网讯》2019年 4 月 17 日。

易芳：《2012 之企业家汉帛国际集团总裁高敏：这盆冷水泼得正是时候》，《中国纺织》2013 年第 1 期。

 经验借鉴

汉帛创始于 1992 年，是一家以服装为主导产业的老牌企业，汉帛一路走来，始终坚信"不求最大，但求更精"的原则，从创业初期即不断提携鼓励服装产业与合作伙伴。汉帛将这样的精神延续至面向未来的整体策略蓝图，矢志完善与整合服装产业各个环节，积极带动人才与资源流通，搭建时尚文化创意平台。在其发展道路上，汉帛也为我们提供了可借鉴的经验：①注重更新设备，使得生产规模化向效率化转变。汉帛一贯坚持的"不求最大，但求最好最精"的原则，建立起中国乃至世界最先进的服装生产基地。它坚信只有引进一流的设备、采用一流的工艺，才能生产出一流的产品，为此，汉帛将其绝大部分利润都用在了设备更新和扩大再生产上，引进了瑞典最先进的 ETON 全自动吊挂流水线，组建西装车间，把业务从专业化向区别化延伸，把生产从规模化向效率化转变。②抓住机遇，发展线上商城。在未来的市场发展中，汉帛国际发现电子商务占据着重要位置，因此其抓住机遇，利用自身优势建起"中国网商城"。这是中国时装产业首次全面建设在线电子商务的线下孵化与集成创新服务平台，是传统大型产业集群首次全面介入电子商务业务，是在线虚拟商务与线下支持体系的集合，是一种高度平衡线上与线下的资源和商业发展的新型商业模式，成为中国时尚电商的标杆。③深挖设计，坚持原创，打造良好品牌形象。作为中国和国际原创设计师力量背后强有力的推动者，汉帛国际始终秉承原创设计力量是时尚发展的核心动力这一观念，认为无论是任何品牌任何设计师，都不断需要寻找灵感和创意。通过设计"汉帛奖"时装设计师作品大赛为各国青年设计者提供平台来进行交流、切磋和成长。汉帛正通过整合一切渠道资源，构建起与中国乃至国际优秀原创设计师最多元化的合作关系。④顺应技术趋势，积极产业转型。汉帛利用数字化技术，深入产业线寻找突破口，一台小小的缝纫机也可以呈现很多可视化的信息，通过抓取其数据，来指导工人进行哪一步操作工序。其实数字经济改变的不只是汉帛中的一台缝纫机，越来越多站在国际品牌背后的中国工厂，正用"数字"撕去"代工"标签，制造业本身也因数字发生蝶变，网络化协同设计、云制造等新业态，正不断提高我国整体供给体系质量。

本案例启发思考题

（1）汉帛发展时的市场环境是怎样的？

（2）对于目标市场和目标客户，汉帛是怎样进行定位的？

（3）为什么汉帛如此注重生产链的发展与投入？你认为它还可以如何改进？

（4）线上平台的发展为汉帛带来了哪些变化？

（5）对于数字化时代，线下制造企业应该如何转型？

（6）你认为汉帛未来还可以向什么方向发展？

（7）如果你是一家制造业公司的总裁，汉帛的创新发展会给你什么启示？

4 万事利：从产品制造到文化创造

公司简介

万事利集团有限公司（以下简称万事利）前身为杭州笕桥绸厂，创办于1975年，经过近40年的发展，已成为一家以丝绸文化创意产业为主业，辅以生物科技、资产经营、金融管理等产业的现代化企业集团，下辖30多家全资、参股公司，员工近2600人，资产逾60亿元，系中国民营500强企业。作为集团的重要板块，旗下杭州万事利丝绸文化股份有限公司秉承"让世界爱上中国丝绸"的企业使命，着力挖掘、传承中国丝绸文化，跳出丝绸做丝绸，实现了丝绸从"面料"到"材料"再到"载体"的华丽转身，走出了一条"传统丝绸+移动互联+文化创意+高科技=丝绸经典产业"的转型升级"新丝路"。此外，作为国家级盛会礼宾服务重要保障单位之一，万事利成功服务了包括上海世博会、北京奥运会、广州亚运会、北京APEC峰会、G20杭州峰会、"一带一路"国际合作高峰论坛、厦门金砖国家领导人会晤等一系列重量级主场外交活动，万事利用极致的文化创意与匠心工艺彰显了中国风范，让中国丝绸站上了世界舞台中央。

案例梗概

（1）从产品制造到文化创造，打造中国丝绸世界品牌。

（2）从丝绸到礼品再到艺术，形成差异化优势。

（3）分析用户属性，针对用户体验推出不同产品。

（4）多元素驱动创新，构筑行业壁垒，为产品赋能。

（5）以客户为导向，产品与顾客互动，提供礼品解决方案。

（6）团购与电商营销并举，多渠道销售创新销售模式。

（7）打造专属"云管理"平台，实现数字化转型，为企业赋能。

关键词：文化创造；差异化；创新；转型

案例全文

4.1 万事利初现

万事利是一家以丝绸制造为主业，服务业为支柱的大型集团企业，拥有中国丝绸行业第一个驰名商标和中国名牌产品，是中国丝绸行业的杰出代表和领跑者。同许多在改革开放大潮中创办的丝绸民营企业一样，万事利的丝绸之路并非一帆风顺。在其 45 年的发展历程中，不仅经历了改革开放和国家放宽外贸经营权限制等给国内丝绸行业带来的黄金发展契机，也经历了亚洲金融危机之后"一蹶不振"的海外市场造成的沉重打击。不同的是，面对市场的低迷，万事利没有像许多企业那样死守面料市场，一味地从技术上谋求摆脱困境的可能，而是选择了在坚持技术创新和产品设计创新的同时，从丝绸的功能和内涵上寻求突破，通过不断挖掘丝绸所承载的历史文化元素，并借力北京奥运会等世界级盛会进行事件营销，成功地实现了从丝绸产品制造到丝绸文化经营，再到丝绸文化创造的商业模式创新。现今，万事利已发展成为中国丝绸行业的领军企业，其商业模式创新不仅实现了公司自身业务的全面升级，更为整个行业通过商业模式创新实现价值创造带来了全新的思路。

4.2 万事利的探索

4.2.1 产品/服务：不仅仅是丝绸

（1）丝绸纺织服装。万事利集团以打造中国丝绸世界品牌、弘扬丝绸文化为己任，把丝绸当作文化来经营。目前与欧美地区的数百家世界级客商建立了良好的贸易关系，年出口额达 6000 多万美元，其以丝绸、纺织、服装为主业，提供从织造、印染、印花、成衣的"一条龙"服务。

1）品牌化丝绸服饰。万事利有着长期的服装品牌经营经验，而目前国内依然缺少国际性的时尚品牌。万事利与国际接轨，继续"高雅、时尚"的丝绸精品路线定位，目标瞄准年龄在 25～40 岁有素养的成功女性，以丝绸来彰显女性的柔美和婉约。

目前万事利已聘请著名设计师推出了几个高级丝绸时装系列，即单件售价为2500～4500元的SHINELINE、MARC ROPZIER等品牌服装；同时拓展产品系列和覆盖面，适时推出适合男性在正装场合的丝绸礼服，通过高端定位梳理企业形象，保持万事利在丝绸领域的领先地位。在销售上通过选定核心城市，入驻宾馆和精品店销售，以点带面，逐步推广。万事利CEO李建华很清楚，万事利的品牌如果要达到世界级的品牌，必须走在时尚的前沿，而服饰是最好的载体。

2）文化礼品。万事利摆脱了"丝绸就是服装面料"的思想桎梏，在挖掘丝绸文化属性的过程中发现了一个重要的现象，市场上的许多丝绸产品往往被用作赠送的工艺礼品，"杭州人将丝绸作为本地特产送给外地人，中国人则会用来送给外国友人，韩启德先生向老布什先生赠送过丝绸书籍，汪洋先生向马英九先生、东方航空公司向施罗德先生、顾秉林先生向盖茨先生都赠送过类似的丝绸制品。"万事利CEO李建华介绍说，"'货币'的'币'，通'帛'，正是丝织品。自古以来，丝绸就是人们用以赠送和收藏的高档物品，是一种身份和品位的象征。"基于这样的认识，万事利通过分析丝绸的属性、产品形式和送礼者的表情达意后，确定了两种最为重要、也可能是最易为市场接受的产品：丝绸领带和丝巾，主打"个性化定制"，并不断完善、延伸其概念：第一，通过丝巾来表达中国人传统的文化元素和企业文化，如北京奥运会的"青花瓷"丝巾、"景泰蓝"系列等，从而能够让丝巾具有普通消费品没有的永恒属性；第二，将丝巾定义为女性的装饰品，可以随着场合、服饰变化而进行多种配合，能够满足受礼者的审美需求和送礼者的心意；第三，提出"××彩"的概念，这是中国送礼者的最强音，要"讨口彩"，并在不同场合进行命名，如亚运会的"志愿彩"，世界大学生运动会的"U彩"，残疾人运动会的"爱心彩"，浙商大会的"浙商彩"，将丝巾的装饰属性和送礼者的祝愿属性完全合二为一。

3）丝绸装修材料。从2010开始，紧紧围绕蚕丝纤维的特性，万事利已经开始探索丝绸的新用途。丝绸作为天然的可循环的蛋白纤维，其舒适性和保健功能是其他纤维无法比拟的。万事利致力于倡导"丝绸生活"概念，实现丝绸的全方位覆盖，让丝绸高贵典雅的艺术融入现代家居生活的每个角落。万事利目前已经开发了一系列家居装潢用的丝织品，并且正与清华大学相关专业合作，共同研发一些概念性丝绸产品，如汽车和飞机座椅及其他装饰材料。按照万事利的设想，"在这个项目的实际运作过程中，我们会利用万事利在行业中的强大号召力将国内做面料、桌旗、丝毯、窗帘、手绘丝绸、丝绸设计等十个类别的业绩出色的企业召集起来，构建一个平台来共同做这个事情。"随着中国新贵阶层的逐渐形成，环保又奢华的丝绸材料能真正满足他们对生活舒适度、环保性和艺术性的精英生活方式，符合当前高端客户群体的消费理念。

4）高端艺术品。随着政府对文化遗产保护事业关注的增加，万事利正尝试在非遗产保护和市场化运作上找到一个平衡，挖掘绸的文化艺术价值并进入国际顶端的收藏品市场。万事利做丝绸艺术品，一方面是出于丝绸企业的使命感，希望能将民间的手工艺大师召集起来，把艺术品——非物质遗产保护下来；另一方面通过对这些高端艺术品的宣传，改变大众信为丝绸只是一种服装面料的理解，通过丝绸艺术收藏品市场的开发，进一步提升丝绸藏品的市场价格，进而提升整个丝绸的市场价值认知。万事利专门成立一个部门跟十余位宋锦、缂丝、苏绣、云锦、杭罗等非物质文化遗产传承人和国家级大师签约，做真正的丝绸艺术品，使这些艺术品成为博物馆、艺术馆和名人收藏或重大国际场合馈赠的国家级艺术珍品。当市场把丝绸当作面料属性时，丝绸产品的附加值只有 2 元/米；当着眼于丝绸的历史和文化属性时，丝绸附加值可能达到 20 元/米；而当市场关注丝绸的环保属性以及艺术品属性，新的附加值有望达到 2000 元/米，甚至 20000 元/米，这是万事利再次推动丝绸市场变革的有力布局。发展艺术品，从短期看，可以进入收藏品市场，而且可以提升万事利整个礼品线的档次和声誉。从长期看，可以推动杭州丝绸文化中心的建设，增加原产地效应和品牌。

（2）生物科技。杭州万事利生物科技股份有限公司作为万事利集团多元化业务发展的有力布局，创办于 1993 年，该公司集科研开发、水产养殖、海洋饲料生产于一体，拥有国内一流生产设备，建立了一支由博士、教授组成的产品研发团队。公司独立开发生产的新型海洋水产饲料，广受用户好评，荣获国家重点新产品奖，填补了国内空白，技术达到国内领先，并被浙江省指定为全省三家海洋饲料定点生产企业之一。

（3）金融与资产管理。万事利集团以现代金融力量助推丝绸主业持续发展。在金融管理领域，业务涉及小额贷款、供应链金融、债券交易、外汇交易、投资业务等，并通过对未来投资蓝海预测和战略布局规划，成立了 15 亿元的电竞产业基金。2013 年 11 月，万事利集团鼎力打造了全新丝巾电子商城平台——中国好丝绸，该平台颠覆传统、单向的营销模式，让消费者将产品分享给好友或直接购买的同时获得返利，且返利可层层叠加。未来，万事利还将依托现有平台和资源，将丝绸文创与互联网金融相结合，为丝绸产业创新发展探索新思路，其资产板块主要负责万事利集团投资开发的商业地产板块的运营和管理，包括万事利天城路科技大厦区块、下沙丝绸工业园区、杭州文化商城、南方家园系商业地产板块等，项目分布在杭州、德清、嘉兴等省内多个城市。

4.2.2　具体客户具体分析

万事利将丝绸产品区分为四个境界：最低境界是大众化丝绸，特点是快捷、同质化；次下境界是"自我文化"丝绸，能够体现送礼者特征；中高境界是"客户文化"丝绸，重视客户；最高境界是"客户和自我文化"丝绸，最适合作为心灵的交流、文化的使者、友谊的见证。

据万事利天猫旗舰店的数据，对于大众化的丝绸，店内一天售出的丝巾数量在100~200条，80%的客户为女性，其中年长女性的购买力最强，有位女性曾一次性购入20条万事利丝巾。那么为何年长女性偏好丝巾？这其中首先有历史渊源，以店铺的购买人群来看，主要分布在长三角地带。而丝绸自古就在这里发源，所以人们对丝绸有种天生的亲近感。年长女性曾历经八九十年代的丝巾风潮，对丝绸天然有好感。而现在的年轻女性不带丝巾，一方面与现代人偏休闲的穿着习惯有关，另一方面也有场合的限制。万事利针对年轻的客户群，积极开发丝绸周边，采用"自我文化"的丝绸，把丝绸的元素运用到更广泛的日用品或者文化产品中，迎合时代发展。

而对于丝绸礼品而言，万事利的客户则主要来自政府单位、大型赛事活动、企事业单位。这些集团公司或企事业单位的客户往往注重品质和品牌，希望能够采用具有品牌信誉、质量担保企业的产品。围绕这些客户需求特征，万事利从销售渠道拓展、团队建设和定制设计三个方面共同打造自己的销售模式，让客户在面临众多的礼品品类竞争和产品竞争时，能选择万事利的丝绸礼品。

4.2.3　万事利的必杀技：新元素为传统行业赋能

（1）设计驱动创新。万事利实施文化设计创新，为产品注入文化内涵：①推出"丝绸生活"概念，将丝绸融入日常生活。除继续发展丝绸面料、服饰与礼品外，企业针对丝绸的环保和艺术性推出丝绸艺术装饰系列，形成了全真丝数码双面织锦、新型丝绸书、"青花瓷"系列等六大丝绸产品系列。②成立"浙江丝绸文化研究会"，组织丝绸历史调研，重塑丝绸艺术价值；举办各类丝绸文化论坛与研讨，促进国际丝绸文化交流；创设第一家民营丝绸文化博物馆，打造丝绸艺术品展览和丝织技艺交流平台；参与建设"现代丝绸博物馆"，并使之与旅游、体验式教育等形态结合。通过上述活动，将丝绸与文化、旅游、教育等产业融合，全面推动丝绸文化与技艺发展，挖掘其内在价值。③牵手众多文化遗产传承人和艺术院校，着手成立中国丝绸艺术研究所。④建设强大的丝绸科技队伍及设计研发团队。万事利目前拥有专职科研技术人员 200 人、设计师 150 人，两支强大的设计研发队伍有效地支撑了企业的设计研发创新体系。目前万事利逐步将传统制造业转型成文化创意产业，从而大大提升企业可持续竞争优势。

（2）由店转团。万事利抛开通过店面零售进行销售的路线，走企业订单，通过团购实现销售目的。团购的优点：第一，投资比较小，没有开店的压力，可以做精准营销；第二，通过业务员订单式的销售，把每个业务员都当作一个门店来经营，实现"零库存"。选择做团购，就是选择无店面、"零库存"、低成本，而这恰恰为万事利的发展赢得了时间和空间。通过开设专卖店终端零售的销售方式，对于丝绸这种非必需品而言运营成本太高，无法实现盈利，而团购市场面对的是企业客户，一个企业的采购，往往需要多道程序。一个典型的订单往往是这样生成的：万事利集团的营销人员会通过上网查询等各种途径寻找潜在的客户，也可能客户闻名主动找到万事利销售部门；确定客户单位的礼品经办人；约好时间上门拜访后，提供公司制作的产品宣传画册和样品以进行选购；如果客户有特殊需求，还需要个性化定制，这就需要企业设计部门与销售部门合作，提供设计稿得到客户确认后再签合同，这个过程往往周而复始非常曲折，如何能够将客户的需求和想法转化成产品是关键；最后就是向运营部门下订单，完成生产后交付给客户。而团购业务抛开了门店的局限性，营销人员可以更加灵活地与客户对接，给予客户更加精准的体验。

（3）转型升级。万事利目前采用"传统产业+文化创意+高科技＝新兴产业"的转型升级新路子，努力挖掘丝绸文化并以此为导向，统领设计、材料、工艺、包装、营销等各个环节，整合内外创新资源，开始了"从品牌出发，以文化落脚"的价值网络型创新商业模式。

一方面，万事利持续专注研发创新，构筑技术优势。万事利拥有新型丝绸书制作工艺、现代数码纺织、新纤维及功能性纤维开发、生态污染四大核心技术。系统结合"产、学、研、用"，整合网络创新资源。万事利除了建设自身强大的研发设计团队外，还与清华大学、浙江大学、西南大学等多所高等院校积极开展产学研合作，共同开发具有自主知识产权的工艺、装备技术和产品18项，切实将网络资源转化为自身价值。例如，企业正与浙江理工大学合作开发天然纤维织物的低尿素活性染料印花技术。

另一方面，万事利充分意识到数字化带来的推动力。从2010年起，企业深耕智能技术、移动互联、大数据分析等信息化领域和传统丝绸的结合，把数据思维贯穿于运营管理、生产、设计、营销等方面。在数字化、网络化、智能化的新一轮信息革命背景下，挖掘高质量数据的能力将成为企业的核心竞争力。万事利自主研发的具有国际绝对领先水准的丝绸新技术——IART技术融入了大数据、云计算等智能化手段，高效解决了业界普遍存在的色彩正反面透色不均匀问题，有效克服了手绘等复杂图案无法精细呈现在面料上的技术难关，使产品花型得到更为个性化、多样化的高品质呈现。简单理解，万事利的这项"独门绝技"能轻松让丝巾的正反两面出现同花同色或者同花异色。看似简单的技术却在世界范围内都属行业领先。"同样材质的产品，用上这个技术后附加值能提高二到五成。"万事利CEO李建华说。通过技术创新，万事利还研发了一套色彩管理系统，通过用精准数字化替代人工经验调色，该技术实现了电脑RGB颜色标准与打印CMYK模式的无障碍转换，把屏幕上的显示颜色与实际在织物上打印出来的颜色相似度提升至95%以上，确保了印品的稳定性和高质量。从最初只靠引进国外技术、设备，为国外品牌做廉价贴牌加工，到如今向世界反向输出新技术、新品牌，这是中国丝绸时尚产业崛起的一个标志性开局。

（4）定制设计。万事利对做什么样的产品有一套独到而又深刻的理解，万事利要做真正自我与客户互动的产品。这一产品核心在于以客户为导向的主动营销，尽可能了解并贴近客户的需求，为客户提供整体的礼品解决方案，而支撑这一营销思维的是其背后强大的定制设计能力。万事利礼品公司总经理滕俊楷认为："强大的定制设计能力和销售团队是万事利最为重要的核心竞争力，别的公司即使想模仿定制形式也无法保证这种服务水平。"丝绸礼品定制设计会围绕三个方向展开：第一，中国文化。寻求传统中符合当代潮流的审美元素，并且借鉴其他中国艺术文化，结合丝绸特征相互发展，如青花瓷、汉字、敦煌、西湖景色、民间故事都能用丝绸的形式展示给老百姓看的作品，完美地把丝绸材质与其他中华文化艺术相融合，展现了传统文化在新时代的恒久价值。第二，地方特色。深入挖掘当地城市的文化特色和文化底蕴，这样就能保证在设计产品时将丝绸与当地文化进行适当的融合。如为北京开发的故宫丝绸卷轴画、燕京八景，为上海塑造的上海八景、海上梦寻等，"丝绸+特色文化"使得万事利产品更具竞争力。第三，企业和机构文化。万事利针对特定客户的可能需求，如2011年为清华大学百年校庆设计的丝绸礼品，融合荷塘月色、二校门、图书馆等校园景致，写意唯美，能让校友再度体验清华风物。

（5）智能化管理。数字化转型带给万事利的变化，不单单体现在生产技术上，更是渗透到企业的商业模式、人才培养等方面。入职万事利的员工，每人都能领取一台工作手机。客户需求、项目进度、销售数据……所有数据都能上传至公司打造的"云端"，即时进行交换。同时万事利打造专属"云管理"平台。所有上传的数据汇总在一起，能让设计部门既熟悉客户关系管理、生产部门与市场，也让管理者即时获知项目动态，清晰掌握员工工作状态和进度。这种"互联网+人力资源"的管理模式，让集团管理部门逐渐实现从成本中心向利润中心转变。更值得一提的是，"云管理"平台采集的数据也是帮助企业实现"智卖"的重要工具之一。以客户数据获取、分析系统为基础，万事利独创"中国好丝绸""乐享"等移动终端互动平台，在解决客户需求的同时实现了精准化的数据采集、传播，从而转化为实际的销售增长。"中国好丝绸"是行业内首创的丝巾B2C营销平台。据悉，"中国好丝绸"上线不到一年时间，就取得10万粉丝、2000万元销售额的成绩，并有效推动了万事利线下团购业务量的增长，年均实现20%以上增长。"产品如何大数据化，是一个企业获取精准用户画像的最重要手段。这需要我们运用'用户思维'去开发产品，你需要对客户有更深入的理解，通过部分能解决用户需求的功能来完成产品迭代以及用户画像的完善。"李建华说，挖掘高质量数据的能力，将成为企业未来的核心竞争力。

4.3　万事利的盈利模式

2008年的北京奥运会令万事利声名远扬，使其在丝绸文化创意上灵感倍增，演绎了一条"传统丝绸+移动互联+文化创意+高科技=丝绸经典产业"的转型升级"新丝路",为历史经典产业的创新发展提供了鲜活的参照范本。以传统"中国红"丝绸面料为底,上印康熙御笔"福"、祥云和双鱼等图案的"祈福彩"真丝围巾销量,目前累计销售突破60万条。而对于与丝绸无关的产业,万事利则主动收缩战线。目前万事利集团已经关掉了针织、纺织、印染3家传统纺织企业,卖掉了跟丝绸无关的5家公司,同时把与丝绸产业相关的、盈利状况较好的公司放入丝绸产业。另据万事利集团总裁秘书樊品介绍,在房地产方面,一些开发的楼盘已经售罄,还没有销售掉的就进行转卖,不再开发新楼盘;在文化产业、医疗产业和生物科技产业方面也在寻找合适的买家。这使万事利能专注丝绸主业。丝绸行业平均毛利率大概为1%,万事利通过一系列的数字化运营与技术升级,使平均毛利率远高于行业其他企业。

2015年,在全国丝绸行业深陷低迷的情况下,万事利交出了一份令业内震惊的成绩单:2015年销售同比增长11%,其中丝绸板块销售同比增长12%,利润同比增长26%。2016年11月,万事利集团旗下专注丝绸文化创意产业的杭州万事利丝绸文化有限公司宣布,引入浙江浙商产业投资基金、万向"三农"集团、浙江国俊等多家战略投资者,正式启动境内上市计划。据悉,万事利首轮融资规模逾2亿元。而据数据显示,2008~2017年,万事利集团十年营收增长达730%。2018年在举世瞩目的G20杭州峰会上,万事利的丝巾手包等惊艳亮相,再一次用丝绸文化创意将中国丝绸古老魅力展现得淋漓尽致,向世界来宾彰显丝绸之府的国际魅力。G20杭州峰会期间到国庆黄金周这一个多月的时间里,万事利的G20相关产品销售额比往年同期增长500%以上。

未来万事利集团产业投资将达到3亿~5亿元,资产规模将达到30亿元,年销售达到40亿元,年实现利润3亿元。

资料来源

徐蕾:《基于设计驱动型创新的浙商商业模式演化研究——以万事利为例》,《商业经济与管理》2015年第1期。

《万事利网店一天卖出好几百条丝巾,"妈妈"们为何痴迷丝巾?》,《天下网商》2018年3月22日。

蔡杨洋:《万事利:一条丝巾背后的数字秘密》,《新华网》2018年10月26日。

胡冠中:《万事利销售额不降反增》,《每日财经新闻》2008年12月

16 日。

经验借鉴

　　在国内经济增长下滑和全球衰退的经济形势下，未来万事利该如何发展？在过去十年中，万事利转型取得巨大成功，公司通过开发丝绸新品类和数字化赋能丝绸的布局，成功避开了丝绸面料外贸不断下滑的风险，在挖掘丝绸文化价值的同时提升传统丝绸产品的经济价值。简单来说，万事利的成长给我们带来的启示如下：①外部制造网络实现生产外包，掌握价值链高端环节。例如，2013 年，万事利与法国一家拥有百年历史、专为世界大牌生产丝巾的丝绸企业——MARCROZIER 签订战略合作协议，由它提供高品质丝绸产品"代工"服务，使"中国丝绸法国制造"成为现实。②团购与电商营销并举，多渠道销售创新销售模式。如 2013 年，万事利与中国电信达成战略合作，万事利在行业内独家首创"中国好丝绸"创新型丝巾 B2C 营销平台，积极抢占移动电子商务领域。③通过"大事件营销"模式，致力于品牌建设。自 2000年至今，万事利先后参加了上海 APEC 会议、北京奥运会、上海世博会等六大世界级盛会并对中国丝绸进行精彩演绎，以此实现其品牌战略。④持续专注创新，用数字化技术为产品赋能。万事利通过产业大数据化，一方面可以获取精准用户画像，对客户有深入理解，通过解决用户需求功能来完成产品迭代以及用户画像的改善，通过大数据、云计算等智能化手段驱动丝绸技术创新，实现传统企业的转型升级。另一方面实施文化设计创新，为传统丝绸产品注入文化内涵，使丝绸这一非生活必需品融入文化与技艺，充分挖掘其内在价值，从而大大提升企业的可持续竞争优势。

　　万事利以科技创新为支撑，以丝绸文化创意为龙头，整合网络内创新资源，积极推进技术、设计创新，有效实现了产品价值。同理，其他行业的企业需要寻找属于自身独特的文化，并将之与全球潮流和企业愿景相结合，从而开发出具有独特内涵的产品/服务，并由此转变整个商业模式。

本案例启发思考题

　　（1）蓝海战略的核心是什么？

　　（2）你认为万事利的丝绸价值创新在哪里体现？

（3）有哪些可能的商业模式创新能帮助企业摆脱困境？

（4）万事利进入丝绸文化礼品市场能够获得成功的主要因素是什么？

（5）如何评价大事件营销的品牌推广方式？

（6）万事利从产品制造到文化创造的商业模式创新之路主要的动力因素是什么？实现路径是什么？

（7）万事利正在进一步将丝绸拓展为高端艺术品和装饰品，这样的做法有何挑战？

5　正泰电器：传统产业转型升级的样本

 公司简介

浙江正泰电器股份有限公司（以下简称正泰电器）是全球知名的"一站式"低压电器产品与系统解决方案供应商。正泰电器成立于1997年8月，是正泰集团核心控股公司。2017年，正泰电器在财富中国500强企业榜单中位列第301位，在中国民营企业500强榜单中位列第85位。正泰电器专业从事配电电器、控制电器、终端电器、电源电器和电力电子等100多个系列、10000多种规格的低压电器产品的研发、生产和销售，为建筑、电力、起重、暖通和通信等行业提供日臻完善的系统解决方案。创建30多年来，正泰电器已为140多个国家和地区提供了可靠的产品与服务。

正泰电器于2010年1月21日在上海证券交易所成功上市，2016年，公司收购正泰新能源开发有限公司100%的股权，注入光伏发电资产及业务。自上市以来，公司充分发挥稳固的行业标杆地位、强大的技术创新能力、卓越的品牌优势及自身完整的产业链等优势，逐步实现低压电气系统解决方案供应商的转型，同时把握新能源发展契机和电改机遇，实现向全球领先的智慧能源解决方案供应商的跨越式发展。

案例梗概

（1）传统电气企业转型新能源，打造智慧能源解决方案供应商。

（2）双支柱产业渠道下沉，加速全球本土化建设。

（3）保数提质，提升低压电器核心竞争力，稳步开拓国内国外市场。

（4）以客户为中心，持续创新光伏业务新模式。

（5）发展"双引擎"同时发力，维护市场领导地位。

关键词：转型升级；创新；供应商；新能源

 案例全文

5.1　正泰电器的背后故事

温州乐清正泰电器工业园，一枚金质勋章被珍藏在 7 楼正泰集团董事长南存辉办公室的橱窗里，这枚勋章是柬埔寨国王勋章。在柬埔寨，一个外国人的最高荣誉，莫过于获得一枚国王勋章。

勋章背后的故事是：柬埔寨戈公省达岱河水电站所有的电器设备，用的都是正泰制造。该水电站投运后，解决了当地众多中小城市特别是农村家庭的用电难题，不仅推动了当地经济社会发展，也促进了中柬两国能源领域的合作。2015 年，南存辉与正泰集团副总裁徐志武分别获得柬埔寨西哈莫尼国王、洪森首相授予的勋章嘉奖。

勋章的背后，是正泰电器实现从草根走向世界、从一家单纯的出口企业成长为具备一定全球化运营能力的跨国公司的飞跃。

跨入 21 世纪以来，正泰电器的国际化版图不断扩大。2002 年 3 月，在意大利国家电力公司年度招标大会上，来自全球的近 30 家知名电气公司展开激烈竞争。5 轮过后，正泰电器脱颖而出，夺得 6000 万欧元标的；2007 年，为适应海外市场尤其是欧美市场对产品和技术的高水准要求，正泰电器高端智能低压电气"诺雅克"品牌应运而生，不仅填补了我国在高端电气设计领域的空白，也成为正泰电器突破欧美市场的利器。产品打入国际中高端市场后，企业如何获得更为持久的发展动力？正泰电器又在发展模式上下起了功夫，主动改变过去单纯"卖产品"的方式，向总包"交钥匙"工程、建电站等"卖服务"转型。先后在巴基斯坦、柬埔寨等国完成多项"交钥匙"总包工程，提供电力供应全面解决方案，并在全球投资建设了 200 多座光伏电站，实现了产业链优势集成。

2010 年，正泰电器成功上市，借助资本的力量，进一步提速全球产业布局。在德国、泰国、马来西亚，正泰太阳能工厂实现量产；在巴基斯坦，正泰电器组建了国际区域工厂，取得部分国别市场发言权；2017 年，正泰电器在埃及设厂，意在逐步开发周边市场，最终辐射并覆盖欧洲及整个西亚非市场。

如今，正泰电器已经拥有五大国际营销区域，业务遍布全球 140 多个国家和地区，获得一大批国际化的科技与管理精英加盟。从瓯江之畔到莱茵河畔，正泰电器正一步步走向未来。

5.2 正泰电器的探索

5.2.1 产品/服务：低压电器+光伏，打造智慧能源解决方案供应商

正泰电器前身为"浙江温州求精开关厂"，成立于 1984 年 7 月，是国内低压电器领域龙头企业。2016 年公司收购正泰新能源，将集团光伏发电业务注入上市公司。目前，公司业务主要分为低压电器和光伏两大板块，致力于成为全球领先的智慧能源解决方案供应商。

（1）低压电器。低压电器是指在电器线路中用于电能分配、电路连接、电路切换、电路保护、控制及显示的各类电器元件和组件。各类低压电器主要应用于轨道交通、通信数据、商业建筑、综合楼宇、民用住宅、工业设施、新能源等领域。截至 2019 年 6 月，公司在国内拥有 16 个办事处、510 多家核心经销商，4000 多个经销网点，较 2018 年末新增 10 家核心经销商和 400 个二级分销网点，形成了以省会城市和工业城市为重点、地市级城市为主体、县级城市为辐射点的三级营销网络，正泰电器完善的销售网络已经成为其在国内低压电器市场最重要的护城河。

1）昆仑系列。针对中端市场，正泰电器推出了昆仑系列低压电器提升品牌力。2016 年，公司推出正泰昆仑系列产品，该产品为正泰电器 400 多人专业研发团队历时三年、投入 1.5 亿元不断优化升级后推出，是在传统正泰系列产品基础之上的一个重要升级，提升了正泰的产品品质和品牌价值，进一步强化公司在中端市场的竞争实力。

2）诺雅克系列。为了打破高端市场施耐德、ABB、西门子等大型外资品牌垄断的局面，正泰电器在高端领域同时布局诺雅克系列。诺雅克全系列低

压电器涵盖配电类、控制自动化类、终端类、系统类、智能元件类及箱体类共六大类产品。近4年来，诺雅克营收稳步增长，从2015年的2.94亿元增长到2018年的5.54亿元，年复合增速达到23.50%，盈利情况也逐步改善，2017~2018年净利润都在4000万元以上。

（2）光伏新能源。光伏新能源作为一种可持续能源替代方式，经过几十年发展已经形成相对成熟且有竞争力的产业链。2016年正泰新能源开发有限公司成为正泰电器全资子公司，为正泰电器注入光伏发电资产及业务。正泰电器深耕光伏组件及电池片制造，光伏电站领域的投资、建设运营及电站运维等领域，并凭借自身丰富的项目开发、设计和建设经验，不断为客户提供光伏电站整体解决方案、工程总包、设备供应及运维服务。

1）能源供给。正泰电器为用户提供光伏发电、冷热电三联供、生物质发电、氢能等多种清洁能源供给解决方案。通过探索沙光、农光、渔光、牧光等多种类型的"光伏+"项目，提出"合筑锦绣光伏"，把经济、社会和环境三效益统一融合，构建协同共赢的发展格局。同时，在正泰集团"一云两网"的战略推动下，正泰新能源着力打造智能工厂，布局杭州、海宁、泰国等地，早在2016年正泰智能工厂就获得工信部授予的"中德智能制造示范基地"、2020年公司又获得工信部授予的第一批"智能光伏试点示范企业"，达到国内智能制造创新发展的领先水平。目前，光伏组件产能4200MW，产品覆盖多晶、单晶、半片、双玻、智能等各个系列，拥有全球主流市场认证体系，远销全球50多个国家和地区，深度融入全球新能源产业链中。

2）能源储存。正泰新能源为客户提供储能系统产品、EPC服务、合同能源管理、融资租赁、联合开发等"一站式"储能系统解决方案，可应用于发、输、配、用电等各个领域，既能满足家用储能需求，也能满足商场、大型写字楼及厂区园区等工商业场所的储能需求。

3）能源配送。正泰新能源投资、建设和运营220kV及以下供配电设施和配电网系统，依托智能配电网实现配售电一体化，为园区企业用户提供节能增效、电力工程总包、电力运维、售电代理等"一站式"电力保姆服务。

4）能源运维。正泰电器坚持以客户需求为核心，秉持标准化、精细化管理理念，通过全方位智能化运维手段，为清洁能源客户提供专业的电力运维服务。

5）综合能源服务。凭借正泰集团"发、储、输、变、配、售、用"智慧能源产业链优势及品牌、渠道、资本等资源优势，正泰新能源为居民家庭、工商业园区、公共建筑等提供智慧供能、用能、多能微电网、电蓄热调峰等综合能源解决方案，实现智能监控运维、节能降耗优化、安全高效用电等。目前正泰凭借其技术已建成浙江安吉首个"智电民宿"项目、国网浙江双创中心智慧能源项目、海宁风光储充多能互补微电网项目、青岛民政大厦、北京大兴机场、内蒙古兴安热电厂电热深度调峰等综合能源项目。

5.2.2　客户

近年来，正泰电器在低压电器领域持续发力。企业业务深度聚焦电力、机械、通信、工业、建筑工程和新能源六大行业，持续开拓行业优质大客户。正泰电器通过"技术+商务"的模式不断提升客户满意度，并取得了阶段性的突破。目前，正泰电器在电力领域的客户包括国家电网、南方电网、华能集团等，在通信领域与中国移动、中国电信等主流运营商及华为、中兴通讯等通信设备制造商进行深度合作，在建筑工程领域服务于中海地产、华润置地等全国众多知名地产企业。2019 年上半年，正泰电器战略大客户业务订单同比增长超 170%，通信业务订单同比接近 50%，电力局控、建筑工程业务订单均实现增长超 30%。

同时，正泰低压电器业务的海外市场的拓展也在稳步推进中，具体而言：一方面，正泰电器持续深耕渠道建设，推进各区域渠道下沉，加速全球本土化建设，通过海外子公司、分公司、办事处布局二级渠道，提高市场覆盖率；另一方面，正泰电器紧紧跟随国家"一带一路"重大倡议实施路线，努力拓展项目及解决方案市场。

在光伏新能源领域，正泰电器也取得了不菲的功绩。国际上，北美、欧洲、南非以及印度、泰国、日本等多个国家先后购买正泰 30 多座海外光伏地面电站，全球累计装机容量达 3.5GW。而在国内，光伏组件安装于家庭住宅顶层，可直接家庭用电——这种分布式屋顶电站建设已经在浙江省多个地区安装。针对中国城市与农村家庭住宅的特殊需求，正泰电器从租赁模式开始做起，随后转向经销商模式，目前仅浙江省就开发了接近 3 万户光伏用户，占整个浙江省比例约 30%。由正泰承建的龙游县芝溪家园是浙江省单个小区面积最大、户数最多、安装率最高、施工时间最短的用户光伏项目，项目采用屋顶租赁模式，涉及 1200 户农户屋顶，可满足小区日常用电。正泰电器还积极响应国家光伏扶贫号召，捐赠了许多具有良好声誉及影响力的光伏发电系统。

5.2.3 方式

（1）低压电器。低压电器拥有广阔的下游行业应用发展空间，轨道交通、新能源发电以及通信领域的发展，带动低压电器市场规模持续增长，而推动智能电网建设、提升社会固定资产投资规模等国家有利政策的逐步推进，为低压电器带来了新的发展机遇。

1）保证数量，提升质量，持续优化渠道核心竞争力。截至 2019 年末，正泰电器拥有 500 多家核心经销商，4700 多家重点二级分销商，超 10 万家终端渠道，目前已形成以省会城市与重点工业城市为核心、地级市广覆盖、区县级深度下沉的营销网络。正泰电器着重于服务与管理并重，通过创建合理指标体系，开展销售政策体系创新，细化区域市场经营管理，有效通过分销渠道，实现了质、量双控，持续挖掘终端客户潜力，促进业绩持续快速增长。通过正泰品牌馆、电气工业超市等项目建设，正泰品牌在终端市场的影响力与美誉度得以不断地扩大，有效地提升了公司整体品牌形象。

2）扩展规模，深挖潜力，进一步抢占行业客户市场。正泰电器始终以市场为导向，以客户为中心，以行业大客户的合作为核心业务方向。在持续巩固提升华为、中钢集团、白云电器、牧原股份、葛洲坝集团、招商地产等既有战略客户业务合作基础上，重点发展新客户、新业务与新项目，并已实现新突破。2019 年，正泰电器成功进驻碧桂园、新力地产等 10 家百强房企，入选中国建筑、中国中铁、中国铁建、中国交建、中国电建等大型央企战略供应商名单，新攻克山西电力、甘肃电力、内蒙古电力 3 家省级电力公司，并与江苏其厚、莫朗电气、博时达集团等 40 余家标杆盘柜龙头企业达成深度合作，斩获北京大兴新机场、蒙华铁路、浩吉铁路等国家重点工程项目订单，行业客户的需求具备更高的定制与行业特性需求，对产品的设计、研发、生产，尤其是综合解决方案的集成设计能力提出了更高的要求。正泰电器不断发展壮大行业市场解决方案团队，设立国内大客户业务拓展平台，强化全产业链协同拓展，突出系统解决方案的应用与推广，深化终端客户业务合作关系，为行业客户市场开拓奠定了良好的技术研发与客户服务支持。同时，正泰业务团队通过行业峰会、行业展会、一对一进厂技术交流推广会等多种形式，对细分行业客户进行拓展，通过对战略客户的储备、潜力客户的挖掘，为公司未来行业客户市场规模的提升打下了坚实的基础。

3）提速布局，全球战略，稳步开拓国际市场。全球本土化一直是正泰电器海外发展的核心策略。正泰电器不断提速海外子公司布局，通过自建与收购相结合的方式，实现海外本土化的深入布局，更加向市场端前移，拥有超过 20 家境外子公司，更加有效地促进公司品牌及产品与当地客户的紧密连接。

同时，正泰电器持续聚焦行业客户，通过定制化精准产品研发，向专业市场进行全面渗透，以自身的技术优势，与欧美多家世界 500 强企业建立全球战略合作关系。产品更是实现多个国家电网招标项目的稳定供货，为当地电力事业发展提供服务。

正泰电器继续强化国际产能合作，加快提升海外区域工厂运营效率，同时带动低压元器件产品销量。埃及合资工厂在当地影响力与知名度已得到快速提升，其产品已成功应用于新首都 CBD 建设、政府标志性商业建筑与住房建设、埃及公立医院、国家电力系统配套等重点核心项目，并成功出口周边国家，一举树立了高端品牌形象。

2019 年正泰电器成功举办第八届国际营销大会，来自全球 90 多个国家，超过 600 名客户参与。通过"互联网+智慧能源"产业变革，正泰电器取得的阶段性丰硕成果，向渠道合作伙伴、电力正泰、大型承包商等各类客户传递出正泰电器在未来能源互联中所提供的创新价值服务。

4）完善体系，加大投入，研发创新助推产业效率。正泰电器一贯坚持自主创新，大力推进应用技术支持整合，日臻完善技术研发体系，有序推进知识产权数字资产管理平台建设。2019 年，正泰电器的研发投入已达到 9.8 亿元。截至 2019 年末授权有效专利 3124 件，专利申请 665 件，专利授权 412 件，商标申请 108 件，商标续展 57 件，软著登记 27 件。在研科技项目 406 项，着力对渠道及行业市场核心产品平台进行 4 大系列 16 个壳架的整合；进一步落实三大自主研发平台及零部件加工基地建设；主导及参与产业标准修订 31 项，其中国际标准 2 项，国家标准 10 项，行业标准 4 项，团体标准 7 项、地方标准 3 项、国家计量技术规范 5 项。

（2）光伏新能源。正泰电器新能源板块业务主要包括光伏组件制造、电站开发和 EPC 总包服务，面对国内外行业发展的新形势，新能源板块及时调整公司战略以适应变化，积极探索公司转型升级，努力尝试从电站投资方向总包服务方转型，从单一光伏业务向光伏衍生多业务协同发展转型，并取得了优秀的成果。在国际市场上，正泰电器 2019 年全球组件销售 3.73GW，顺利实现荷兰 103MW 的 EPC 项目并网发电，首次中标波兰 51MW 光伏电站的

EPC 项目合同；在转型中其在国内市场也取得了逆势增长，成功获得竞价项目 650.58MW，并且成功中标白城与达拉特旗两个国家领跑者基地项目；中标安徽（淮北）新型煤化工合成材料基地增量配网项目。

1）持续创新业务模式，户用装机高速增长。正泰聚焦山东、浙江、河北三大户用核心市场，统筹各方资源推进业务全面落地，树立区域龙头地位，选择河南、安徽、江苏等进行市场培育，为后续增长储备潜力，同时，着眼户用平价时代的到来，积极开展户用业务模式创新，完善渠道生态建设，渠道活力不断增加，为户用业务的未来发展打下了良好的基础。通过优化供应链体系和系统设计，系统成本明显下降，综合竞争力显著增强。积极参与中国光伏行业协会、中国电力企业联合会等机构的光伏标准编制，并主导完成浙江制造团体标准《家庭屋顶并网光伏系统》的认证工作。目前正泰新能源在国内户用市场上的市占率为 20%，继续位居国内领先地位。

2）以客户为中心，电站建设实现里程碑突破。正泰开展以客户为中心的业务流程再造与组织变革，积极开展前期手续和建设准备工作，期间中标吉林白城二期 100MW 领跑者基地奖补项目、内蒙古达拉特旗 100MW 领跑者基地项目。截至 2019 年末，公司在历年的国家领跑者项目上均有斩获，分别为大同 50MW、包头 100MW、白城一期 100MW，体现了公司在项目开发、高效组件技术和 EPC 成本、质量控制领域的综合实力。

同时，公司海外电站项目储备进一步加强。正泰 2019 年强化了公司在荷兰地面光伏电站领域的领先地位，期间完成了荷兰历史上最大的光伏电站项目 103MW 电站的并网发电，创造了公司海外电站业务的里程碑。加大在欧洲与澳洲地区的项目开发储备，为未来几年做好业务准备，同时在新兴市场上完成实际突破，首次中标波兰 51MW 电站 EPC 项目，在澳大利亚的南澳州启动 65MW 项目。

3）强化技术进步，大幅提升制造实力。正泰电器针对外部需求及时调整产品结构，提前定位和布局差异化产品，同时加大海外市场投入，通过大型行业展会、媒体平台合作等多种渠道，深化客户营销，夯实公司全球组件第一梯队供应商的品牌形象。

正泰电器持续扩大太阳能电池组件的生产能力，目前已经实现海宁工厂 1.5GW 电池和 1.4GW 组件扩产目标。在产品技术路线方面，研发院的不断投入使得电池效率和组件产品功率得到大幅度提升，电池制造的非硅成本创历史最优，迈进行业领先行列。为实现向智慧能源解决方案供应商的转变，正泰电器推出"泰集"智慧能源集成解决方案，采用公司品牌一体化原装高端产品，其设备组成主要包括自主开发生产的光伏组件、（跟踪）支架、逆变器、储能系统、智慧能源管理系统，在发电端进行资源整合，优化服务，系统性提高发电量，降低度电成本。正泰新能源累计获得授权专利 307 项，产品荣获 TUV 莱茵"质胜中国"优胜奖、SNEC 十大亮点"兆瓦级翡翠奖"等。此外，在美国第 5 次双反调查复审中，公司获得 2.67% 的最低税率。

5.3　正泰的盈利模式

5.3.1　低压电器稳健发展，盈利能力稳步提升

正泰电器为国内低压电器龙头，经销网络优势凸显、直销业务增势强劲，2018 年实现营业收入 274.21 亿元，2019 年实现营业收入 302.3 亿元，由于 2020 年 5G 基站与数据中心需求爆发、国网投资加码，低压电器景气度高，且原材料价格下跌有望支撑毛利率增长。目前公司已有 16 个办事处、510 多家核心经销商、4000 多个经销网点，在 2015 年销售、管理进行大梳理后，开始新一轮发展，有望维持快速增长，市场份额再上一个台阶。正泰电器采取分销（经销商模式）和直销结合的销售模式，以经销商模式为主。经销模式下，公司通过经销商买断公司产品并给予经销商一定的信用结算周期来实现销售。根据正泰集团股份有限公司非公开可交换公司债券 2019 年跟踪评级报告，2018 年正泰电器低压电器业务分销收入占 84%，直销占 16%。目前正泰电器的低压直销业务聚焦电力、机械、通信、工业、建筑工程和新能源六大行业，培育了专业直销团队并持续完善直销体系，实行全价值链营销模式，全面拓展直销业务。而正泰电器的低压分销业务渠道能力也进一步加强，2018 年，公司低压电器业务收入实现 16.11% 的增长，大部分归功于分销业务的增加。与此同时，正泰电器深入海外市场布局，更加向国际市场高端前移，拥有超过 20 家境外子公司，产品畅销全球 100 多个国家或地区，更加有效地促进公司品牌及产品与当地客户的紧密连接。

5.3.2　光伏板块多点发力，实现收入较快增长

目前，新能源产业已成为正泰集团发展的"双引擎"之一，新能源产业占正泰电器营业收入的四成左右，成为上市公司稳定的利润来源。2018 年公

司实现光伏板块营收 103.75 亿元，同比增长 17.98%。光伏板块收入主要来自光伏电池片和组件制造，电站运营以及 EPC 业务。其中组件制造约占收入的 60%，EPC 业务和电站运营各约占 20%。一方面，正泰电器合理布局海外电站及 EPC 业务，在韩国、越南等国家均取得突破，与欧美多家世界 500 强企业建立全球战略合作关系；另一方面，公司整合渠道优质资源，积极布局山东、河北等省份，进一步巩固国内市场领导地位。

资料来源

张一帆：《正泰电器：低压电器龙头　布局新能源全产业链》，《证券时报》2018 年 11 月 7 日。

《正泰电器 2019 年年度报告》，《索比光伏网》2020 年 4 月 29 日。

张一驰：《低压电器龙头，渠道持续强化，品牌力不断提升》，《海通证券行业专题报告》2020 年 3 月 3 日。

佚名：《正泰埃及 165.5MW 项目打造高质量海外样本》，《正泰报》2020 年 3 月 20 日。

夏丹：《为 3.2 万户家庭提供绿色电力　正泰新能源荷兰发电》，《浙江新闻》2019 年 12 月 17 日。

 经验借鉴

　　始创于 1984 年的正泰电器，从一个家庭小作坊发展成中国电器巨头、行业龙头上市企业，现有总资产达 340 亿元，上下游关联企业有 4000 多家，在册员工近 30000 人，拥有众多海内外精英人才。其商业模式发展的主要经验如下：①抓住机遇，借助党和国家政策发展。2015 年光伏行业得到了政府的高度扶持，正泰电器通过一系列的资产并购重组，扭转了较为单一的业务模式，升级为集投资、运营、管理、制造为一体的综合性电力企业。正泰电器加大了在太阳能光伏产业布局，先后涉及智能电气、工业自动化、智能制造、新能源、新材料、智能家居等新兴领域，实现了资本实力增强、业务多元化，有助于分散经营风险。②狠抓技术，着力打造企业竞争力。正泰电器把技术看作企业能否生存的根本，在北美、荷兰、德国等多个国家设立研究中心，重点从事智能电网配电系统用户端关键技术研究、智能低压配电系统新技术与新产品研究、用于新能源技术的电器元件和配套产品研发及第四代智能化、小型化、高可靠、节能与环保的电器产品的研发。③营销网络的持续发力。正泰电器在全国主要的大中城市建立自己的销售公司与特约经销处，不遗余力铺设网点。并且与经销商形成紧密的产权合作关系，使经销商与集团成为一个利益共同体。④专注主业，做大做强。在"电"上做文章：做深做全"电"产业，做强做大"电"主业，避免多元化经营对企业资源的占用和对主业发展的干扰，保证了企业健康持续较快地发展。即便是涉足新能源领域，正泰电器也把重心放到了与电相关的光伏发电上。对于近几年盈利较好的房地产、IT 等业务均未涉及。⑤原有产业转型升级，产业链扩张形成新增点。面对全球可再生能源的开发利用前景，正泰电器及时调整思路，积极向产业链下游扩张，转型电站投资、EPC 工程总包，以此来带动整体产业链的发展，实现盈利模式的转变，从单纯地靠卖产品获得收入转向通过电站运营来收取电费收入。目前，在包括美国、保加利亚、罗马尼亚在内的多个国家和国内的宁夏石嘴山、青海格尔木、甘肃敦煌等地，都有正泰电器开发建设的光伏电站。这些工程的实施带动了正泰电器原有的低压电器、成套产品和输配电产品的销售和应用，形成了产业优势互补。逆水行舟、不进则退，正泰电器始终保持最初的创业精神，脚踏实地、不断创新，挑战在继续，转型升级也在继续。

📋 本案例启发思考题

（1）正泰电器处于生命周期的哪个阶段？为什么？

（2）企业战略转型的动因是什么？

（3）企业商业模式创新的路径有哪些？

（4）如何评价企业商业模式创新路径选择？

（5）正泰电器的核心竞争力是什么？

（6）在传统电气行业下行仍在继续、制造业面临转型升级的情况下，正泰电器是通过什么方式建立客户与公司产品间的连接？

6　裸心：独树一帜的品牌扩张

公司简介

裸心生态逸站（以下简称裸心）成立于 2007 年，创始人是来自南非的连续创业者高天成。裸心将度假村业务作为起点，在浙江省莫干山建造了精品民宿裸心堡，这是一家"洋家乐"的开创企业、全国民宿的标杆。公司名称之所以叫裸心，是为了迎合目前人与自然协调可持续发展的理念，为了体现远离都市浮躁纷繁，放下一切心灵负担，在自然中无压力放空的理念。2013 年，裸心谷荣获 LEED 国际绿色建筑铂金级认证。自成立以来，裸心已经建成包括裸心帆、裸心谷、裸心堡 3 个度假村。裸心品牌自创立伊始便备受人们喜爱。裸心在发展的过程中不断地协同进化，从度假村酒店品牌升级成为人们提供可持续的生活方式的整合平台。

案例梗概

(1) 裸心提供返璞归真、回归自然的体验，迅速占领市场制高点。

(2) 聚焦客户群，口口相传建立良好口碑。

(3) 建立政府关系事业部，获取组织合法性。

(4) 民宿标准由县标上升为省标、国标，获取双重属性支持。

(5) 独特品牌定位，宣传享受纯美自然的生活理念。

(6) 与国际接轨，国内外双向宣传，提高知名度。

(7) 推出联合办公，从度假酒店走向生活方式中心。

(8) 销售和运营相结合，财务数据使投资者眼前一亮。

关键词：生活理念；多元化服务；定位；营销

6.1 裸心是什么?

2011 年,一匹"黑马"冲进中国酒店市场,推出了中国第一个获得可持续发展标准 LEED 铂金认证的度假村酒店——裸心,为旅客提供返璞归真、回归自然的体验,迅速占领市场的制高点,跃居为中国本土最受欢迎的度假精品酒店之一。出人意料的是,马背上的执鞭者并不是土生土长的中国人,而是一个对自然有着质朴、深厚感情的南非小伙,他秉持近乎苛刻的标准建造出自己心目中的桃花源。继裸心谷之后,这个南非小伙接连在餐饮、娱乐项目、共享办公空间、医疗等生活有相关领域推出一系列新的项目,开创了一条与传统的度假酒店业截然不同的发展路径。

6.2 裸心的探索

6.2.1 产品:裸心度假村

(1)裸心谷。裸心谷是裸心首个也是中国第一家获得绿色建筑国际奖项 LEED 最高荣誉铂金认证的高级度假村。裸心谷拥有 121 间客房,包括宽敞豪华的树顶别墅、温馨的夯土小屋,中心拥有一座漂亮的马厩,此外还有树顶别墅、露台理疗浴缸、无边泳池、三家风格迥异的餐厅、放松身心的裸叶水疗等。这里能让人们远离尘世喧嚣,体验不着痕迹的奢华。裸心谷整体的设计和布局都是顺应原有的自然景观,并坚持采用当地资源。除了树顶别墅的建造采用结构隔热板(Structural Insulated Panels,SIP)的先进建筑技术,裸心谷的设计仍然采用传统的建筑工法,像石墙结合竹子及回收木材的梁柱框架以及传统的泥坯墙。夯土屋及会所以当地生产的泥坯筑成,不但环保还衬托出浑然天成的线条及设计。

在住房上,裸心谷坚持舒适温馨的住房原则,单一客房面积均不小于 50 平方米。目前裸心谷提供包括夯土小屋、山顶夯土小屋、树顶别墅三种房间。宽敞舒适,一应俱全的设计,加上如同鸟居般俯瞰山林的体验,让客户一住就舍不得离开。在美食上，裸心谷有三种类型的餐厅供客户选择，包括只提供九桌的顶级 Kikaboni 餐厅；定位休闲时尚餐厅的裸心味；定位观光餐厅的田舍餐厅。在使用上，裸心谷可以满足用户需求，从大型或小型的公司活动到独特浪漫的私人定制的顶级婚庆服务，再到学校团队建设户外活动。在游玩上，裸心谷也提供了路虎越野体验、马背骑乘、山地车骑行、裸叶天然手作坊、水疗、采摘白茶等多项特色活动。

（2）裸心堡。裸心堡对裸心有相当特别的意义。裸心将第一个度假村裸心乡当年的村舍改建为 95 间各有特色的客房，还建有山林环绕的餐厅、水疗、无边泳池、成宝花园、岩石剧场和精彩的户外活动。裸心堡带给每个人的是莫干山前所未有的壮阔美景、城堡传奇历史和极致奢华的度假体验。在裸心堡的建筑设计上，裸心秉持采用多种先进的环保工法，对大自然的能源馈赠做到物尽其用。这些具有开创性的环保工法，包括有效节能的地源热泵和太阳能板，以及可以进行水循环利用的环保污水集中处理系统。其建筑灵感起源于欧式城堡的美学，又萃集了"莫干山一号别墅"的黄金时代的艺术时尚元素。自地窖逐级而上，每层的设计风格从中世纪粗犷逐步趋向摩登优雅，象征着两大风格、两种文化、两个时代的碰撞与交融。

在住房上，裸心堡除了城堡内有满足人们对城堡各种想象的地穴、瘾室、王室、花旦和帮主五间主题套房，更有崖景套房、奢华小院和厢房可供选择，每一款房型设计适合不同的度假或人群需求。在美食上，裸心堡为顾客提供各款美食佳酿，从地道的当地美食到精致的国际名肴，拥有位居度假村最高点的炮台楼、270 度大片透明落地窗设计的裸心味、提供精致下午茶的城堡站和宾客专属酒吧格兰塔四家餐厅，每家餐厅都有其独特的氛围和设计风格。在活动上，裸心堡为顾客呈现优雅瑰丽的活动场地，秉持挚诚待客之道，提供城堡婚礼、公司活动等服务。依托莫干山的自然风貌，裸心巧妙地将一座老石矿打造成中国第一个天然剧场。得天独厚的地理位置、完美的立体声效与背后的传奇底蕴使岩石剧场可以满足不同表演形式的需求，目前已成为裸心堡之后莫干山第二个地标性建筑。

（3）裸心帆。裸心帆停靠在安达曼海，70 英尺豪华双体帆船 Arabella 号，拥有 5 间套房，总共可容纳 10 位宾客。裸心帆最与众不同的是为客人提供全面专属定制的行程，从划独木舟探索洞穴、冲浪、浮潜、滑水等海上活动，小岛陆地探险秘密环礁湖，美食美酒到水疗按摩等，裸心帆拥有专业的船长和水手随行，为顾客提供尽兴难忘的航海之旅。

6.2.2　主要客户：口口相传

在江浙一带的民宿或酒店业务圈子采访，几乎所有从业者都会提及一个名字：裸心。该品牌从浙江德清县莫干山改造农民房起步，十年间建成三个度假村项目，并有五个度假村项目在建造过程中。

裸心最有名的是位于德清县莫干山区的裸心谷度假村项目。裸心 CEO 高天成说裸心谷是莫干山纳税第一名，而且该项目巨大的营业收入来自度假，而不是房屋销售。裸心将精力集中在获取客源上，将目标客群集中在上海，而不是苏州和杭州这两个离裸心更近的地方。裸心从一开始就聚焦在客户群，把推广集中在能主动接触到客户的地方，把他们带到裸心，并且建立自己的客户库。在最早的裸心乡运营的时候，裸心就特别留意每个客户的预订，从这些客户的消费习惯里，寻找到他们的需求，从而再进行下一步的产品升级。2011 年，裸心的第二个项目——裸心谷开业，以其独特的定位和高品质成为整个莫干山地区的休闲度假市场的头牌产品。

现在的中国民宿市场，大多数民宿从携程和艺龙获得自己的客源，这只能获得短期成功，如果开了第二个项目，客流就往下降了，并不能实现客户导流。大多数顾客的想法是，冲着某一个景点去，他们会思考有哪些地方可以住？然后再到网上搜索。相反地，裸心不使用携程或艺龙，其重新定义了旅游，因为顾客要去裸心，再想到去莫干山看看。

6.2.3　方式：各类资源动态匹配

（1）合法性获取。裸心针对当前酒店行业与政府之间的关系，成立专门的政策关系部门，与政府对接并接受政府在一些具体规范上的指导。CEO 高天成回忆说，"当时真的很难，政策不允许你太过创新，要求你建造符合标准的建筑，我们想把我们的创意在政策允许范围内做到最好"。随着时间的推移，裸心政府关系部门注意到政策朝着利好的一面在发展，如 2009 年《国务院关于加快发展旅游业的意见》支持各地开展有旅游综合改革和专项改革试点；地方政策也开始明晰，2007 年 9 月《德清县旅游业发展五年行动计划（2007—2011 年）》进行了"一核两翼"的总体旅游布局。由于与政府的良好对接，2008 年裸心拿到了裸心谷生态逸站的建设用地。裸心实行高打高举的策略，承办论坛、大力宣传、"五水共治"捐款，在赢得自身成长的同时，也迎来以裸心为蓝本的民宿管理办法出台。2011 年裸心谷开业不久，裸心就承办了德清"洋家乐"与低碳休闲旅游论坛，2012 年遍邀美国《福布斯》、英国《金融时报》、日本《读卖新闻》等大力宣传裸心绿色生态逸站的建设过程及当地政府的支持，2013 年裸心成为中国荣膺国际 LEED 绿色建筑铂金级认证的生态度假村。2014 年 1 月，以裸心为蓝本，德清县人民政府签发《德清县民宿管理办法（试行）》，这标志着裸心关键合法性的获取。2014 年 5 月裸心担当 CCTV4"山村里的洋家乐"当家花旦，2015 年 11 月裸心谷获"德清县洋家乐发展特别贡献奖"，2017 年 2 月裸心堡开业，2018 年 3 月裸心被授予"最具发展魅力生活方式品牌"。重要的是，2017 年原国家旅游局正式批准颁布《旅游民宿基本要求与评价》，德清地方民宿标准上升为了国家标准，裸心民宿由此获得了全面合法性。

（2）交易重属性及其效应。裸心民宿创意十足，但由于体量不大，交易属性水平较低。"裸心自然"的首创彰显了竞争性机制的差异化，价值效应表现为引爆"洋家乐"；同时，裸心民宿得到顾客热捧，市场认知高。随着时间的推移，裸心民宿引发集体性效仿，迫使新的项目追求顾客极致体验，交易属性水平较高，斩获全国首个 LEED 绿色建筑铂金级认证。裸心针对其旅游村的内涵挖掘引导新项目设计，顾客黏性好，交易属性水平最高，"特别贡献奖""最具发展魅力生活方式品牌"强化了裸心竞争性机制的核心能力与差异化，价值效应表现为单个房间年收益居行业之冠。

（3）独特的品牌定位，在众多产品中独树一帜。初识裸心，人们一般都会被其独特的品牌名字所吸引。裸心有其自身独特的解释：裸心意味着向内，回归自己，简单地生活。远离尘嚣的纷繁困扰，回归生命的纯净状态，与自然、环境和周围生灵融为一体，享受纯美自然的生活理念。从产品形态上看，裸心的这种简单回归的状态就是通过农田、茶园、马场、山谷这几个要素完成了其对产品意境的勾勒。

裸心谷的项目在创作之初，其总体规划就不同于常见的景区度假酒店的规划模式——由大体量的酒店客房与周边的度假别墅构成，裸心谷是分散式的规划，如同一组珍珠散落在整个山谷中，错落有致，这样的规划目的就是为了将山谷、池塘、溪流、树林等不同景观要素与居住体验进行充分融合，在不同的组团间创造出不同意境的景观。因此，这样的规划手法，将整个度假客房、泳池、餐厅、会议室、SPA、会所等多个功能放置于整个山谷之中，在群山远望与沁人心脾的环境中，让住户享受自然之美。不同于所有的度假酒店，裸心谷的产品客户群体从一开始就瞄准企业的高端会议旅游、接待旅游、员工拓展旅游和公司发布会等市场需求聚集地。这些公司需要在以上活动中体现公司良好、高端的形象，而裸心谷周边优美的自然风景和高品质的服务及室内装修正符合这一点。

在裸心的客户构成中，有20%的顾客是外国人。裸心的"会议度假"区别于需要逗留四五天在周边游玩的目的地度假，裸心的客人在店内的逗留时间少于两天。除了散客还有大量公司会在裸心停留一两天做团队建设和开会，然后返回上海。这就要求度假村必须要有丰富的活动项目。

（4）利用国际先进的环保理念将度假屋种植在群山之中。裸心最大的特色之一就是其绿色生态的工程设计理念。裸心谷在规划设计之初，就以美国绿色建筑协会的LEED标准去设计项目，后来获得该标准认证。LEED标准对建筑从场地规划、保护和节约水资源、高效的能源利用和可更新能源的利用、材料和资源使用、室内环境质量等全面评估一个建筑体的环境质量。

裸心谷的建筑工艺反映出其对产品的工匠精神。裸心的特色小屋外形有非洲的粗犷气息，除屋顶就地取材以地道竹叶搭建，还运用具有可持续建筑技术的夯土墙构建，这种专利的SIRE夯土墙身，混合水泥、钢筋、混凝土及隔热物料制成，不但富有浓烈色彩，更具备保温节能等环保效用。

为了尽可能不在山谷上施工，树顶别墅都采用保温隔热的拼接式材料，材料运至山顶后像组装家具那样，把别墅搭建起来，很方便拆除或重新利用。为了节约材料，裸心在周围村子里寻找旧家具。农民不要的雕花木梁、石磙、马槽都成了裸心的装修材料。最具创意的是对一个废弃马槽的使用，在马槽下面凿个下水孔，一个双人使用的洗手盆就成了。当地盛产竹子，村民日常使用各种竹类编制的器皿在裸心眼里是天然的艺术品，被装点到房间里。在裸心随处可见竹子编制的吊顶，装饰墙壁的簸箕、竹匾和鱼篓，石质的洗脸盆、竹制的毛巾架、餐厅的麻绳吊顶。

从绿色交通来看，整个度假村里是不允许坐汽车的，人们出行靠走路或者是电瓶车，这一点是确保整个度假村拥有安静的环境和避免噪声。对于水资源的利用方面，裸心收集雨水存在水库，然后用这个水来冲马桶或者灌溉。

在裸心谷，游客找不到印象中度假村应有的KTV、桑拿房、棋牌室；相反，它别出心裁地设置了马场、露天剧场、射箭、水疗中心、山间徒步等项目，这些项目都和自然非常亲近。

（5）拥有国际化视野的营销管理。除了老板高天成本身是南非人外，首席运营官林纲洋曾任澳大利亚普华永道会计师事务所经理，负责上海 W 酒店开发；裸心谷常务董事卢加宝是澳门人，负责高端活动和公共事务管理；销售总监韩天宁是荷兰人，为裸心谷带来大量国际大客户，包括联合利华和可口可乐；裸心谷总经理 Kurt Berman 来自南非，曾在马尔代夫第六感 Soneva Gili 担任驻店经理。

在这样的团队构成下，裸心谷的推广手法主要是采用国际化营销。裸心谷甚至在 ELLE 版的整版投广告，从而带来国内媒体的争相报道。

在线上新媒体营销方面，主要针对的是现代人交往常用的私人信息传播途径，裸心将其分为三条：一是依靠知名驴友的微博扩大信息传播的有效范围；二是针对青年人追求高档消费的心理，在国内大型社交网站上建立裸心谷免费主页，扩大其在青年群体中的影响范围；三是在去哪儿、携程等大型专业旅游网站上发布广告，以提高其在全国的知名度。

（6）从度假酒店走向生活方式中心。裸心谷的火爆为裸心集团带来了发展机会。未来 5~10 年，公司计划发展 10 个度假村。同时裸心围绕生活方式这个主题，进入了包括餐饮、众创空间、教育和医疗等行业，其中较为成功的无疑是联合办公。

2015 年 11 月，裸心集团在上海创办了中国本土联合办公品牌裸心社。2017 年 7 月，裸心社宣布与新加坡最大的联合办公空间运营商 JustCo 合并，共同打造亚洲最大的高端联合办公业务网络。2018 年 4 月，裸心社与 WeWork 整合双方优势，强强联手，更是开创联合办公领域的新格局。目前，随着与 WeWork 的合并，曼谷、吉隆坡以及雅加达等联合办公空间的落成，双方的业务网络已经扩展至 140 个城市的 739 个联合办公空间。"发生了太多变化了，这个行业正站在变革的开端。"裸心社首席创新官卢汉森（Dominic Penaloza）在接受界面新闻的采访时说："这实际上是个全球房地产市场的大趋势。它会兴起是的原因和 Uber、滴滴或摩拜单车是一样的，用户能用更低的价格获得更好的体验，这对用户来说太棒了。用户正在抛弃传统办公室，选择联合办公空间。"

卢汉森表示，传统写字楼正在被联合办公空间颠覆，联合办公吸引到的客户，大多正是原本在写字楼里工作的人。他认为，中国联合办公空间市场有两个梯队，第二梯队即大多数联合办公空间，实际上是孵化器，第一梯队才是更讲究设计和社区服务品质的联合办公空间，用写字楼类比的话，前者是丙级写字楼，后者是甲级或乙级写字楼。在他看来，中国的高端联合办公空间市场里几乎只有 WeWork。

高力国际的一篇报告指出，到 2030 年，全球 30% 的办公室将变为联合办公空间。据卢汉森估计，目前在上海该比例约为 5%，这意味着，未来还有长足的发展空间。

6.3 盈利模式：一半自持、一半销售

裸心谷的销售和运营相结合的运营模式是房地产界最感兴趣的。裸心谷的所有树屋别墅都是可售的，夯土小屋是最终持有的，通过树屋别墅的销售来回现，再通过夯土小屋来沉淀资产。具体来说，每套双房间别墅售价 600 万元左右，三房间别墅售价 900 万元，四房间别墅售价 1200 万元，30 套全部出售完，总回款大概在 2.4 亿元，而裸心谷的建造成本是 1.5 亿元，不但回收了成本还有盈余，同时还沉淀了 40 套夯土小屋的固定资产。同时，据不完全统计得知，裸心谷度假酒店月均住客数量在 4000~5000 人，全年平均入住率接近 65%，旺季可以达到或超过 95%。全店拥有 121 间客房，分布于 30 栋独立树顶别墅和 40 栋夯土小屋。其中夯土小屋 2000~3000 元每晚，树顶别墅 6500~16000 元每晚，一年营业额将近 9000 万元。2017 年初，筹备 4 年、造价 3 亿元的裸心堡开始接受预订。灰色的城堡坐落在山顶，来宾需要从半山腰坐小高尔夫车才能抵达。以城堡为中心的酒店拥有 85 间崖边或林间套房，10 间城堡内的主题套房，价格每晚 2000~6000 元。据裸心官方公布的数据，每间房间每年的利润是 100 万元，这个数字将近是静安香格里拉每间房间年盈利 55 万元的 1 倍。裸心成为中国最赚钱的度假村之一。

裸心卓越的产品力和强大的品牌张力也是成功的关键。当产品力、品牌运营不行，不能产生良好的出租率和运营现金流的时候，再好的商业模式也是一纸空文，只能停留在概念层面。

资料来源

罗兴武等：《商业模式创新双重属性如何作用创业企业成长：裸心的案例研究》，《管理评论》2019 年第 7 期。

博众研究院：《解密裸心谷的盈利模式》2017 年 12 月。

葛伟炜：《裸心社极致顾客体验的背后：数字化转型是我们的 DNA》，商业评论网，2017 年 11 月 17 日。

吴娓婷：《裸心创始人：我们比其他精品酒店更懂中国》，《经济观察报》2015 年 12 月 19 日。

《深度解读中国野奢度假头牌项目——裸心谷》，龙景园网，2018 年 6 月 3 日。

胡晓莺：《裸心访谈：高天成 VS 胡晓莺，水瓶和白羊的思想碰撞》，旅游地产观察，2018 年 3 月 29 日。

夏冰：《裸心谷的商业逻辑：大城市周边乡村有大生意》，每日经济新闻，2018 年 4 月 18 日。

 经验借鉴

一直以来，裸心集团致力于为人们打造返璞归真、充满愉悦体验的度假村及生活方式品牌。2018 年亚太区房地产领袖高峰会及颁奖盛典上，裸心度假村的又一力作裸心堡荣获"较佳酒店和旅游开发"金奖，是业界彰显裸心度假村卓越品质的较佳证明。作为裸心集团的核心业务，裸心度假村以独树一帜的风格和极致用心的品质享誉国内外，成为中国旅游版图上的必游之地。简单来说，裸心的成长给我们带来的启示如下：①专注客户需求。裸心从初创时起便特别留意着每个客人的预订数据，从这些客户的消费习惯里，寻找到他们的需求，从而进行下一步的产品升级。②独特的品牌定位。裸心创造了很多可以分享的内容，有非常清晰的定位，裸心想要让客人感受到原生态、不被打扰的度假环境，于是取消了度假房里的电视机，大量的住宿空间布置在山顶上，用电瓶车实现人们点到点的移动。③从守护灵感开始。裸心充分挖掘客人的隐性需求，让客人去体验大自然，在顾客与裸心的近距离沟通中实现盈利。④打破人与人之间的距离。裸心作为中国最赚钱的度假村之一，从外表到内在其实并不奢华，虽然其无论是收费还是成本都不低。但裸心谷是中国首家也是唯一一家获得 LEED 国际绿色建筑铂金级认证的度假村，其目标客户更多聚焦在对可持续发展以及裸心生活方式有一定的价值认同上的客群。2020 年，裸心预计将有两个新度假村开业：一个是位于苏州的裸心泊，主要设计概念源于太湖的"鱼米之乡"；另一个是位于南京的裸心岭，距离上海也很近。此外，还有一个项目是位于西安的裸心源，这是裸心第一次踏出长三角区域进行的尝试，这个项目目前还在紧密的筹划阶段，预计于 2021 年开业。在未来，裸心度假村也将持续带来更多独特的优质服务，以创新和高品质持续引领度假村行业的发展，为中国各地带来裸心品牌独特的度假生活方式，打造"清新乐活"的生活方式。

 本案例启发思考题

（1）裸心独树一帜的品牌扩张依靠什么？

（2）裸心度假村品牌价值的主要特征是什么？

（3）裸心为何能在激烈竞争的中国高端酒店市场开辟一个蓝海市场？

（4）裸心品牌延伸策略是否具有必备的成功要素？

（5）如何评价裸心品牌水平延伸进行"跨界经营"的尝试？

（6）裸心的品牌成长战略给中国同类企业带来的启示。

（7）裸心未来品牌战略规划会是怎么样的？

7　盘石：打造交互链接商业生态

公司简介

浙江盘石信息技术有限公司（以下简称盘石）由田宁携团队 2004 年于中国杭州创立，是一家以精准、定向互联网营销分析技术为基础的互联网广告服务商。盘石致力于数字经济、互联网大数据技术革命驱动的全球新经济建设与发展。截至 2020 年 4 月，盘石拥有来自国内外一流大学的千人研发队伍和行业专家，十多年以来，盘石所提供的系列产品已经服务数全球百万企业用户和亿万个人用户，并在北京、香港、深圳、西安等设立了分公司，在俄罗斯、印度、印度尼西亚、菲律宾、马来西亚、墨西哥、巴西、南非等近 30 个国家设立了子公司。盘石海内外员工总数近 3000 人，其中海外员工千余名。盘石用数据智能服务全球新经济，将云计算、大数据、人工智能、SaaS 模式运用到互联网数字服务领域，形成了标准化的业务体系，涵盖零售、快消、制造、出版、教育等多行业，面向企业级和政府级客户提供多维度、全方位的数字和智能化服务，推动全球新经济持续创新与升级，构建人类命运共同体，打破信息孤岛，让信息更公开透明。未来，盘石将帮助全球更多的用户体验与使用盘石数字技术与产品应用带来的生活与工作的快乐与便捷，推动促进实体经济、制造业、中小企业转型，共同开拓全球新经济更加广阔和美好的前景。

案例梗概

（1）盘云深挖大数据，以七朵云业务为核心打造大数据商业生态。

（2）确立垂直细分的运作模式，立足于服务中小企业。

（3）精准营销，帮助客户对市场进行准确区分。

（4）基于垂直领域转型，打造新经济平台，与"互联网+"相结合。

（5）构建业务风控体系，保护业务持续平稳运行。

（6）"三驾马车"齐头并进，打造产业生态闭环。

（7）处于新兴增长行业，有较强的增长潜力和持续经营能力。

关键词：平台；大数据；精准营销

 案例全文

7.1　盘石的诞生

盘石已成立十几年了，这对现代企业发展史而言不算长，但对于一个互联网企业来说，能够顺应时代变化，坚如磐石屹立十几年仍旧保持旺盛的生命力实属不易。

盘石从 1999 年起，先后经历了盘石前身的硬件业务、盘石网盟广告、盘石大数据云服务三次创新变革，如今盘石整合与深度挖掘数十年积累的"盘石云"大数据，打造了以 SaaS 云、内容云、营销云、信用云、电商云、教育云等云系为核心的"全球新经济平台"。

盘石最早源于浙江大学盘石计算机网络技术有限公司，当时的盘石计算机在业内首先提供三年免费上门服务，亦是业内首家以大卖场形式卖电脑的企业。但正当电脑生意蒸蒸日上之际，盘石创始人田宁毅然辞掉了原来的董事长职务，创办了浙江盘石信息技术有限公司，单枪匹马地开辟了自己的新战场。他给公司的定位是：以精准、定向网络营销分析技术为基础，做企业网络营销服务提供商。此后，盘石成为全球最大的中文网站联盟，覆盖超过95%的中国网民，是全球提供中文网盟广告服务最专注、最专业的行业领袖公司之一。

2011年盘石瞄准SaaS市场动向，正式切入SaaS赛道，经过几年的发展，盘石整合与深度挖掘数多年积累的"盘石云"大数据打造了RockySaaS平台。如今，RockySaaS已累计为400多万家企业提供电商、营销、社交、HR等SaaS服务。

2014年，盘石建立了广告投放平台和移动应用及游戏全球发行平台Rocky-Play。创立不到一年，RockyPlay全球移动广告已经可以在全球超过150个国家地区展开业务，展示量已达千亿级/月。目前RockyPlay已在泰国、马来西亚、印度、印度尼西亚、西班牙、土耳其、俄罗斯、阿联酋、南非、肯尼亚等数十个国家建立了分公司和办事处，移动推广终端覆盖近200个国家。

2019年3月，盘石依托社交电商发展趋势，推出基于S2B2C模式的社交电商平台公销社，主要针对三线、四线、五线城市消费市场，该平台成立的初衷是"为消费者、供应商、乡镇企业提供便捷交易购物模式"。

7.2 盘石的探索

7.2.1 产品/服务：七朵云业务打造交互链接商业生态

盘石深度挖掘数十年积累的"盘石云"大数据，以"盘石全球新经济平台"旗下的SaaS云、内容云、营销云、信用云、电商云、教育云、智慧云七朵云系核心服务为中心，打造基于盘石大数据为基础而交互链接的商业生态，形成了盘石商业生态SaaS平台、盘石全球数字娱乐平台、盘石全球数字营销推广平台、盘石网络安全信用认证平台、盘石电商行业服务平台、盘石互联网教育平台、盘石"AI+大数据智慧平台"等互联网新经济服务生态系统。目前，盘石的三大核心业务板块分别为盘石全球移动内容分发、盘石全球数字营销推广、盘石互联网安全认证。

（1）SaaS云。SaaS云是盘石打造的为企业无缝整合基础业务和衍生业务的平台，以"高收益、高产量、高效率、低成本"的运营模式为核心，将先进的人工智能与大数据技术充分运用于企业信息化，帮助企业打通全业务，适用于各行各业的全生态五位一体化SaaS云服务，以实现服务、沟通、推广、管理的移动化和信息化。旗下产品包括盘石微店——移动社交电商的服务平台，致力于为商家提供全行业覆盖的微信生态解决方案；盘石微名片——用人工智能定义销售的小程序名片，打通销售人员、企业管理者与客户之间的关系；美猴王采购批发市场——为中小企业打造的电商生态系统平台，帮助卖家在互联网上展示企业形象和产品信息，帮助买家找到诚信供应商。

（2）RockySaaS。根据盘石官网资料显示，RockySaaS 云拥有电商、CRM、营销、信用、社交、办公、HR、财务八大核心云系产品，能够满足中小企业多样化的按需应用，实现高效协同。让企业通过 RockySaaS 服务找到正确的产业定位，全方位实现智能化，享受数据科技红利，精准地把握现在及未来的全球市场动向。

目前，中国许多 SaaS 厂商，不仅产品单一，而且应用场景不够丰富，因此大多数的 SaaS 厂商无法满足企业复杂且多变的业务需求，无法"一站式"解决企业的上云问题，往往只能专注于细分市场领域。而拥有深厚技术沉淀的 RockySaaS 则致力于打造"一站式"服务，产品涵盖业务垂直领域和行业垂直领域。中国云服务市场其中 99% 以上是数千万的中小微企业，需求复杂多变，要求更高、更加灵活。RockySaaS 充分考虑到中小微企业在营销、电商、企业管理、人力、品牌、融资、信用财务等方面资源匮乏的基础上，提供多元、灵活的数字化服务，能更为有效、针对性地解决企业的转型难题。

（3）内容云。盘石通过内容云将阅读、游戏、视频、知识学习、轻娱乐等内容输出到全球，并根据用户使用反馈和行为数据，使用 AI 智能算法持续优化内容，提高内容质量和使用率，加速内容的精准传播，并提供端到端的商务和技术解决方案，打造以内容为中心的全新增长生态。目前盘石将发展重心瞄准移动互联网市场增长速度最快与市场潜力最大的亚非拉发展中国家，把东方文化输出到全球，为全世界各地的用户提供丰富的数字娱乐消费内容，以此实现对标全球化互联网视频内容订阅服务商 Netflix 的目标。

（4）营销云。营销云是盘石的基础业务，盘石利用盘石目前成熟先进的基础设施服务、大数据分析能力以及人工智能技术，服务中小企业为主的网盟广告推广服务。营销云为企业提供全方位的"智能+营销"服务，实现企业与用户之间关系数据的完全贯穿，通过自行研发盘石网盟广告系统，为广告主提供精准营销和数据支持服务，并对用户信息和财务数据进行统一管理。在盘石网盟的业务中，公司主要充当整合和匹配广告投放需求与用户流量的中间服务商角色。

1）全球移动联盟推广业务，该业务以盘石自己研发的全球移动网盟系统平台为基础，整合了全球的广告商和渠道商、流量商，通过大数据分析、整合营销，精准定位至移动端用户。

2）中文移动联盟推广业务：专注于中小企业移动端精准营销推广，将广告主产品或品牌信息制作成充满吸引力的广告创意，通过移动端 APP 应用及 WAP 网站的广告位进行海量展播，帮助广告主进行产品和品牌宣传，吸引目标客户的关注。

3）网站联盟推广。盘石网盟推广作为一个专业的互联网广告联盟营销平台，拥有丰富全面的互联网广告大数据及精准定向技术。整合优质流量，建立自由媒体联盟重心 YunMedia，从综合精品联盟、行业垂直联盟及地方官媒联盟等分类进行全网流量资源聚合及分发，精细化提供各大行业及全国地域的个性化精准营销服务。

（5）信用云。信用云是基于行业大数据，以云为驱动，以联合惩罚为抓手，高效建立的信用评价体系，盘石运用云计算、大数据、人工智能等新技术，统筹信用数据资源，共享信用画像，推动大数据与信用体系建设深度融合发展，实现平台上数据资源和用户的共享共赢。

（6）电商云。电商云是在云计算和大数据基础上，将行业领先的技术与电商生态系统的各个环节相连接，一切以企业预设功能为中心，是一个全方位提供快速上线的电子商务解决方案的平台。

（7）盘石大学。盘石大学是盘石旗下孵化的教育培训平台，致力于打造互联网知识共享平台，帮助中小微企业的发展和转型。盘石采用三位一体的服务模式，从企业战略定位、团队组织能力、领导力提升和营销管理四个模块进行分解，线上线下无缝衔接学员与导师，深度交流，群策群力，实地解决中小微企业的发展难题，致力于成为新经济发展的领军者。

7.2.2 主要客户：中小企业

盘石在创立初期便确立了垂直细分的运作模式，立足于服务中小企业，销售区域从浙江省拓宽到全国，不断完善销售区域构架，致力于提升客户的广告投放效果。10 年间为数十万家中小企业提供精准的服务。盘石网盟创始人田宁解释道："中小企业的广告预算有限，我们需要为它们提供高性价比的推广业务，让它们把每一分钱都花得物超所值。所以盘石网盟利用精准定向技术，将广告主的广告投放在相匹配的垂直行业网站，带去精准有效的投放。打个比方，如果你是一家做机械的企业，我把广告投放到娱乐网站上，虽然网站流量会在短时间内猛增，表面上看是有很多人看，但效果不明显，为什么？浏览娱乐网站的网民不是你的受众，不是你的客户。他们不感兴趣，不用提点击了，连看都不愿意看到。而机械类或相匹配行业的网站上，都是行业专家、与行业相关的人，广告本身与网站的匹配度较高，网民体验效果较高，对广告主而言，这些网民中很多都是目标潜在客户。"

在稳定了中小企业用户群后，盘石网盟的创新并未停止，2014 年 7 月盘石在七剑新品发布会上，全球首发了按区县精准定向投放、优媒体、盘石商机采购平台等产品，其中按区县精准定向投放为服务半径小的生活服务类商家提供了互联网广告投放的机会。盘石网盟将互联网广告投放技术产品呈现在用户面前，让小餐馆等微商家也能体验互联网广告投放，同时为自己进行品牌推广。正如乔布斯曾说过的："用户并不知道自己想要什么，直到你把东西放在他面前。"盘石网盟在逐步改变用户习惯、思维的同时，也改变了网盟广告的生态环境，盘石网盟用户群的这张网格又缩小了一点。但许多大企业客户并不满足于相关的垂直行业投放，它们还需要与自身品牌相对称的精品门户网站，盘石网盟新推出的优媒体集合了最优质、高端的品牌网站，是符合大企业用户需求的高端网络品牌推广方式。至此，盘石网盟通过不断的产品技术迭代编织了一张紧密的用户网，将大中小微用户群圈入其中。

2016 年盘石实现了业务拓展，涉及移动互联网领域以及信用认证管理领域，在原有盘石网盟推广平台的基础之上，建立了全球移动数字投放平台"RockyuMobi"以及信用管理平台，不断深掘中小企业的潜在需求，在原有业务的基础上逐步构建盘石网络营销生态圈。其中为全球广告主提供产品推广服务和移动应用及游戏全球发行的 RockyTop 平台，已经初步建立起盘石全球多屏移动推广平台，跨平台的业务战略布局使公司的持续经营能力得到了明显提升。

2017 年 9 月，盘石经全体股东同意退市，并重新对组织架构进行了区分，以"盘石全球新经济平台"为中心形成了现有的 SaaS 云、内容云、营销云、信用云、电商云、教育云、智慧云七朵云系核心服务，为传统实业、制造业、中小企业提供线上开店、营销推广、信用认证、跨境出海、人才培养、资金扶持等"一站式"解决方案，实现了对中小企业客户的区分。

7.2.3　方式：利用高新技术实现精准定位

（1）精准营销。公司立足中国放眼全球，以盘石网盟营销业务为核心建立竞争优势，以移动数字营销业务及移动网游海外发行延伸业务范围，并为更多的中小企提供多元化的增值服务，符合行业发展趋势，具备广阔的发展空间。网络精准营销的发展，隐含着消费者力量的觉醒与回归，由此应运而生的盘石，在盘石全球经济平台上，汇聚众多优秀互联网的资源，为客户奉上了一道互联网营销的饕餮大餐。客户不仅可以直接选择百度这样的搜索引擎广告投放平台，也可以直接和诸如新浪、好耶、地区门户网站牵手，没有网站的企业更是可以直接享受从网站建设到广告策划、投放、评测等"一站式"管理套餐，而且可以根据自己企业的产品市场和客户市场自由选择搭配网络营销产品。

盘石的精准广告是对传统互联网大众广告的改良。一般的互联网广告主要是帮助介绍客户的产品或优惠信息，鼓动看到广告的人们去购买。这种广告需要大规模投放来保证被足够数量的潜在用户看到，广告费很高。而精准广告主要是向感兴趣的人宣传相应的活动，不需要让不感兴趣的人看到这一宣传。盘石的精准广告的设计核心是活动诱因设计，原则是让盘石精准定位的人群对客户的广告感兴趣，设计这部分人群感兴趣的活动、感兴趣的东西达到让他们参与的目的，实现下一步一对一的沟通。因此盘石拥有一些消费心理研究、购买行为研究专家。

精准营销的价值在于真正贯彻了消费者导向的基本原则，即企业的全部行为都要以消费者需求和欲望为基本导向。盘石的精准营销作为这一大背景下的产物，强调的仍然是比竞争对手更及时、更有效地了解客户并向客户传递信息。这样，企业要想迅速而准确地掌握市场需求，不需要离消费者非常近，通过盘石就可代为完成。这是因为盘石作为第三方，与各环节主体的利益并不冲突，而这些主体则往往出于自身利益的需要而过分夸大或缩小信息，从而带来信息的人为失真。盘石的精准营销帮助客户绕过复杂的中间环节，直接面对消费者，通过盘石提供的各种现代化信息传播工具与消费者进行直接沟通，从而避免了信息的失真，可以比较准确地了解和掌握消费者的需求和欲望。此外，盘石还通过对消费者消费行为的精准衡量和分析，建立了相应的数据体系，通过数据分析进行客户优选，并通过市场测试验证，以帮助客户定量地了解消费者需求。市场的区分和定位是现代营销活动中关键的一环，盘石通过帮助客户对市场进行准确区分，进而保证有效的市场、产品和品牌定位，提升了客户价值。

（2）数字营销转型。目前数字营销已经从资源型竞争阶段逐渐过渡到数据技术竞争阶段。2017 年上半年新三板 109 家数字营销企业营业收入总和规模不过 118.55 亿元，整体规模同比增长 34.56%，相比 2016 年同期的 181.33%增长率大幅回落。而在 Fmarketing 整理的 108 家数字营销公司业绩报告中，近一半公司营收增速在 20%以下，净利润同比增长在 0%以下。再加上流量费用越来越贵而转化率又不能同比增长，这一切都在逼迫数字营销公司转型。

盘石基于原有的业务体量，为自己的平台化做准备，选择一些垂直的领域进行专业服务，为这个领域的客户提供更深入的服务甚至定制服务、全生命周期的服务。目前广告主对"效果"的追求非常执着，垂直深入服务某个行业或者几个行业，肯定比广泛撒网更有效果。而盘石基于垂直领域的转型，以某一核心产品为中心，不断发展边缘业务，实现一个完整的生态圈。

（3）布局平台。所谓"新经济"，实质上就是知识经济，而知识经济，是指区别于以前的以传统工业为支柱产业、以自然资源为主要依托的新型经济。这种新型经济以高技术产业为支柱，以智力资源为主要依托，主要体现为信息技术革命对经济的巨大贡献和发展上的可持续性。而盘石全球新经济平台的诞生，无疑是"新经济"有力的践行者和推动者。2017 年 4 月，盘石董事长兼 CEO 田宁首次提出了涵盖新制造、新商业、新金融、新能源的"四新"概念，并重磅推出了"盘石全球新经济平台"。"盘石全球新经济平台"就是致力于以"互联网+"作为新经济引擎，帮助传统实体经济、制造业、中小企业在新经济时代紧密结合"互联网+"，实现成功转型升级。

作为全球首个新经济平台，"盘石新经济平台"在今后将助推国内乃至国际的传统实体经济、制造业、中小企业提升未来竞争能力；加快发展互联网金融，大力拓展全球市场，帮助更多企业转型升级；加强互联网教育体系建设，培养互联网人才，切实提升互联网应用水平、技术水平，为我国经济的转型升级助力。

（4）构建完善质量控制体系。盘石构建了完善的业务风控体系，通过各种方式对业务进行监控和考察，如通过多维度的业务数据实时监控和报警系统以保证业务的持续平稳运行。①在客户甄选方面，在承接移动数字营销合同或订单之前，会对拟推广产品以及其相关竞争产品进行分析，对该等产品推广方企业经济实力进行考察，选择具备付款能力企业的优质产品进行数字营销推广，保证客户及推广源的质量；②在流量筛选方面，以展示量、转化率、客户群体属性、渠道类别等核心指标建立了流量接入评估体系，并对核心渠道所在地区进行实地考察，调研当地的网络、设备、使用习惯等，针对客户不同地域推广需求配对最有效的流量媒体种类，保证展示媒体的优质；③在技术研发控制方面，公司采用技术迭代设计方式，在产品设计和开发等阶段嵌入多阶段迭代测试，在产品上线前进行内部多个技术团队审核，控制产品的质量。

（5）"三驾马车"齐头并进。2019 年，盘石以大数据技术为核心，SaaS、出海业务、社交电商"三驾马车"齐头并进。2019 年，盘石发布了超级 SaaS 平台，构建 SaaS 产品服务生态闭环，打造 SaaS 服务的超级应用商店，通过数字技术的产品和服务，帮助传统产业全方位实现信息化和智能化；盘石 RockyPlay 随着"一带一路"沿线国家，将海外布局拓展至 30 多个国家与地区，会员用户超 1 亿人，月活超 3000 万元；社交电商推出"超级个体"孵化计划，要让所有消费者都成为品牌代言人，在全国培育年薪百万的超级个体。2019 年，盘石还进入了"网红"经济领域，"中国网红吉林行"活动在长春举办，全国超过 500 位知名"网红"主播参与直播带货。

7.3　盘石的盈利模式

在盘石集团 2020 全球新石代年会上，盘石集团董事长田宁称，公司 2019 年营收较 2018 年实现 280% 增长，其中海外收入占到近一半，预计 2020 ~ 2021 年的净利润分别为 4.5 亿元和 7.8 亿元。盘石 RockySaaS 软件服务累计服务传统实体企业和中小企业近 100 万家，拥有 100 多家游戏和电商大客户，平均每个用户每月贡献的业务收入（APRU）大约 2000 万元；此外，公司还有 2 万多家中小企业客户，APRU 约 6 万元。盘石 Rockyplay 数字文化出海平台，全球的会员用户突破 1 亿；盘石电商平台公销社电商会员累计入驻数超 72 万。2019 年企业在职员工较 2018 年增长 50% 左右，其中驻海外员工近 1000 人。

由于目前盘石的主要业务属于互联网产业，业务的快速发展需要一定规模的资金与之相匹配，而盘石已具备与业务规模相匹配的筹资能力。一方面盘石运用自己研发的盘石网盟快速进行市场拓张，另一方面积极对接资本市场，结合业务发展情况通过引入战略投资满足持续发展需要，2016 年底，公司直接股权融资约 5 亿元。2018 年 10 月，盘石更是完成新一轮 22.5 亿元融资。融资完成后盘石的估值为 102.5 亿元。公司不仅早已实现了业绩的扭转，而且处于飞速成长期，具有较强的增长潜力和持续经营能力。

资料来源

魏江：《细分市场，精准营销——浙江盘石信息技术有限公司商业模式研究》，《浙江经济》2012 年第 1 期。

李培胜：《盘石网盟从用户布局到精准营销的演进之路》，东北新闻网，2015 年 6 月 5 日。

李小平：《网络营销"神器"盘石来了 或成下一个千亿神话》，证券时报网，2015 年 11 月 13 日。

邹冉文：《以万变应不变，创新是未来唯一出路》，《每日商报》2020 年 1 月 6 日。

《盘石田宁：服务中小企业拥抱产业数字化发展与海外传播》，中新网，2019 年 10 月 23 日。

顾宁馨：《盘石争做一带一路文化出海排头兵》，浙江卫视新闻，2019 年 4 月 26 日。

 经验借鉴

盘石始终致力于数字经济、互联网大数据技术革命驱动的全球新经济建设与发展，在全球部署了盘石云大规模数据中心，不断开发新服务，探索出一条营销转型之路。简单来说，盘石公司商业模式发展的主要经验如下：①以万变应不变，创新是未来唯一出路。盘石持续不断推出各种数字文化出海产品为东南亚、非洲等发展中国家带去更多快乐，用 SaaS 聚合生态平台帮助更多中小企业进行数字化转型，用社交电商新零售平台让更多小 B 创业者成为"超级个体"。②发力电商、营销等 SaaS 生态布局。盘石努力构建跨平台、跨功能、跨行业、聚合应用场景的 SaaS 生态开放平台，并进一步洽谈引入更多第三方合作伙伴和积极投并购，寻找优质的 SaaS 企业标的，以打造全球 SaaS 生态，赋能更多企业发展。③拥抱产业数字化发展。如今"80 后""90 后"是消费主体，他们带动了当下流行的电视影视文学、数字音乐、直播平台、社交电商等产业发展。盘石通过了解年轻群体的喜好、消费体验、购买方向，做他们喜闻乐见的优质内容，不断进步、不断创新，进而实现企业拥抱数字化经济发展。④积极顺应国家发展趋势。自习近平主席提出"一带一路"倡议以来，盘石紧跟"一带一路"背景下的全球化发展新趋势，开始移动互联网时代的全球化布局。同时把握中国文化软实力不断提升的契机，聚焦有中国特色的优质内容，瞄准移动互联网市场增长速度最快与市场潜力最大的亚非拉发展中国家，实现文化出海。⑤推广突围突变。表现为新型推广模式爆发，过去的推广方式是单向的，而现在每一个创业者都可以通过自媒体吸引客户、"粉丝"，把营销成本、中间成本降到最低。盘石实现渠道突围突变，不断发展"网红"模式、社交模式等新型电商模式，推动中国消费者愿意为国货埋单。

本案例启发思考题

（1）多元化战略可以细分为哪两种战略？

（2）多元化战略有什么优势与劣势？

（3）谈谈盘石开拓新业务的原因？

（4）谈谈对企业数字化转型的看法？

（5）营销企业如何进行数字化转型？

（6）盘石商业模式成功的关键要素有哪些？

8　云集：赋能宝妈的社交电商新物种

公司简介

云集是云集共享科技有限公司旗下电商平台品牌，品牌旗下产品主打社交驱动的会员电商平台，旨在为电商平台会员提供美妆个护、手机数码、母婴玩具、水果生鲜等品类的商品选择。2019年5月，云集在纳斯达克正式挂牌上市。这家成立仅几年的电商平台，在高集中度且增长趋缓的行业格局中打开了自己的局面。"社交驱动的精品会员电商平台"，云集在官方渠道这样

"介绍自己"。面向用户，云集平台采购、提供具备性价比等优势的产品，付费会员则将享受商品价格、品质方面的更多权益。而成为会员的用户，其店主身份同时激活，云集店主在社交网络中进行商品的分享与分销，从而实现社交化的网络零售策略。与此同时，平台通过商品、配送甚至是营销策划等各个方面的运营，为店主提供全方位的商业支持。一系列创新选择与活动的推进造就了云集现今独特的商业版图。

 案例梗概

（1）云集 APP 借力社交媒体，实现社交驱动购买。
（2）颠覆原有买卖关系，寻找新模式留住客户。
（3）发展自有品牌，注重性价比，持续打造爆款。
（4）采用会员制度筛选用户，确定主要服务对象。
（5）多方位的电商渠道系统实践"社交电商"模式。
（6）用户关系建设，解决消费者痛点，发展社会化推荐模式。
（7）从商品定位与策略出发，打造云集生态合作圈。

关键词： 社交电商；性价比；社交驱动；社会化推荐

 案例全文

8.1　云集的成长

2019 年 5 月 3 日，云集成功登陆美国纳斯达克。当日 21 时 30 分，创始人肖尚略于西湖畔远程敲钟，上市钟声在杭州、纽约两地共同响起。上市首日，云集股价涨幅约 28.64%，收盘价为 14.15 美元/股，公司市值达 30.87 亿美元，股价盘中最高曾升至 18.20 美元/股。这家成立仅约四年的公司，一时间成为光彩照人的电商新秀。

云集奇袭般的成长故事其实早已悄然开启。2016 年 6 月，云集单月销售额突破 1 亿元人民币；2017 年"双 11"期间，总成交额破 10 亿元，"双 11"当天成交额超过 2.5 亿元；2018 年 1 月 12 日，云集注册店主人数突破 300 万，同月 14 日单日注册店主人数破 3.8 万……一个个突破性的数字，见证了公司的迅猛发展与成长。而当上市的钟声响起，"云集"的名字再一次登上各大媒体的"头版头条"，并以更大的势能走进公众的视野。"云集到底是一家怎样的公司？""为什么它可以在短短五年左右的时间里成长至如此巨大的规模和体量？""在电商行业格局趋稳的背景下能够开辟出自己的发展空间，云集有着怎样的独特模式和努力？"这一系列的问题，成为业界关注的焦点，也吸引着人们不断去思考其背后的逻辑。

8.2 云集的探索

8.2.1 产品/服务

云集作为社交电商，它区别于传统电商的一点在于社交信任，即通过社交媒体的形式（微博、微信等）获取用户并对产品进行展示和分享，从而引导用户完成购买的一种模式。2015 年起，电商市场交易规模的增长已经呈现出较为明显的放缓态势，2018 年的电商交易总额增长率降至 8.5%。与此同时，电商平台的市场集中度居高难下，行业格局整体趋稳。在云集"出生"的 2015 年，阿里系和京东便占据着中国网络零售 80% 以上的市场份额，下沉市场又被拼多多牢牢把握，云集在"马太效应"凸显、竞争形势严峻的行业中生存与发展，实现逆势增长的缘由，在于云集的差异化产品。

（1）云集 APP 三大频道：闪购、超市、专柜。2018 年底，云集平台买家超过了 2320 万，店主（交易会员）达到 740 万，其中 65% 用社交网络进行了产品推广，成交总额（GMV）中会员贡献占比为 64%，买家复购率达到 94%。云集 APP 上提供三种销售形式的购物模块：闪购、超市、专柜。

1）闪购：每天上午 9：00 开始，提供限时限量的打折产品。选品团队通过定期分析历史数据，同时参考季节性、用户反馈进行产品投放，以确定促销时间、产品类型。

2）超市：网上杂货店，提供高频消费品如牛奶、水果、小吃。面向核心会员（女性尤其是年轻妈妈）上线超市界面。

3）专柜：是新发展的业务，通过平台销售特定品牌的商品，不设定时间限制。

云集早期以自营销售为主，目前也开展第三方平台业务，为其他供应商招募店主，帮助品牌进行推广销售。支持分享和评论功能：会员可以通过社交网络去分享商品链接，云集 APP 为会员提供宣传材料。会员可以看到从其分享出去的链接产生的销售，并且获得对应的奖励。营造社区："发现"界面可以看到社区成员正在购买、分享的内容。会员可以撰写产品评论、上传照片，发表看法和分享经验。

（2）会员等于店主，"一站式"零售解决方案。云集 APP 目前包括两个版本，买家版、店主版。店主也就是云集会员，会员可以是个人或者企业。要成为云集会员，需要在平台上注册，并购买会员资格（目前注册费为 365元，终身制）。商品和采货模式：店主注册开店后可以在 APP 上进行货源管理。店主可以在云集上选货进行销售（相当于微店的自营业务），同样也可以销售自己的商品（相当于微店的第三方平台业务）。如果采购平台商品，商品既可以立即发货到店主，也可以选择保留在云集仓库，完成最终销售后再从云集仓库直接发往终端消费者。

会员是云集的主力销售团队，大部分会员是云集的"店主"。云集微店早期店主重点由传统商超及商场中的数千万线下导购员、中小分销商、孕期女性三类群体构成，这三类人群构成了云集早期的主要会员，这类店主有较多的闲暇时间，同时具备分享信息、推送商品的热情，有基于自己熟人的社交网络。但他们缺乏的是零售所需的商品供应链、营销推广技术工具、订单管理、物流配送服务、售后服务等能力。基于会员的特性，云集微店为这些会员提供"一站式"解决方案，包括商品供应链、营销推广、支付工具、仓储配送的整合服务。此外还为店主提供培训，系统地指导店主如何使用云集工具进行营销推广、店铺管理等。而店主则专注于营销环节，通过自身的流量和时间提高商品转化效率。

（3）销售品牌多样化。云集销售品牌包括三大类：主流品牌、新兴品牌、自有品牌。云集的社交推广模式，尤其为新兴品牌提供了价值，帮助这些品牌低成本进行推广、销售。截至 2018 年，公司的采购团队有 268 人，积极配合供应商进行品类的挑选，产品数量（SPU）较为精简：2016～2018 年末的SPU 数量分别为 837 个、2315 个、6613 个，整体来说云集的选品较为注重性价比，并且商品周转效率较高。

品类方面：由于云集早期店长中有很多是"宝妈"，因此最早发展的品类很多是奶粉、母婴用品等。根据 2018 年信息，国内云集微店合作厂家有万事利丝绸、雅培奶粉、恐龙家纺等，国外有澳大利亚德云乳制品、保健品牌澳佳宝等随着店主和供应商的增加，平台上的品类不断丰富，从 GMV 占比来看，2018 年 GMV 占比超过 10%的品类有：美容个护、食品及农产品、电子产品、服装箱包。此外，平台上还包括水果、电子消费品、家居产品等品类。

基于丰富的供应商资源、及时的消费者反馈信息，云集合作新兴品牌商开发自有品牌，目前公司的自有品牌有素野、Unibeauty 等。自有品牌目前也在转转等社交电商平台上进行销售。

8.2.2 云集的主要客户来源

云集 CEO 肖尚略曾说，创立云集的初心是"让买卖更简单，让生活更美好"。正是基于这种价值观，云集致力于为顾客提供优质商品，因此对于商品选购，云集采用"宽、少、精"策略。在云集 APP 上，从食品到服装到母婴到美妆家居再到数码小家电，品类非常丰富，天猫、京东中有的绝大部分品类都涵括在内。但在每一个品类里，云集都只选很少的品牌，每一个品牌都只服务于最优质、复购率最高、性价比最优、最具竞争力的产品。

云集的价值主张首先为其吸引了"宝妈"群体。中国的消费市场简单地说可分为 1 亿高收入人群、8 亿中等收入人群和 5 亿低收入人群。云集的目标用户则是 8 亿中等收入人群，而其中的核心用户聚焦于"妈妈"。云集的会员中 95%都是女性，86%都是"宝妈"群体，人数超过 5400 万的"宝妈"群体在家庭的消费决策中有着极高的影响力和话语权，她们拥有大量零碎时间和为全家人采购的需求。随着互联网发展，她们有的成了淘宝店家，有的成了微商和代购。云集选择妈妈作为核心用户，首先是因为妈妈是购买力最旺盛的群体。其次她们可支配的时间相对较多，是重度社交用户。可以说在云集 130 亿元的营收当中，起码有一大半来自"宝妈"。毫无疑问，云集的精准营销，使其找到了更适合会员的商品。这也是为什么云集在母婴产品、美妆的供应链上下大功夫，为消费者选择质优产品的同时也为有更多闲暇时间的妈妈们创造了一种简单的赚钱方式。

8.2.3 方式

（1）销售战绩背后的用户关系建设。

1）会员权益及收益。云集通过一系列的策略安排和实施，建立起会员这一消费主力群体与云集平台间的连接关系，巩固着会员对平台的黏度。用户要成为云集会员，需要花费 398 元购买一个大礼包，但可以同时获得 40 云币，这也意味着，用户并不仅是单方面付出。更为重要的是，会员权益将使其享受更具吸引力的价格；另外，有一些高品质的商品也属于云集会员专享的范畴，从而吸引着用户成为云集的会员，也吸引着会员在平台持续购物。同时，会员们亦能以个人店主的身份，通过社交分享赚取"销售佣金"（若用户成为会员，其个人店主身份便同时激活，有资质在云集平台上销售商品；因此，任何会员均有着个人店主的实际或潜在身份）。此外，当云集会员邀请普通用户成为新会员时，邀请者可以获得"云币"等奖励；而当"老会员"邀请成功的人数达到一定体量时，还可获得价值不菲、不同形式的"等级收益"，该制度主要针对会员中有着实际销售行为的个人店主群体。由此，云集店主可通过邀请新店主等方式获得层级上的晋升，进而能够享受"等级收益"；而获得"等级收益"之后，"高层级"店主的收入将不再仅仅依靠自己的销量，从而突破了自身社交边际对收入的限制，使收入水平得以更上一个台阶。在该收益制度的驱动下，店主数量会产生"裂变"的效果，有助于销售表现的提升。与此同时，这套收益体系也激励着普通用户成为一名会员，进而成为一名店主。店主收益制度总体上进一步提高了云集平台及会员身份对用户的吸引力，激发了会员的能动性，促进了会员体量的增长。

2）智能推荐。云集高度重视企业在大数据、人工智能等方面的技术能力的发展，以期利用这些技术来切实提升用户体验。云集在招股说明书中说明将进一步优化基于 AI 的推荐系统，为每一个有不同需求与偏好的会员及用户推送最适合的产品。而除了在用户 APP 端的直接性的商品推荐或推送之外，云集还在根据用户意见反馈优化后续产品及推广策略，并基于用户的个性化需求反向指导生产厂家定制个性化的产品，发展完善"C2M"系统。云集通过这样的努力，试图更好地满足用户的商品需求。

3）基于社交应用的营销模式红利。云集的个人店主利用以微信为代表的社交应用，可将云集平台上特定商品的信息、链接推荐与分享至自己的社交网络中，进一步达成销售。商品的社会化推荐，免去了受众（普通消费者）在电商平台上斟酌、选购商品的冗繁过程，受众可以直接通过云集会员推荐的相关信息、内容、链接来了解乃至最终购买商品。在社会化推荐的模式下，商品被更精准地推荐给周边的人，实现了商品和需求的低成本（相比投放搜索引擎和品牌广告等传统流量获取手段，社交流量的获取成本较低）、高效连接。同时，云集对商品性价比等的战略追求，保障了平台的"产品力"。而"产品力"又使用户对个人店主的信任得以存续乃至巩固，进而使得社会化推荐的模式得以持续发展。此外，"产品力"也直接提升了用户对云集平台的满意度，强化了用户与平台间的关系。

（2）多方位的电商渠道系统。

1）云集 APP。用户可以直接通过云集的官方应用购买商品。具体地，云集 APP 有三种主要的销售模式或购物入口，分别为特卖、超市与专柜。特卖模式是在有限的时间段内销售有限数量的折扣产品。为了更好地满足用户需求，云集平台会定期分析历史数据、季节周期、用户反馈等，从而确定不同日期与时段的供给商品。平台也会调整优化产品组合以促进销售。具体地，云集选择特定品牌的特定商品进行"限时特卖"，前期通过社群等渠道、利用宣传素材等进行充分预热，让商品在短时间内受到脉冲式流量的抢购，形成"爆款孵化器"的效果。超市模式则被云集打造为销售会员日常生活所需商品的线上百货店。此外，云集专门针对某些品牌开设专柜，用户可通过专柜来购买特定品牌的商品。

2）社交平台。微信、QQ、微博等移动端社交 APP 成为云集实践"社交电商"模式的重要基础，也成为云集的重要销售渠道。而在互动体验和碎片化流量方面表现强势的微信，其渠道地位更为卓著。具体而言，个人店主可以将商品信息、宣传材料分享至朋友圈、客户群乃至微信好友个体，受众可接收信息，并点击进入链接完成购买行为。为了促进销售，云集会对店主的分享推荐技巧提供指导，并在后台统一输出优质的宣传材料。而通过社交应用等的传播，商品可迸发出巨大的销售能量。例如，在目前庞大的店主规模的基础上，大量店主在同一天向微信群、朋友圈中推荐同一款产品，便极可能使该单品获得可观的销量与销售额。据悉，云集 2018 年 SPU 数目仅 6613个，但平均单品销售额高达 343 万元人民币；其亦创造过"30 秒卖出 32 万枚鸡蛋""一天卖出 8000 万片面膜"等销售成绩。与此同时，在"商品社会化推荐"的逻辑下，云集会员或个人店主还可能在线下的社交场景中，向朋友分享、推介云集平台上的在售商品，并最终通过网页链接等完成销售行为。总的来说，云集通过官方 APP、以微信为代表的社交 APP，构建起集成性的移动端电商销售渠道。而从另外一个角度来看，产生推荐分享行为且受众完成购物的云集会员或个人店主，则可以视作云集平台的分销商，也正是庞大的分销商群体，保证了云集在销售端的巨大势能。除此之外，个人店主利用云集后台统一提供的商品文案和图片，通过微信等社交媒介进行分享，实现了商品、品牌的宣传。据悉，云集目前还拥有 8000 多活跃在全球各地的"网红型用户"，"她们帮助品牌做溯源、信任背书，是云集微小的代言人和媒介"，帮助云集实现了品牌与一般用户间的沟通。

（3）携手共进。

1）供应商。云集从商品定位与策略出发，筛选、过滤出符合其准入标准，能够为云集带来高性价比的优质商品的供应商合作伙伴。2019 年 3 月 22 日，主题为"同心聚力云耀未来"的云集战略合作伙伴签约发布会在杭州举行，40 余家国内外美妆、食品品牌与云集签订了战略合作协议。而在不久后的 4 月 12 日，云集再度举办签约发布会，并与 43 家国内外一线手机数码、母婴、家居家清家纺、家电类品牌订立了战略合作协议。至此，云集已经和包括达能、维达、美的、富安娜、科大讯飞、OPPO、VIVO、创维等多家品牌在内的供应商实现了战略合作。2015～2019 年，云集已经基本完成了从 0 到 1 的探索。现在云集平台上面活跃着 1000 多个品牌，这些品牌与云集之间形成了紧密的、高效的协作。同时值得关注的是，云集并不仅仅选择高知名度的成熟品牌作为上游供应商，而是规划形成了由主流品牌、创新品牌和自有品牌共同组成的供应商版图。云集曾推行"三个 500"的供应商合作策略，具体指"500 个知名品牌、500 个创新品牌、500 个品质工厂"。云集分别为这三大类别的合作伙伴进行了不同维度的赋能：使它们的渠道更加下沉；提供更加有效的、高效的传播；赋能于更多的有优质生产能力，但缺乏一定品牌能力的品质工厂，帮助它们将好的产品销至全国，销至更多的家庭。

2）物流。除了产品的供应商外，云集也逐渐构建起物流层面的合作网络。云集与 EMS、顺丰、京东物流等多家知名物流企业均签有合作协议。通过整合优质物流资源，云集建立起物流体系与平台，并由自己主导整个供应链。而除了与传统意义上的物流企业携手外，云集还通过企业合作来进一步提升物流的信息化乃至智能化水平。2019 年 5 月 13 日，云集与聚水潭、网店管家、旺店通、E 店宝、百胜 5 大电商 ERP 在杭州签订战略合作协议，宣布将携手推进电商物流信息化的深度合作，以期共同搭建高效稳定、安全可靠的电商物流支撑体系。此外，随着商业版图的日益扩大，云集的合作步伐未曾停下，其与阿里云、腾讯云、中国联通、微吼直播等企业也都展开了合作，为企业发展注入新的动力。

（4）打破常规试水农产品，扶贫与消费相结合。此前，由于农产品在仓储保鲜、物流配送、产业链信息等方面相比其他都市化产品有所欠缺，所以鲜有社交电商将农产品囊括在零售范围之内，而云集微店看中了零售市场上农产品的空白，打破常规试水瓜果生鲜方面的农产品销售，从产品质量控制到包装设计到仓储物流再到微店平台的销售推广，各环节都有专人负责，各司其职，整个过程高效运转。2017 年 5 月 15 日，云集微店联手浙江大学 CARD 中国农业品牌研究中心共同发起"云集农业品牌孵化行动"——"百县千品"项目，计划在 3 年内培育 100 个地理标志农产品品牌。将扶贫与消费相结合，推动贫困地区经济发展。盲人店主王女士将家乡的禾田牧歌大米推荐给云集微店，两个月时间销售量高达一万多袋；安徽界首 10 多万吨滞销土豆通过云集微店 40 秒即卖完；洛川 10 万斤苹果在 3 个小时售罄；新疆阿克苏苹果更是受到消费者的一致好评。据统计，截至 2017 年 8 月，云集微店已经为农民企业家解决了 130 多吨滞销的水果和蔬菜。首次进军农产品市场，云集微店即取得惊人的销量和业绩，不仅为农产品品牌的培育和壮大提供了稳固的销售平台支撑，更为地区经济的发展起到了重要作用。

8.3　云集的盈利模式

根据云集招股书，目前云集的收入有三大来源，即商品销售收入、会员项目收入以及其他收入，前两者为主要收入来源。2018 年公司总收入 130 亿元人民币。云集的收入增长迅猛，其中，商品销售收入、会员项目收入均高速增长。此外，从云集各项收入占总收入的比重来看，在云集的各种收入来源中，商品销售收入贡献最高，而会员项目收入也占有较大的比重。同时 2018 年云集 GMV 的 66.4% 由会员创造，这也体现出云集作为"会员电商"的重要定位。在毛利率方面，2016～2018 年云集整体毛利率分别为 24%、20%、18%。云集的营业成本费用主要包括 5 个方面：销售成本、履约支出、营销费用、研发支出、行政支出。而云集毛利率的下降很大程度来自云集履约支出、营销费用的攀升，这主要由于销售规模扩大所带来的仓储物流费用的增加与会员体量激增引起的会员管理费用的增加，销售和营销人员数量扩充引致的相关人力成本的增加以及更多的品牌业务推广活动所导致的市场推广费用的增加。

8.4　风险与挑战

目前来说，云集对店主的奖励模式潜在一定的政策风险；拓展新品类可能导致公司毛利率继续下降，影响盈利情况；开放第三方平台可能导致商品质量、周转率下降；社交电商同类竞争企业对公司的流量造成冲击；阿里等互联网企业发力中小企业服务业营销市场，对基于腾讯体系的社交电商带来冲击。云集的迭代故事还需继续。

资料来源

马向阳：《电商新秀"云集"的商业模式》，《中国管理案例共享中心》2019年6月。

倪华：《云集：基于社交流量的会员制电商，为中小卖家提供一站式零售解决方案》，《方正证券研究所证券研究报告》2019年3月24日。

苏晓华：《云集：赋能宝妈的社交电商新物种》，《中国管理案例共享中心》2019年6月。

魏雨：《多家品牌密集战略签约云集——借会员电商加速渠道下沉》，《电商报》2019年4月16日。

 经验借鉴

作为社交电商的代表，在中国"宝妈"以及其他会员的支持下，登陆纳斯达克的云集上市首日股价涨幅约28.64%，收盘价为14.15美元/股，公司市值达30.87亿美元，股价盘中最高曾升至18.20美元/股。云集的成长给我们带来的启示如下：①注重潜藏的消费力量。宝妈群体是一个社交属性极强、有着良好的社交网络，同时可支配的时间较多的群体，但她们的时间被严重碎片化，个人价值存在被弱化的情况，在此背景下云集捕捉到了上述问题，将像宝妈一样的潜在群体聚集起来，借鉴社交裂变逻辑，形成一个巨大的流量网络。②社交驱动。云集抓住了社交电商的流量红利，通过店主在微博、微信等社交平台的分享（社交流量），获得源源不断流量的同时，基于社交连接的信任关系，购买转换率会更高，流量会更加精准。在云集去中心化的社交零售模式下，利用店主推荐，用户也能省去了选购的过程，降低商品筛选的时间成本。③集中采购式供应链。供应链对云集的意义尤其重要，优质而低成本的供应链成为云集的又一重要资源。"优质"得益于云集"精选式采购"的导向，云集对供应商产品的品质有着较为严格的把控。而前端大量、稳定的产品需求所形成的规模效应又使云集的供应链成本得以削减。此外，云集削减产品流通的冗余环节，降低供应链成本。④对接社会化零售力量。

云集针对当前市场存在的大量闲置边缘零售力量，开创了一套 S2B2C 的标准化作业模式，将以前电商创业者需要考虑的供应链、物流、培训、IT、内容等六大要素全部标准化打包，成功扩大了销售出口。⑤电商渠道多方位多样化。云集在通过官方 APP、以微信为代表的社交 APP，从水农产品、母婴玩具、美妆个护等多方位，构建起集成式的移动端电商销售渠道。保证了云集在社交销售端的巨大势能。

 本案例启发思考题

（1）商业模式是什么？

（2）如何描述云集现行的商业模式？

（3）与传统电商相比，云集作为社交电商的商业模式有何创新？

（4）云集的商业模式可持续吗？可能面临的问题与风险有哪些？

（5）区别于其他电商平台，云集所提出的创新性价值主张是什么？

（6）哪些资源或资产对于云集的战略实施、业务流转等有着至关重要的作用？

（7）未来社交电商将如何发展？

9　曹操出行：乱世出新，"领跑" B2C 模式

 公司简介

曹操出行是世界 500 强车企吉利科技集团布局"新能源汽车共享生态"的战略性投资业务，是"互联网+新能源"出行服务平台，依靠"新能源汽车+公车公营+认证司机"的 B2C 运营模式，致力于成为"互联网+出行"领域，首个建立新能源汽车出行服务标准的专车品牌。其秉持"低碳致尚、服务至上"的价值观，将全球的互联网、车联网、自动驾驶技术以及新能源科技创新应用于共享出行领域，为用户提供安全、便捷、低碳、高品质的"一站式"出行解决方案。2019 年 2 月 14 日，曹操出行宣布"曹操专车"升级为"曹操出行"。2019 年 11 月 15 日，胡润研究院发布《世茂海峡·2019 三季度胡润大中华区独角兽指数》，曹操出行以 100 亿元人民币估值上榜。

案例梗概

（1）吉利科技集团提供系统支持，为曹操出行提供定制化的新能源车型支持。

（2）打造 B2C 专车商业模式的运营，专车公司自备车辆和专业驾驶员为用户服务，形成差异化优势。

（3）选择走垂直生态战略，面向细分市场纵向整合，专心服务于中高端出行市场。

（4）培养优质服务专业司机优势，为用户提供安全、便捷、低碳、高品质的出行体验。

（5）打造汽车出行生态圈，通过运营和采集出行大数据，指导汽车研发设计与生产。

（6）推动新能源汽车产业的发展与普及，改善出行体验与生活环境。

关键词： 网约车；共享出行；新能源汽车；B2C 模式

 案例全文

近年来，我国部分城市采取限行、限牌措施，为购车带来了较大阻碍，同时油价和日常停车费以及汽车保险、养护、维修等费用高昂，造成了较高的养车成本。城市限牌限行和高昂的养车成本催生了共享出行模式的热潮。在共享理念下，私家车出行减少，人们的购车意愿下降，专车作为一种出行共享模式，能够很好地满足人们私家车出行、私人购车的本质需求。得益于政府对公共交通的引导以及移动共享出行的日益成熟，公共交通和共享出行模式将受到更多消费者的青睐；2017 年，分时租赁、P2P 租车、拼车及顺风车业务总市场规模刚过百亿元，且营利性、成长性前景并不乐观。相比而言，中国网约车市场经过 5 年的发展，2017 年交易额已经突破 2000 亿元，市场格局已定，未来前景相对明朗。网约车是整体汽车行业和移动出行行业发展的缩影，平台化、新能源化和智能化是网约车市场未来发展的三个重要方向，随着核心技术成熟、配套基础设施完善、商业模式落地，网约车市场将迎来发展新契机。

9.1 曹操出行初现

全球汽车"电动化、智能化、网联化、共享化"的发展正推动着城市交通系统与大众出行方式的变革。随着出行生态的巨变，新兴造车势力以及互联网公司等新生力量正在不断涌现，传统造车企业也开始思变，整个出行行业正处于转型和创新发展的关键机遇期。为进一步探索共享出行行业未来的发展路径，眼下国内的网约车市场，颇有东汉末年，三国鼎立的味道。2010年，易到用车几乎与Uber（优步）同步进入中国，改变了传统的打车方式。随后，神州专车、滴滴、快的相继开拓专车业务，以共享模式进军网约车市场，甚至有"百家争鸣"之势。而在一番激烈竞争后，滴滴与快的合并为滴滴出行，而后滴滴出行与优步（中国）合并，优步继而退出中国市场。此时，市场只剩滴滴出行、易到用车和神州专车，曹操出行就是这时出现的。据艾瑞咨询的《2016年中国移动端出行服务市场研究报告》可知，滴滴独占鳌头，占据了专车市场的84.1%的份额，而根据速途研究院发布的《2016年中国移动出行市场报告》可知，移动出行品牌关注度中滴滴出行占69.6%，神州专车占据了8.7%。可见曹操出行进入网约车市场时，平台竞争极为激烈，并且滴滴出行、神州专车已经占得先机，如何凸显自己的特色，在已经成熟的市场中占得一席之地，是曹操出行所面临的重要问题。

曹操出行入场时，巧妙地避开了用户培育期，直接进入市场成熟期，但面对竞争日益激烈的市场环境，创新是必选之路。分析目前网约车的运营模式，主要可分为B2C和C2C，或两种相结合的方式。神州专车和首汽约车以B2C为主，同时以吸引私家车加盟方式为辅；易到和滴滴出行主要以C2C模式为主，同时也配有少量的自有车辆。滴滴出行作为国内网约车平台的典型代表，让人们经历了从伸手拦车到手机客户端叫车的巨变，并以补贴大战，吸引了大量用户，实现了网约车出行的普及化。而作为网约车市场的后起之秀，曹操出行则另辟蹊径，定位于新能源专车的发展方向。曹操出行专注于"打造新能源出行的模式，为用户提供安全、便捷、低碳、高品质的出行解决方案"，并将奉行"高峰不涨价、路偏不拒载、司机服务好、安全有保障、环保无污染"的标准。

2015年11月25日，曹操出行在宁波上线公测，正式宣告了曹操出行迈入网约车市场，"曹操"终于踏入战火纷争中，为实现自己的梦想奋战。2015年6月，时任浙江吉利控股集团副总裁、康迪车业销售和营销总裁的刘金良从传统汽车销售跨越到了互联网专车，成为"曹操出行"项目的负责人，谈到曹操出行的名字，刘金良表示："古有曹操千里奔驰，赶赴洛阳救驾汉献帝，并留下'说曹操，曹操到'的典故，现在，曹操出行要让街头巷尾能够

'叫曹操，曹操到'的叫车体验！这是我们想要做到的。"

表 1　B2C 专车对比

专车品牌	神州专车	首汽约车	曹操出行
特色	满足中高端商务用车	满足中高端商务用车需求	新能源出行，提供低碳、高品质的出行解决方案
运营模式	B2C	B2C	B2C
车辆来源	自租车辆	自有车辆（京 B 牌照）	吉利集团自有车辆
司机	专职	专职（京户）	专职
市场定位	中高端	中高端	中高端
计价方式	传统定价，溢价	传统定价，溢价	传统定价
车辆分配	随时待命，平台指派	随时待命，平台指派	随时待命，平台指派

9.2　发展历程

正所谓商场如战场，曹操出行要想在网约车市场上划分一块版图，需用谋略征战才能取得一席立足之地。首先在市场选择上面，曹操出行发布之初，避免与滴滴出行直接在一线城市对抗，依托大本营宁波在政府关系上得天独厚的优势，从二线城市开始积累网约车运营经验，然后出于对品牌定位的考量，利用一线城市的宣传效应，提升市场知名度。当运营经验和品牌效应兼具之后，曹操出行通过"城市加盟"的方式，向低线城市进行模式复制，以实现规模的扩张。其次在模式选择上，背倚吉利，采用与滴滴起步不同的重资产 B2C 模式，由专车公司自备车辆和专业驾驶员为用户服务。最后曹操出行以新能源低碳高品质出行为差异化卖点。2017 年 3 月，曹操出行成为国内第一个拿到网约车牌照的新能源汽车共享出行平台。新能源汽车的发展可以说是新时代发展的产物，所以新能源汽车的发展也得到了政府的大力支持，由此，曹操出行在互联网共享出行业内异军突起。

曹操出行的出现也使吉利从传统制造商，向道路运输服务商和内容提供商转型。曹操出行董事长刘金良曾说道："不做出行市场，我们造车，眼是瞎的。你不参与出行市场，你不知道造什么车。你会失去这个市场，可能沦为代工者。"他还指出，美国的通用、福特，欧洲的奔驰、宝马，日本的丰田、本田都参与出行了。汽车厂商参与出行市场已经是大势所趋。例如，大众汽车集团打造了未来专属城市移动出行的机器人出租车"SEDRIC"，并在出租车和公交之间开辟一个高端共享小公共的网约车拼车平台"MOIA"，还有一级零部件供应商打造的类似"SERIC"的城市接驳小公共"e.GoMover"。因此，曹操出行的发展对于吉利的战略布局至关重要。

9.2.1　B2C 模式分析

曹操出行与其他网约车最大的区别在于，其采用的是 B2C 的运营模式。专车来源于投资方吉利集团，相应地降低了资产成本。曹操出行采用专职司机模式服务于高中端出行市场。如果说神州专车是为白领阶层提供高质量的服务，首汽约车致力于打造精致的高端网约车平台，那么曹操出行则是为高中端提供高品质、绿色环保的出行体验。其倡导"新能源出行的模式，为用户提供安全、便捷、低碳、高品质的出行解决方案"。网约车新政也为其后续发展提供了良好的政策支持。

曹操出行的主要参与方为乘客、曹操出行和司机。曹操出行作为信息枢纽为其他两方提供相应的约车服务信息和充电服务信息。针对线下部分的业务有：司机接到平台指派—同乘客联系—到乘客所在地点—接乘客—乘客享受出行服务。乘客通过 APP 下单可获得司机的相应信息；司机通过 APP 得到指派的订单并获得乘客的信息；到达目的地后，乘客使用支付宝、微信等进行线上支付。在此过程中，曹操平台对使用新能源车型的用户在行程中所实现的碳减排数量计入曹操碳银行中，减排数量可以累积并具有一定的收益能力。曹操出行提供消费的反馈，乘客和司机通过 APP 进行互相评价，平台对于行为不妥的司机和乘客均予以惩罚。

但 B2C 模式终究不是万能的，这种重资产模式让项目启动和运营步步吃紧。按曹操出行方面的话说，坚持公车公营，聘请司机，统一培训，注重乘客满意度管理，以规避网约车服务水平参差不齐、乘客安全无保障等问题，这种 B2C 重资产模式对于平台来说压力不可小觑。对此，刘金良也坦言了这种运营压力，"加入专车平台上的司机，我们都会给他们交"五险一金"，上岗之前还要对其进行专业培训"。据信息披露，在杭州，曹操出行司机平均月薪在 8500 元左右，加上车辆采购费、保险费、电费，公司每月在每个司机身上花费 1 万多元，这对刚起步的曹操出行来说是一笔不小的支出，只有保持继续发展才能支撑起高昂的成本。

9.2.2　曹操出行的垂直生态战略

"专车的本质是一个服务行业，而不是租赁行业。福特汽车在 2014 年就提出了由传统制造商向服务提供商转型的理念，作为吉利汽车，亦是如此。"有过六年星级酒店管理经验的刘金良如是说。

（1）曹操服务创新必杀技，定位高端。行业巨头滴滴出行采用了水平生态战略，陆续推出了专车、顺风车、快车、巴士、代驾等出行业务，打造出一个完整的移动出行生态体系。曹操出行则另辟蹊径，选择走垂直生态战略的路子，即面向细分市场，纵向整合，"专心"服务于中高端出行市场。

曹操出行立足于公商旅人群的专车需求，定位于中高端移动出行细分市场，通过纵向整合公商旅人群出行前、出行过程中并延伸至出行目的地的各种需求，提供多元化、高品质、个性化的服务，针对公商旅人群的出行工作生活圈，以专车作为服务的核心载体，打造一条完整的垂直服务链条，其提供的基础服务包括专人用车、团体用车、预约用车与安全用车。由于曹操出行定位于公商旅用户群，其根据用户群出行多元化与个性化服务需求的特点，大量整合本地生活服务资源，推出"+司机"增值特色服务。增值服务包括常规项目与特长司机服务项目，常规服务包括两大类：接送机和城际快车，后者包括保镖司机、翻译司机、导游司机、送文件、接送孩子上下学等个性服务。在专车行业中，司机被认为是满足顾客安全需求的重要保障之一。

（2）创新必杀技第二招，打造星级服务。良好的服务体验离不开后台技术服务的支持，但前台的服务设施以及前台服务人员的素质不容小觑。曹操出行在以其扎实的信息技术支持下，对于司机与车辆的选择更是"别有用心"。曹操出行从一开始就决心建立并严格执行一套专车星级服务标准，志在向航空服务业、星级酒店服务业看齐，建立一套专车服务行业的星级标准出来。曹操出行的思路非常清晰：优质服务的"专车司机+增值特色服务+新能源汽车+智能平台"系统，紧抓司机、车、服务这三大核心要素。

高素养专职司机：在专车行业中，司机被认为是重要的服务资源。对于曹操出行，更是如此，其视司机为最重要的公司资产。曹操出行坚持培养专职司机队伍，高标准进行甄选，招收的司机还需经过专业培训并获得英国伦敦出租车司机五星资质认证才能上岗。曹操招聘的司机有两种，一种是专职购车司机，另一种是专职租车司机。在司机薪酬方面，曹操出行为了保证司机服务素质，特别制定了"高底薪+高提成+高额保险"的"三高"薪酬机制。比照航空业和服务业的标准进行司机的服务礼仪培训，把服务完全礼仪化。曹操出行专门成立了"曹操学院"，每一名司机在接受面试、考试合格后，都要到曹操学院进行礼仪、沟通技巧和服务流程等培训。这些培训内容甚至包括脑溢血、心脏病的急救知识。2016 年，7805 名司机从曹操学院顺利毕业，为乘客提供专业优质的服务。

在车况方面，曹操出行配置了清一色的新车，随车配置着矿泉水、纸巾、湿纸巾、垃圾袋、Wi-Fi、纸笔、充电器、AUX 音频线、应急药箱、针线包、雨伞、鞋套等小物件，并摆放有序。曹操出行要求司机在出车前对车况进行清洁整理，致力于为消费者打造除了家和办公室之外的第三空间。曹操出行在车上提供无线网络，为消费者提供一个安全、舒适的乘车环境。

智能平台优化服务：曹操出行智能平台能为司机考勤，通过分析大数据得出司机提供服务的时间偏好，系统会自行进行订单匹配。由于使用纯电动汽车，汽车的充电续航问题对于服务质量的影响巨大。为了克服电动汽车的充电难题，智能平台还可以为电动车智能匹配周边的充电桩，保证安全高效运行。

9.2.3 拓展业务渠道，完善服务

（1）推出主打业务，体现 B2C 优势。曹操出行为了满足客户的需求，同时也为了不断地拓展其业务渠道，其在 APP 上不断更新功能。2019 年 2 月 14 日，曹操出行宣布"曹操专车"升级为"曹操出行"。曹操出行业务模块中的专车业务和帮忙业务模块是曹操出行的主打内容，也是真正意义上的网约车业务。

专车业务中的接、送机业务是其特色，提前输入航班号，就可以顺利地完成接机，免去了和司机预约沟通的麻烦，大大地方便了乘客。由于是公司平台分配车辆，平台既可以提前派车也可以就近派车，这样就避免了可能出现的司机因故取消订单，又没有附近车辆接单的问题，这也是 B2C 重资产运营的优势。

其中帮忙业务模块，类似于同城快递的业务，但是解决了其他平台无法解决的路程长的问题，既满足了客户对同城时速的需求，同时也满足了客户的放心需求。由于曹操出行是 B2C 重资产运营，这对客户物品的安全性起到了保障的作用，同时，曹操出行的价格相对其他高端网约车而言并不是很昂贵，这对于其他网约车而言是无法做到的。帮忙这一业务受制于运营车辆和

价格的限制，故而其他网约车平台在帮忙这一业务方面无法做到有效的扩张。

（2）新能源出行，为环保助力。当今社会，随着环境问题日益严重，解决污染问题、使用新能源已经成为大家的共识。越来越多的人在选择出行方式时偏爱于低碳交通工具，保护环境开始逐步成为当下的时尚潮流。作为"互联网+新能源"出行服务平台，曹操出行所提供的服务中包括了吉利帝豪EV纯电动汽车，真正做到"不让污染上路"。曹操出行在杭州已经投放了900多辆帝豪EV纯电动车，并将在太原投放2000辆纯电动车。据官方数据显示，使用纯电动专车，运营成本仅为普通油耗车的1/5，成本大幅度降低。

曹操出行还推出"曹操碳银行"业务模块，顾名思义，这一业务具备传统银行的功能，但其记录的资本为每一个客户使用曹操出行降低的二氧化碳排放量。此"银行"是曹操出行围绕人们低碳出行的偏好，鼓励更多的人加入绿色出行的队伍中所推出的。所记录的累积的碳减排量，并不是一个简单的数字，而是可以折算成商品或者货币的资本。用户在每一次乘车结束时，曹操出行APP会显示行程的碳减排数量，并根据全球碳价浮动将相应的碳减排量存入"曹操碳银行"成为个人碳资产。如乘客总行程花费时间9分钟34秒，路程总计3.4千米，则赚取了476克碳资产。此项资产可如货币资金一样交易，也可换成车费。曹操出行后续会推出用碳值抵扣礼品的平台，则此项资产可用于换取礼品，类似于移动的积分商城换取礼物的模式。"曹操碳银行"这一模块能够提醒客户不断地为环保事业奉献自己的一分力量。在这一模块中，平台还加入了与乘客互动的功能，乘客可以根据出行节约的资源和为环境保护做出的贡献兑换相应的礼品，这是将环保做到了出行中的体现，也将环保做到了娱乐中的体现，这不单体现了一个企业的责任，也体现了一个企业的胸怀。这一模块能够大大地激发客户的乘车乐趣和社会责任，同时也增加了与乘客的互动，保持客户的黏性。

9.3　曹操出行的生钱之道

吉利集团投资曹操出行开展出行服务，对吉利集团来说，一方面解决了吉利新能源汽车的库存周转问题，实现可持续发展：曹操出行全部采用吉利集团旗下吉利帝豪EV开展服务，增加顾客直观的乘坐体验，为吉利新能源汽车做免费宣传，增加吉利汽车销量。另一方面，顺应"互联网+"的势潮以及新能源的大趋势，吉利集团通过曹操专车实现从制造业到服务业的转型：曹操出行通过对用户使用习惯的大数据进行分析，然后反馈给吉利汽车的新车研发部门，这种联动效应给吉利产品开发带来巨大的帮助，"作为造车企业，必须要参与到整个交通出行解决方案中去，这样才能真正全方位了解和掌握用户的真实需求，造出来的汽车也才符合用户需求，所以，吉利汽车进入专车领域，这一步走得非常正确。"刘金良说。

另外，在用车高峰如上下班时间以及雨天等天气差的情况下，一般的网约车平台往往通过溢价的方式来提升服务提供者的积极性，即活跃司机的数量，同时降低服务需求的数量。但这种溢价方式往往影响乘客的服务体验。曹操出行虽无大规模的补贴，但从不溢价，因此赢得了不少用户的心。刘金良表示："溢价或许符合市场规律，却不符合吉利做出行的初衷。下雨天、早晚高峰溢价，就只有愿意出高价的人才能打到车。但曹操出行想解决的，是每一个人的出行问题。"由于采用新能源车辆，降低了车辆的运营成本，因此可以制定更低的价格，让更多的用户享受到更平价的专车出行服务。因此在当下专车价格一路上涨以及成倍的高额溢价的情境下，曹操出行的平价不溢价就显得更为难能可贵。

除此之外，曹操出行没有参与补贴大战，而是将资金大量地投入产品的研发、司机运维、车辆购置、推广方面，两年时间内投入了十几亿元。通过研发更为舒适、高效、低耗的产品，从而进一步降低运营成本，提高用户的服务体验。

9.4 未来展望

曹操出行未来将继续 B2C 模式，但将逐步去吉利化，与北汽其他主机厂开展合作，打造中国新能源汽车出行第一平台。此外，曹操出行的自由行产品已上线公测。而在飞行汽车方面，吉利即将实现去年收购的 Terrafugia 旗下的飞行汽车国产化，并销往美国。到了 2021 年，飞行汽车项目将在海南岛率先试运营，通过飞行汽车代替轮船让牧民更快地到达牧场。

虽然如今"曹操"势头强劲，但未来有太多变数。尽管如此，刘金良在展望曹操出行的愿景时说道："曹操出行未来的业务版图要打造成一个低碳、健康、共享的人车生活圈，运用云计算、无人驾驶、车联网、物联网、大数据等新技术及商业模式创新，以客户为中心理念进入可持续发展商业生态。代驾、自由行、顺风车、摆渡车、租车、传媒、拉货等诸多业务，都是曹操出行未来扩张的巨大空间。"

资料来源

张玲、郭磊、陈晓丽:《曹操出行商业模式创新——网约车乱世下的枭雄之路》,《中国管理案例共享中心》2019 年 11 月 8 日。

赵道致、杨洁:《说"曹操""曹操"到——专车市场杀出个曹操》,中国管理案例共享中心,2017 年 9 月 5 日。

杨现领:《专车行业:未来出行领域的互联网巨头》,《华创证券行业研究报告》2015 年 7 月 20 日。

 经验借鉴

面对竞争日益激烈的网约车市场,作为网约车市场的后起之秀——曹操出行,另辟蹊径,定位于新能源专车的发展方向,专注于"打造新能源出行的模式,为用户提供安全、便捷、低碳、高品质的出行解决方案"。在曹操出行的发展道路上,有很多值得借鉴的经验。①传统企业拥抱转型,运用大数据优化供应端产品设计。吉利集团通过曹操出行实现从制造业到服务业的转型,曹操出行通过对用户使用习惯的大数据进行分析,然后反馈给吉利汽车的新车研发部门,这种联动效应给吉利产品开发带来巨大的帮助。②积极寻找市场机会,善用政府新政。共享出行市场增长的背后,除受消费升级、移动支付普及、用户出行习惯变化等经济、技术、社会因素驱动,政策是影响共享出行发展的关键。新能源汽车的发展得到了政府的大力支持,其可以说是新时代发展的产物。曹操出行也因此成为国内第一个拿到网约车牌照的新能源汽车共享出行平台,在互联网共享出行业内异军突起。③差异化市场定位,避开行业巨头,走垂直生态战略。行业巨头滴滴出行采用了水平生态战略,陆续推出了专车、顺风车、快车、巴士、代驾等出行业务,打造出一个完整的移动出行生态体系。曹操出行则另辟蹊径,选择走垂直生态战略的路子,即面向细分市场,纵向整合,"专心"服务于中高端出行市场。④积极承担社会责任,为环保助力。曹操出行推出"曹操碳银行"业务模块,记录每一个客户使用曹操出行降低的二氧化碳排放量,围绕人们低碳出行的偏好,鼓励更多的人加入绿色出行的队伍。

本案例启发思考题

（1）结合案例及相关资料，了解网约车平台的行业背景，试分析曹操出行进入网约车市场时的宏观环境。

（2）分析曹操出行在网约车行业中所处的地位。

（3）曹操出行进入市场的路径是什么？

（4）曹操出行的目标顾客有什么特点？其提供什么类型的服务来提升顾客价值？

（5）网约车行业的其他 B2C 模式的专车还有哪些？与曹操出行的商业模式有什么区别？

（6）通过和其他 B2C 专车对比，能否分析曹操出行商业模式的创新点？

（7）以滴滴出行为代表的 C2C 模式有何种特点？

（8）试着为曹操出行的未来发展提供一些建议。

10　淘工厂：从连接到赋能

公司简介

淘工厂是 2013 年阿里巴巴旗下 1688 平台事业部上线的连接淘宝卖家与工厂的平台，旨在解决淘宝卖家找工厂难、试单难、翻单难、新款开发难的问题，为电商卖家与优质工厂搭建的一条稳固的桥梁，帮助工厂实现工厂电商化转型，打造贯通整个线上服装供应链的生态体系。连接电商卖家和工厂，将懂电商但不懂供应链的电商卖家，和懂供应链但不懂电商的工厂撮合起来。淘工厂通过聚合海量工厂，覆盖消费品行业类目，通过满足电商柔性供应链开始，逐步向线下品牌渗透，向周边国家渗透，未来将覆盖整个供应链条。淘工厂与电商、大型品牌等销售渠道平台型组织者形成供应网络，能够即时而便捷地满足客户多样化需求，并在此基础上提供设计、管理等生产型服务，形成销售渠道驱动的生产即服务（MaaS）模式。

案例梗概

（1）构建"极端链路"，提供直营与联营，为中小工厂提供小订单解决方案。

（2）推出垂直细分模式，立足中小工厂，专为定制化需求而生。

（3）注重品控，打造线上产业带+线下产业园的创新模式。

（4）深入渗透，整合分散闲置的资源，实现精准匹配。

（5）洞察个性化需求，建立快速反应的供应链体系。

（6）关注中小商家，打造全中国最大的服装类供应链服务平台。

关键词：赋能；链接；供应链；创新

 **案例全文**

10.1　淘工厂是什么？

淘工厂践行的是 C2M 模式，具备去库存、去中间商、以量定产的特点，使各方价值最大化，也推进了制造业供给侧结构性改革。C2M 模式一端连接制造商，一端连接消费者，通过构建"极短链路"去掉库存、物流、总销、分销等中间环节降低成本，使用户可以买到高性价比的产品。自 2013 年成立以来，淘工厂摸索出了一套不断完整且逻辑自洽的体系。淘工厂深入制造端，用数字化改造的方式提高工厂规模化生产效能，提高商品品质、降低商品价格，在给产业链赋能的同时，给用户提供极致性价比的商品，实现可持续发展。目前，淘工厂主要经营模式有以下两种：

10.1.1　直营供货模式

对于无淘系店铺以及电商能力弱的商家采用直营模式，工厂负责供货即可，与淘工厂直营店签署协议，直营店负责全方位的商品运营服务、销售服务、物流服务以及供应链管理服务。

10.1.2　联营供货模式

针对工厂型商家，已有淘系店铺且有电商能力的，建议用联营模式。同时，针对不同的供货模式，淘工厂提供了三种针对 C2B 的方法：

（1）代理商。三个品牌之间授权。代理商分为三个等级，即铜牌代理、银牌代理和金牌代理。根据年进货额享受不同的返点政策，对于参加活动的代理，提供库存保障服务。

（2）批发商。适用商家为淘宝店家、拍拍店家、独立 B2C 商城等网络销售渠道。办理批发进货手续简单、费用透明、免加盟费，没有强制性的配货，让经营没有风险，起批金额最低 2000 元。

（3）专属定制。所有商品均为厂家直销，零中间层，零批发加成，让用户采购到最优质、最低价的时尚商品。一般款式的商品不超过 7 天出样板，订单确认后生产可以在 20 天以内完成。

另外，淘工厂还为中小工厂的小订单提供解决方案。不定时在各大商品基地举办各种各样的交流活动。众多本地工厂可以拿着自己的"作品"，与线上卖家进行亲密接触：除了简单的产能订单对接，还能改善设计服务。简单地说，就是工厂不再只是线上卖家的加工厂，而是既有加工能力，又有设计水平的"服务商"。从过去的靠代工吃饭，到变身网商定制，再从阿里巴巴淘工厂等平台获得设计赋能，这些中小企业正在努力实现从"制造"向"智造"的转变。加工型企业触网，变身"共享工厂"。"入驻淘工厂不到 10 天，我们就接到了 1700 多件（价值 11 万元）的订单，之后又有 5 万元和 2 万元的返单，最近又有返单，等于连续追加了 3 次订单，而传统贸易一笔订单最多追加一次。"桐乡亨奴服饰有限公司相关负责人余群说。淘工厂将淘宝商家的生产需求如订单件数、工期等，与工厂有能力接单的产品类型、剩余产量等信息同时发布在网络平台，供需双方双向选择。一方面解决商家找服装加工厂难的问题，另一方面通过分享闲置生产线的模式，提升工厂的生产效率。

传统制衣厂的生产总是分淡季和旺季，比如夏装款式已完工，秋装订单还没开始，这其中的间隙就是工厂最难熬的日子，订单少却仍需支付房租、工资等各类成本，而且这种空档期加起来占全年近一半的时间。"上网后就不一样了，网络是卖四季的，我们就四季都有订单。"余群表示，在淘工厂这样的平台上，企业还能资源共享，可以和其他工厂形成联合工厂，结合不同工厂擅长的款式和工艺，实现优势互补。

类似顺风车的拼车功能，淘工厂平台把有生产需求的商家和有生产能力的工厂，借助大数据进行精准匹配。同时分析同类商家和商品，预测商家预期销量，数据传递给工厂灵活调节产能。同时，有了淘工厂，商品设计等以前较为烦琐的事情就变得简单了许多：选款、定尺寸、打样、生产，"一条龙"服务后，15 天左右，衣服就能出品。通过把优秀的设计资源和优秀的生产资源在淘工厂进行对接，原来靠单纯输出加工能力而活的 OEM 工厂，被升级到同时可输出设计能力的 ODM 工厂。设计协会企业也会通过产能共享的方式，和其他加工企业形成联合工厂共同对买家赋能，未来 ODM 将成为趋势。

10.2 淘工厂的探索

10.2.1 建立淘工厂为了什么?

淘工厂在创立初期便确立了垂直细分的运作模式，自推出起就立足于服务中小工厂，销售范围为 1688 平台存在的个体消费者存在的少订单、小问题，不断完善阿里巴巴的服务构架体系，致力于给个体消费者更加完善的体验。2013 年阿里巴巴旗下 1688 平台推出"淘工厂"，率先对产业带动工厂的供应链数字化改造进行探索并积累经验。直接连接工厂和消费者，并为工厂提供开发、营销服务、供应链服务、金融服务四大基建服务，更为精准地触达下沉市场用户。

2016 年 1 月，东莞就有超过 800 家企业上线阿里巴巴"淘工厂"，品类包括虎门服装、大朗毛衫及饰品、玩具、鞋、箱包等。据虎门电商协会相关负责人介绍，随着虎门服装服饰产业柔性供应链的日益完善，虎门镇打造的淘工厂集群，正使其逐渐成为国内电商服装行业生产环节高吸附力地区之一。虎门早于 2014 年便启动与阿里巴巴合作"淘工厂计划"。通过打造淘工厂集群，引导虎门传统服装产业与电子商务有机融合，整合线下工厂生产力，为淘宝卖家提供代加工服务平台，让全国卖家可以尝试小批量试单并快速翻单，提升供应链的灵活性；同时，也可以鼓励电子商务企业走品牌化发展道路，增强品牌意识，着力打造一批具有影响力的电商品牌，逐步提升品牌电商企业的比例，形成具有虎门特色的电商品牌集群，为虎门服装业的可持续发展注入新动力。

党的十九大报告提出，推动互联网、大数据、人工智能和实体经济深度融合。通过链接传统制造工厂与网店，老牌服装产业正跳出大批量、少款式、低质低价竞争困境，向优质、高端、个性蜕变。2017 年《人民日报》刊登了一则《一家"淘工厂"的逆袭》文章，详细描述了这一过程。

传统服装制造的设计、打版最耗成本，而同款式、大批量接单能节约成本，因此成为多数服装制造企业的常规经营模式。而淘工厂的客户不一样，涉及多个款式，衬衫、裤子、裙子全品类，其产品风格独特、设计别致，每款只做少数。过去曾有瓷砖企业为了推广新花型的瓷砖，想把瓷砖花型印在晚礼服上，让模特穿在身上走秀。40 件晚礼服，一款一件，找了好多工厂，没人愿接单，但该企业在淘工厂上解决了这一问题。随着人们消费水平的提升，服装电商也在不断升级，从"图便宜"转向"挑品质"。网店需要的产品，一是要求款式更新快，二是品质要求更高，设计要有风格、个性化、有品位，而这无疑吸引了很多对自己产品有信心的中小工厂。目前淘工厂平台上已经入驻超过 25000 家工厂专门为定制化需求服务，已经形成一套个性化柔性生产的供应链。

10.2.2　淘工厂怎么做？

（1）注重品控。2016 年，石狮阿里巴巴实力产业园淘工厂联盟品控中心成立。品控组成员正式上岗，开始对入驻石狮阿里巴巴实力产业园商家产品进行初审。石狮阿里巴巴实力产业园淘工厂联盟品控中心成员主要由阿里巴巴实力产业园项目组相关人员、淘工厂联盟专职人员、部分工厂版师和石狮第三方质检中心组成。该中心主要职责为负责初审入驻阿里巴巴实力产业园商家的产品，然后将对部分产品进行第三方质检中心负责出质检报告。继 2016 年 1 月 25 日石狮首次与阿里巴巴签订《石狮阿里巴巴（中国）实力产业群合作框架协议》后，2 月 29 日，一场主题为"实力产业群——源头好货"石狮阿里巴巴 1688 平台实力产业群推介会在海西（石狮）电商园区淘工厂联盟总部举行。据悉，这是阿里巴巴联合石狮打造的全国首个实力产业群示范园区。2016 年阿里巴巴 1688 平台从全局的角度，整合各类要素资源，以"集聚、开放、共享"加强产业链协作，在产业集聚度高、市场活跃度好、最能代表中国制造先进水准的地区，联合地方政府，共同打造"线上产业带+线下产业园"的"互联网+实力产业群"的创新模式。它不仅有利于传统制造业企业提升竞争力、对接网络大市场，也对电子商务产业链的重构产生了重要影响，打通了网络零售、传统制造业和 B2B 之间的通道，并催生了 B2B 服务业的快速发展。

（2）产能共享。2018 年，国家信息中心分享经济研究中心发布《中国制造业产能共享发展年度报告（2018）》。这份我国首个以制造业产能共享为对象的研究报告认为，淘工厂代表的制造业产能共享有望成为未来共享经济主战场之一。报告认为，以阿里 1688 平台淘工厂为代表的共享经济模式，在制造业领域的深入渗透、全面融合以及再次创新，是重构中国供给侧生产结构的重要途径，是推动中国制造转型升级、激发经济增长潜力的重要动能。

当有闲置产能的厂家通过互联网平台接到订单后，以往几十人承担的工作量被细分为3~5人为一个小组进行生产，通过拆分大流水线变为小流水线实现分散化、碎片化的生产体系来承接个性化定制。当然，除了小组化的生产线组合方式调整外，互联网平台的数据分析也能够在前期为企业生产提供一定的预测功能，以应对可能发生的"翻单"与"追单"情况，避免生产供应企业的应接不暇。通过数据赋能来实现产销协同优化，进而打通线上零售数据和生产供给侧数据，帮助整个新供应链提前做好生产准备，实现产能提升。而为适应小单快翻的柔性定制生产要求，除了产能重组外很多工厂还涉及产能共享。

以淘工厂模式为代表的制造业产能共享，能够重构制造业供需结构。报告分析，一方面，扩大中高端供给，推动孤立、分散、低价值、低效率的制造体系向完整、高价值、高效率的制造业体系转型，减少无效和低端供给；另一方面，产能共享满足了个性化需求，消费者成为生产制造过程的深度参与者，个性化消费需求可以被精准定位，有助于改善生产与消费之间的不协调问题。制造业产能共享能够在更大范围内调度未充分利用的制造资源，更好地匹配供需双方，降低旺季生产成本，帮助企业更好地应对淡旺季需求波动问题。企业今天面对的柔性化生产的挑战，不是工厂改造流水线就能够根本解决问题的，整体化柔性制造的生态和柔性制造的平台，其解决思路应该是小订单，尤其是首单能够在离客户最近的江浙沪粤等地解决，需要反应快，离客户近才能降低磨合成本。而遇到大单时，则需要马上往内地转移，实现动态的产能调配。淘工厂平台提供的柔性化生产要求产能跨区域调配，这样既能够解决当前杭州、广州、东莞这些地区产业升级的要求，解决城市发展的要求，又能够不破坏整个产业结构，同时也能够带动内陆省份的经济发展。

国务院在《关于深化制造业与互联网融合发展的指导意见》中强调，推动中小企业制造资源与互联网平台全面对接，实现制造能力的在线发布、协同和交易，积极发展面向制造环节的共享经济，打破企业界限，共享技术、设备和服务，提升中小企业快速响应和柔性高效的供给能力。淘工厂通过产能共享为制造业提质增效得到了多方认可。《人民日报》头版连发四文评析中国经济，称从中国制造迈向中国智造，我国实体经济领域发生着深刻变革，肯定了以阿里巴巴淘工厂为代表的新制造正在帮助传统企业提质增效，驱动高质量发展。

工信部信息中心工业经济研究所所长于佳宁撰文表示，淘工厂采用 MadeinInternet 的方式推动供给侧结构性改革，把线上零售端数据和线下生产端数据打通，整合分散闲置的资源，实现精准的买卖匹配和精准订单匹配，通过重新配置资源产生新产品，进而拉动新的消费需求，不仅改变了传统生产方式，同时也为制造转型升级提供了新模板。

（3）新供应链探索。互联网电商的迅速崛起使网络渠道能够深刻洞察消费者的不同需求，从而驱动制造端产品生产和智能化制造，而其背后扮演重要角色的是阿里巴巴的"淘工厂"平台。

淘工厂以个性化需求比较高的服装产业作为切入点，类似顺风车的拼车功能，平台将有生产需求的商家和有生产能力的工厂，借助大数据进行精准匹配——分析同类商家和商品聚合，预测商家预期销量，数据传递给工厂灵活调节工厂产能。

事实上，在沿海大批中小服装制造企业的"变化"背景下，除了由外贸转向内贸的市场外推力驱动之外，网络消费对服装定制化生产的供应链需求也是重要的内推力。当前"85 后""90 后"成为网购服装的"主力军"，他们对服装的个性化需求日益强烈，需要更多的服装款式。与此同时，网络服装销售的模式也开始发生深刻的变化，预售的"新玩法"成为市场的趋势，这都促使一条新的供应链诞生。当前预售已经逐渐成为网络电商的主要销售方式，通过网络电商的预售反馈，秋天刚开始的时候，就能够准确知道这个秋天用户们想要什么。淘宝上卖家的做法，和传统品牌商的做法完全不同，淘宝卖家每个月上新一次，预估能够卖到 1 万件，最多也就准备 5000 件，很多淘宝服装卖家会根据预售的数据来决定加单的情况，这个与传统供应链提前一年设计款式—投入生产—库存后再营销的方式完全不同。

当然，这种供需关系的变革，对其背后的产业供应链也提出了全新的要求，市场迫切需要一套可以快速反应的供应链体系，能够及时地把用户的这种预售的数据进行变现。"淘工厂"业务总经理朱炜在接受《21 世纪经济报道》记者采访时表示，服装电商的预售模式使过去传统的中小制衣企业承接外贸大订单的生产组织方式已经逐渐不适合，网购使服装的小规模化定制生产逐渐成为主流趋势。这就要求背后的整条产品供应链都变得柔性，能够响应市场需要变得更加快速与灵敏，一旦有爆款出现，可以立马组织"翻单"的能力。通过沟通，就能够了解客户的需求在哪，从而帮助他们生产需要的衣服，工厂能够和淘宝店主一同成长，根据定制化风格的服装在网络上预售的市场反响的好与坏，快速反馈到工厂车间。

传统大规模生产时，供应链先后由供应商、制造商、分销商、零售商，直到消费者组成，是一个狭长的链状结构。而如今，消费者成为整个产业链的主导者，通过网络的聚合作用使消费关系呈现出逆向生产的特征，产品供应链从款式少、量产大的旧供应链走到款式多、量产少的新供应链，"完全是两极"。

（4）挑战"新制造"。实际上，"淘工厂"仅是目前国内互联网企业进行工业互联网探索的众多方式之一，能够有效解决传统中小制造业长期面临的"供需错位"等核心问题。而当前由互联网构建的工业互联网，对大量的中小制造业企业来说有很大帮助，现在传统制造业企业越来越重视通过互联网平台来销售自己的产品，不受传统的渠道制约。互联网与制造业融合的路径一方面需要消费的引导，另一方面也需要技术创新的运用和驱动，互联网平台通过消费端进行一些业务探索，"是当前比较需要的"。

目前，整个"淘工厂"模式所进行的工业互联网探索，还面临着相关配套并不成熟的阻碍。主要体现在两个方面：一是政策配套并未形成，内迁企业环保趋严等关键阻碍，如何引导对环境有一定影响的制衣企业绿色生产，这需要淘工厂平台和政府之间共同探索；二是产业配套并不成熟，企业的生产配套设备的数字化、信息化进程面临改进的空间。

淘工厂针这一现象，一方面与政府机构合作，推动研发基地、生产基地的规模化、集聚化；另一方面与钉钉合作，推动中小工厂入驻阿里钉钉，以钉钉的线上线下结合模式推动传统制衣企业转型，而淘工厂则提供销售等服务。

10.3 淘工厂怎么盈利？

2013年淘工厂面世，目前淘工厂上已经有2.7万家工厂，阿里巴巴希望借助平台上商家生态的天然优势，打造全中国最大的服装类供应链服务平台。

收入来源是所有商业模式的动脉，是用来描绘企业从每个客户细分市场获取的已扣除成本的现金收益。商业模式创新将带来收入模式的改变，淘工厂模式的收入来源主要包含以下几个方面：

（1）会员费。服装加工型商家首先需要加入阿里巴巴集团的"诚信通"，它主要有三大功能：建网站、引流量、促交易，包含整套企业建站服务、三大市场特权吸引买家专注（买家搜索有限提示、采购必应优先报价、专场活动优先报名）、专业营销利器获得网络订单（第三方权威认证、诚信档案、询盘管理、精准营销）。商家加入"诚信通"按年收费，这是主要的收入来源。

（2）广告费。淘工厂平台上有庞大的淘宝卖家市场、点击率高，因此网络广告也是主要盈利来源，按照网页不同位置及不同的广告类型收取不同标准的费用。

（3）竞价排名。商家为了使企业的搜索信息排在前面就会加入排名竞价。阿里巴巴的竞价排名只有诚信通会员才能享有搜索排名服务，当淘宝卖家在阿里巴巴搜索产品供应信息时，竞价企业的各种信息排在结果的前三位，第一时间被买家找到。

（4）增值服务收入。企业认证、搜索引擎优化、独立域名等增值服务，在服务商家的同时也增加了阿里集团的收入。对于工厂来说，由于成功实现转型，销路大开，订单量不断增加，支付宝支付大大缩短了账期，提高了企业的现金回款速度。对淘宝卖家，由于货源质量得到控制，产品质量与信誉不断改善，由此带来收入的持续增加，实现较高的边际利润，特别是竞价排名及相关增值服务能够解决工厂的一些内在需求，提高了企业知名度，节省了许多品牌推广及产品宣传等相关费用，物超所值。而对淘宝卖家而言，由于提高了产品质量带来了收入的持续增长。由此可见，阿里巴巴搭建淘工厂这个平台，实现淘宝卖家与线下优质工厂的对接，在解决了他们的内在需求的同时也实现了一定程度盈利。

10.4　危机与挑战

淘工厂目前虽然是为淘宝和天猫的商家做全品类加工定制的后端供应链，但是也并非高枕无忧。对于淘工厂平台上入驻的企业而言，项目刚上线时，流量层面的扶持完全足够，但受制于工厂本身的规模，并不能很好地将流量转化为实际的成交；而淘工厂引流进来的客户，由于单量较小，很多上规模的工厂并不愿意服务；同时，由于平台的普惠性，很多客户并不懂服装的供应链运作的背后体系，工厂端与客户端的沟通成本非常高，这使工厂积极性不高。此外，疫情下中国制造业外贸出口困难、淘工厂平台的营收压力和本身封闭性的服务，也使淘工厂面临更多挑战。

资料来源

兰良增：《淘工厂联盟品控中心成立》，《石狮日报》2016 年 3 月 11 日。

朱银玲：《小订单没人接的烦恼，淘工厂来解决》，《钱江晚报》2018 年 3 月 21 日。

贺林平：《一家"淘工厂"的逆袭》，《人民日报》2017 年 12 月 29 日。

卢常乐：《浙江外贸企业大转型：淘工厂与新供应链探索》，《21 世纪经济报道》2018 年 5 月 14 日。

刘蓓：《商业模式设计对节俭式创新的影响机制研究》，《厦门大学学报》2018 年第 2 期。

 经验借鉴

淘工厂在打造个性化柔性生产的供应链的进程中，逐渐走出了一条属于自己的"赛道"，但这一路走来风霜雪雨，才见今日之春光初霁。简单来说，淘工厂商业模式发展的主要经验如下：①穷则变，变则通。穷是指工厂资源稀缺，变是指创新。当下资源稀缺是共性，淘工厂立足于中小工厂，运用更少的资源，为更多的新兴市场尤其是金字塔底层的消费者服务。②发力 C2M 模式。从原有的 B2B 到如今的 C2M，淘工厂的转型将引领新发展。淘工厂的 C2M 模式能够帮助制造商扩大国内市场需求，改善其利润空间与议价能力，制造商将能够有方向地去进行产品设计与布局，进入规模效率同步提升的良性循环。③共享、共创、共惠。淘工厂通过对线上零售端数据和线下生产端数据的整合，将闲置资源汇集，实现精准的买卖匹配和精准订单匹配，通过重新配置资源，完善市场不足，进而拉动新的消费需求，实现企业拥抱数字化经济发展。④响应国家产业升级转型号召。纺织等传统制造企业多数无法直接接触下游消费者，淘工厂提供了一个平台，使制造企业能够直接对接广大消费群体，实现了互利共赢。

本案例启发思考题

（1）什么是商业模式？

（2）B2C、B2B、C2M 模式各有什么优劣？

（3）淘工厂未来应在哪些方向努力？

（4）柔性供应链的优势有哪些？

（5）产能共享会给企业带来什么样的改变？

11　丁香园：移动医疗时代来临？

 公司简介

丁香园（DXY）原名丁香园医学文献检索网、丁香园医学主页，始建于2000年7月23日，创办者李天天，是一个医学知识分享网站。网站创始人李天天在读研究生期间，感到中国医学院校的学生有相当一部分对计算机感到陌生，甚至一部分研究生、医务工作者也是如此，他们要想在浩如烟海的互联网信息资源中查找到对自己有用的信息非常困难。于是李天天萌生了建立专业检索网站的念头，以向大家介绍检索经验、传授检索方法和技巧、普及共享知识。丁香园在发展的过程中，延伸出了丁香人才网、丁香通、丁香客、用药助手、丁香医生、PubMed中文网、调查派、丁香会议等产品，从而更好地为所有的会员服务。另外，丁香园生物医药科技网会聚了超过350万医学、药学和生命科学的专业工作者，每月新增会员3万名，大部分集中在全国大中型城市、省会城市的三甲医院，超过70%的会员拥有硕士或博士学位。网站旗下有丁香人才、丁香会议、丁香通、丁香客、用药助手、PubMed中文网、调查派等多个网站产品。全国45岁以下，在三甲医院工作的医务工作者中，90%以上均知晓"丁香园"。截至2018年4月，丁香园拥有550万专业用户，包含200万医生用户，业务可大致分为医生端、大众/患者端、医疗机构端与商业服务端四个板块。

案例梗概

（1）丁香园探路移动互联，推出移动端产品开始了移动互联网医疗的探索。

（2）面对患者端上线"丁香医生"，成为丁香园首个大众健康领域的布局。

（3）吸引投资搭建微信矩阵，提高了内容与受众的贴合度，形成了长期稳固的粉丝群。

（4）推出线上问诊，致力于解决患者的问题，打通了医生端与患者端的联系。

（5）发展从无到有的自建诊所，延伸线下布局，保证了医疗服务的质量和安全。

（6）打造线下联盟，提供信息化服务系统和医疗服务产品输出等"一站式"解决方案。

关键词：丁香园；互联网医疗；生态战略；社会责任

 **案例全文**

11.1 "丁香"花开

丁香园的诞生是为了给中国生命科学专业人士一个专业交流的平台，一个情感交流的家园。2002年5月，丁香园论坛正式成立，5月正是丁香花盛开的季节，不经意间这样一种普通的花成了中文献检索知识传播和生物医药学网站中十分响亮的名字。2003年8月丁香园独立主机投入使用，生命科学专业建设、纯学术的交流被确立为丁香园的灵魂。

2006年，丁香园正式注册成为公司，开始商业化运营。丁香园创立初期，定位于学术型论坛，立足于学术，吸引到一大批活跃用户，其中优质的医生资源始终是丁香园的核心资源。商业化运营后，早期的丁香园由用户生成内容，后期依靠用户建立了一套供长期发展的制度。尽管进行商业化的工作已经一切就绪，但丁香园还没有找到适合的商业盈利模式，而不盈利就无法为医生提供更好的服务，企业也不可能活得长久。但对于医疗产业来说，有着更敏感的行业伦理约束，丁香园的商业模式必须要考虑这一点。在医疗产业中，医生、医院、患者、药企是最主要的四个群体，丁香园的收入来源离不开这四方面。医学背景出身的李天天对医生这一职业始终怀有敬畏之心，他说："不应该考虑向医生索取利益，而应该考虑为医生提供服务。医生群体是丁香园的核心资源，丁香园最好不断地向他们'输出利益'，而且商业行为要以不破坏'医生社区'的黏性和活跃度为底线。"当然，也不能考虑从患者方盈利，至少短时间内不考虑。患者需要的是治疗方案，然而当时线上问诊与治疗还没有可以实现的条件。既有技术限制，也有医疗政策的限制。所以，赚钱的答案在医院和药企身上。

截至 2007 年，丁香园已积累了 100 万左右的医疗专业用户，庞大的专业用户群体让丁香园找到了第一个突破口——企业招聘。于是针对生物医学人才招聘，丁香园诞生了一个子网站"丁香人才"。2008 年，丁香园又发现了医生们的另一项需求——采购医药耗材做研究、测试，当时并没有这样的平台上线，于是丁香园看准了机会打造一个医药生物试剂网上采购平台——丁香通。丁香通只做中介不做交易，上线当年，该业务就贡献了十几万元的收入。但是，跟丁香人才网一样，它在收入数字方面亦没有达到令人满意的量级。之后，丁香园开始探索发展道路，逐渐把知识竞赛、会议直播、专家调研等隐性广告的运作方式纳入盈利模式。2008 年，丁香园整体盈利首次突破了 100 万元，同年 8 月，现任 CEO 张进从医院辞职，全职加入丁香园。2009 年，丁香园开始持续盈利，年底收入超过 500 万元。这时，一些感兴趣的投资人开始与丁香园接触，表达投资意愿。2010 年初，丁香园收到 200 万美元的投资，至此，丁香园的商业模式逐渐通顺。2013 年起，丁香园加快扩张步伐，推出多款医药类 APP。2017 年初，礼来中国、腾讯和丁香园宣布，共同开发推出糖尿病关爱和支持项目——"礼来糖尿病优行关爱项目"并宣称这是"在糖尿病领域达成业界独有的战略合作"。2018 年 1 月，定位为"丁香园旗下临床医生在线教育平台"的丁香公开课正式在丁香园 APP 上线，同年 4 月，丁香园完成 D 轮融资，本轮融资金额在 1 亿美元以上，融资完成后，丁香园估值达到 10 亿美元。2019 年 1 月，丁香园与健康报社宣布签署战略合作协议，就内容制作、行业服务、产品运营等方面开展深度合作，"丁香花"逐渐开遍市场。

11.2 丁香园的探索

11.2.1 产品/服务

（1）针对医生群体，推出移动端"用药助手"。基于移动终端的医疗健康市场已经成为丁香园下一个发展重点，其开始着手打造移动产品。对丁香园来说，发展新终端意味着更广阔的用户市场和产品延伸空间，它的代表性产品是 2011 年推出的丁香园"用药助手"。"用药助手"作为丁香园在移动端的首次尝试，成为丁香园迈入移动互联网医疗的重要里程碑。这是一个针对医生群体的手机端 APP，其初衷是希望给医生提供一款更方便的产品，随时随地帮他们解决实际工作中遇到的找药、查药问题。

自 2010 年推出以来，"用药助手"因资料的权威和丰富而广受好评，长期处于 APP Store 和 Android 应用商店中国区医疗类免费应用前列，获得"豌豆荚设计奖"等多款奖项。至今，"用药助手"依然是丁香园的明星产品。丁香园"用药助手"建立了说明书数据库，通过搜索商品名、通用名、疾病名称及症状等即可迅速找到相关药品的说明书内容，方便医疗相关人员查询药物。"用药助手"还可以根据临床医生实际工作流程设计，以满足随时随地查询药品信息的需求，同时，实时推送临床用药经验总结及药品相互作用的数据等，帮助医生更安全准确地进行药物信息查询和临床决策参考。在产品内容上，"用药助手"提供了普通版和专业版，普通版涵盖了大部分常用药品，能基本满足药物信息查询的需要，专业版包括了更多药品信息、专业用药指南、医学常用计算工具，专业版用户还可以发送免费短信对患者进行用药指导。"用药助手"对应的盈利模式除了专业版的收费之外，还有药企广告、学术推广方面的收入来源。

（2）上线"丁香医生"，向患者端迈进。随着"用药助手"的推出，医用工作者能够随时进行药品查询，但对于普通手机用户而言，该应用专业难懂，这也意外打开了丁香园从专注专业医生到连接患者终端的创新模式之路。

丁香园的技术部门与创始人李天天沟通："从普通用户的角度来说，所谓的医学专业性似乎正在损害用户体验。"患者需要条形码扫描、GPS 定位附近药店、根据症状找药品等更人性化的功能。但创始人李天天仍坚持道："医疗行业是个高度管制的行业，这就决定了移动医疗一定是一个高度依赖政策开放的行业。矛盾的是，移动医疗在设计服务方式的时候往往走得比政策要快，政策风险往往成为移动医疗的最大障碍。此外，如果不具备对患者安全的保证以及对医疗质量的保证，风险会随时出现，企业危机也会随时发生，这是我一直以来都不愿意去做患者市场的主要原因。"但团队并没有放弃对这一领域的关注，守着中国 200 万医药专业人才，李天天还是有想法的，那就是怎样从用户与患者对接关系中找到创新的商业模式。只可惜一直没有合适的平台与时机，"其实我们一直是隐而待发。作为互联网企业，要想与患者接触，入口是一个很重要的资源，但自己做的话成本太高。"丁香园团队一直在寻找机会，终于在 2012 年，丁香园找到了一款新的适合于面向大众及患者的药品信息查询用具 APP。用李天天的话说，这是"一个很小的 ToC 产品"。然而，丁香园的尝试再一次成功了。

2012 年面向大众及患者的药品信息工具"家庭用药" APP 随之上线，2014 年 10 月更名为"丁香医生"，成为丁香园首个大众健康领域的 APP。同时，针对医生端的产品也同步丰富整合，通过"丁香客""文献救助"等产品，向医生提供临床和学术知识、社交、求职等服务。丁香医生是丁香园旗下专门针对患者的应用软件，通过医生轻问诊建立医患间的初步联系，其后患者可以通过平台进行后续预约和随访，获取相关信息和知识，使慢性病患者与医生保持联系。"家庭用药" APP 目前包括健康资讯、问问医生、智能搜索等功能，旨在帮助用户咨询了解疾病、药品相关信息。其中，搜索页面摒弃医疗广告，提供查疾病、查药品、查药店、查疫苗、就医推荐等功能。问问医生提供专业健康顾问，目前已覆盖上百个疾病，并在持续更新中。用户可在问答中，轻松了解病痛所在和疾病知识。"丁香医生"致力于以专业的医药科普文章，提供专业有用的健康帮助。此时的丁香园将医生端与患者端打通，两个方向的服务对接，使它的业务更加完善。

（3）吸引投资，借力腾讯搭建微信矩阵。丁香园的良好发展吸引了投资行业的目光，2014 年，腾讯向丁香园投资 7000 万美元。彼时，百度也曾想注资丁香园，而且钱不比腾讯少，但拥有社交资源的腾讯，刚好满足丁香园想做患者连接的需要，自然是上上之选，丁香园团队一直等待的机会似乎逐渐明晰了。有了腾讯的注资，再加上微信公众号时代的兴起，丁香园开始涉足患者端服务。丁香园以内容为切入点，带着"为中国老百姓科普健康知识"的初衷，开始运营微信公众号，2016 年编辑字数达 2600 万，微信公众号全年阅读量 5.6 亿。

传统媒体从本质上说是一种"以传者为中心"的单向传播模式，受众在很大程度上只能被动地接受媒体已经设定好的信息。而订阅者根据他们的喜好来订阅微信公众号，因此，微信公众号具有用户稳定可靠不易流失等特点。基于这种特征，为满足不同人群的需要，丁香园搭建了一个微信矩阵。丁香园的微信系列矩阵包括丁香医生、丁香妈妈、偶尔治愈、丁香食堂等在内的十余个微信公众号，内容上囊括疾病护理、孕产咨询、两性关系、饮食指导等多个方面，致力于为用户提供简洁、可信赖的医疗信息。分类细化的新媒体矩阵大大提高了公众号推广、内容更新的针对性，提高了内容与受众之间的贴合度，有利于形成长期稳固的粉丝群。高用户量和活跃度有助于对"丁香医生"导流，实现用户互导。

（4）线上问诊，链接医生和患者两端。2016年被称为"知识经济元年"，越来越多的医生愿意将自己掌握的知识转化为科普文章，呈现给患者或普通大众。一方面便于医生树立自己的品牌，另一方面便于患者针对性地向医生咨询，这给诊疗过程带来很大的帮助。

丁香园团队看中了这一发展趋势，就患者端业务的后续发展问题展开了激烈的讨论，团队中多元的视角帮助丁香园更好地选择正确方向：曾在公立医院工作了11年的丁香园副总裁初洋说："很多用户在微信上留言说，这些健康知识很有帮助，但是如果能有一个医生，可以让他们一对一地问问题就更好了。同一种病，每个患者的症状都不太一样；相似的症状，对应的疾病可能也有好几种。大家总是想要被专家'确诊'。""在线问诊是我们坚决不碰的领域。"创始人李天天一口回绝，他认为轻问诊是个伪概念，单纯靠网上简单地互动去颠覆传统的医疗模式并不现实，这个过程还需要借助设备、医疗器械的数据和更多线下互动才能完成。然而团队并不怕争论，初洋反驳道："并非在线问诊是伪命题，而是目前公司的产品不靠谱。在线问诊实际是用户刚需，是客观需求。"丁香园首席用户增长官丛露露也提出，"在线问诊受到大家的喜爱，虽然说存在一些问题，但是只要我们在运营上严格控制，优先选择论坛的版主和丁香医生的作者，同时医生注册实行邀请制，丁香园可以在业内树立很好的口碑，这对我们的发展是绝对有利的。"初洋执着地说道："如果我们能学习小米进军移动业务的战略，那我们也可以学习它打造自己的互联网生态。我们拥有那么多高质量的医生，很多药企医院都慕名而来。如果我们可以将患者资源也吸引过来，完全可以发展自己的生态圈。"他继续解释道。"但是，想要拥有稳定的患者资源，如果不从根本上解决患者的问题，是不可能做到的。"李天天所担心的更多，医疗行业中患者是具备决定性的客户资源，他对这一计划还是犹豫不决，"丁香园生态圈是一个很好的概念，但是患者端的业务做不好会出大事。"丛露露建议："我们可以试运行在线问诊，看看用户反映，之后再布局患者用户的业务也有一些可以参考的数据。"

于是，丁香园团队开始完善健康和医疗信息，依靠自己的核心资源——医生，向患者输出文章科普、药品查询、在线问诊、就医推荐等服务。2016年正式推出丁香医生APP，从过去积累的医生资源中筛选出一些合适的医生，在丁香医生上向患者用户提供服务。

11.2.2 方式

（1）延伸线下布局，从无到有的自建诊所。2016 年，丁香园提出"ICE 模式"，即信息（Information）、交流（Communication）和互动（Engagement）。"信息"大致对应"医疗搜索和科普知识"，"交流"对应"来问医生的在线问诊咨询"，而"互动"的对应部分似乎一直空缺。在公司内部讨论 ToC 战略的一次会议上，李天天画了一个漏斗模型来分析和拆解业务：从上到下人会越来越少，而服务会越来越重，需求越来越个性化。后来有同事想了一个更形象的比喻：信息就是找对象，交流就是谈恋爱，互动就是订婚。从"找对象"到"谈恋爱"再到"订婚"，这是一个相对比较完整的医疗服务过程。要想形成完整的医疗服务过程，以轻资产运营见长的互联网公司要切入传统重资产模式，其难度反而更大。

彼时互联网医疗是资本市场的香饽饽，多数弄潮儿怀揣以互联网改造医疗的梦想，而采用轻问诊的模式进行创业时，李天天敏锐地感觉到，"医疗服务最核心的是质量和安全，并不是把医疗放在移动端就会实现弯道超车，医疗有时候是'移不动'的。"于是，为了配合丁香园的生态战略，丁香园开始筹建丁香诊所，从线上轻问诊转向线下诊所。诊所是打通线上与线下不可或缺的一环。服务必须依赖于数据，数据是一切线上应用的支撑，如果我们不能在此之上继续实现远程服务和资源整合配置，不能建立基础的数据分析平台，那样的诊所不做也罢。"最终丁香诊所采取从无到有的自建自营，提供基础医疗的连锁医疗服务模式，2016 年 1 月 18 日，第一家丁香诊所正式运营，这一布局使丁香园终于形成 O2O 闭环，为其建立生态系统打下了基础。

与此同时，选择"重资产轻运营"模式的丁香诊所，其成本的不可控性与经营的不确定性也为丁香园带来了巨大的盈利压力。基层医疗发展态势参差不齐，盈利模式尚未成熟，在与商业利益的博弈中，诊所的开局并不明朗，面临诸多严峻的挑战：普通诊所的营利性整体偏低，收入空间不高；收入模式单一，基本靠挂号和医药；门诊量也缺乏竞争优势。丁香园此时尝试了三种路径：第一，线上引发粉丝对内容的认可，线下引导其前往体验相关服务。比如丁香妈妈微信公众号发布宫颈癌的相关科普知识，线下即引导用户到诊所进行相应的宫颈癌筛查。但这种通过线上向线下导流的模式很大程度上受到线下诊所数量的限制，效率较低。第二，做线下活动，如患者教育。丁香诊所在附近的社区、诊所、公司、学校等地举办了 35 场讲座，每次活动的规模在 30~300 人。第三，口碑传播。比如通过微课堂、妈妈群、知乎 live 等平台开展专题讲座，收集群友的问题并开展针对性讲座，借此来营造定向诊所的口碑。丁香园经过 6 个月的实验发现，微信公众号的导流基本稳定于 26%~27% 的水平，而线下活动和口碑推荐的获客率从前三个月的总体占 31%，增长到了 59%，几乎翻了 1 倍。但从另一个角度看，微信公众号导流和口碑传播都属于线上方式，总体比例从 42% 增长到了 59%，获客比例超过一半。由此可见，线上方式是丁香园线下诊所成立之初的重要获客来源。但是，无论是线上还是线下获客，都应该是固定向某一区域内的特定人群宣传，而非广撒网。在李天天看来，线下诊所是一种属地性极强的服务，不能指望南京的患者专门跑到杭州一个诊所来看病。一家诊所的立足要通过影响附近周边积累声誉，而逐步形成品牌。"因此，我们要培养持久的用户黏性就要让患者更多、更真实地接近诊所，深入了解并体验丁香诊所的服务"。

与此同时，丁香诊所在慢性病这一主要业务上，还走出一条"商业保险+线下诊所+慢性病管理"的新路径。一方面，通过丁香诊所的线下诊疗服务，实现泰康在线健康险等产品的销售。另一方面，丁香园在杭州搭建慢性病管理中心，利用糖大夫血糖仪等设备收集患者数据，并汇集到平台上，通过对患者数据的分析和处理，让医生、护士、营养师等专业人员对患者血糖等生理指标进行管控。这个过程中，泰康在线作为服务方，通过数据和健康服务的深入结合，将产品覆盖在慢性病管理环节中，利用与丁香园共建的服务渠道，为患者提供整体慢性病管理方案。对患者来说，由保险公司帮助其承担医疗风险，降低了患者的就医压力，在丁香诊所的看病成本也没那么高了；同时，有了保险公司承担风险，患者更加认同和信任丁香园的健康产品，诊所客流量也进一步提高。因此，2018 年丁香园四家自营的丁香诊所整体盈利，虽然节奏较缓，丁香诊所依旧朝着既定目标前进。

（2）打造线下联盟，新增互联网医院等业态。丁香园筹办实体诊所只是其布局阶段的第一步，真正的目标与盈利模式是为基础医疗机构提供信息化服务系统和医疗服务产品输出等"一站式"解决方案。

2018 年 5 月 12 日，丁香园正式成立"诊所发展联盟"，以"丁香云管家"为信息化技术主体，为成员带来医疗机构筹办运营、经营管理、品牌打造、资源对接、人员培训、人才招聘、基础医疗机构信息化服务系统和医疗服务产品输出等"一站式"服务。截至 2019 年底，已覆盖 70000 多名基础医疗从业者，丁香云管家累计服务全国 2000 多家基础医疗机构，深度合作的核心成员达300多家。2019年12月，丁香园进一步发布"城市合作伙伴计划"。"城市合作伙伴计划"是在"诊所发展联盟"赋能基础上的升级，为更多医疗机构提供更紧密的连接。第一批已有5家明星诊所加入，分别是广州天爱儿科、南京台宝儿科、妈咪知道、长沙信睦全科门诊、西安世脉医疗。丁香园将为联盟城市合作伙伴提供包括：诊所发展联盟及丁香妈妈合作授牌及品牌活动冠名、联盟会员及丁香云管家推荐收益共享等基础权益和明星儿科医生培训认证、人才招聘优享等专享服务。同时，"城市合作伙伴"仅代表医疗机构成为联盟在特定城市区域内的指定支持方，不等于冠名或者加盟丁香诊所，不能使用丁香诊所的商标授权；丁香妈妈大学训练营也仅会为儿科、妇科相关的指定合作伙伴授牌。

此外，丁香园旗下首家互联网医院及大数据中心落户银川。此次在银川建设互联网医院，将是丁香园在C端业务的又一战略补充，使丁香园对于C端用户提供的服务与连接更加完善。银川丁香互联网医院的业务将由线上线下相结合的形式组成，其中线上业务包括：分诊导诊、在线问诊、会诊、转诊、远程医疗，同时也将推出网上用药指导、健康体检报告解读等服务。线下服务包括与社区医院、连锁药店合作，为患者提供视频问诊及远程会诊场所，促进家庭医生签约运营、培训及管理。并与全国三甲医院建立合作关系，提高医院面诊水平，改善就诊患者体验。丁香园逐渐将银川丁香互联网医院的发展方向聚焦在诊前和诊后慢病管理、人工智能领域，同时，优化、整体化、智能化也成为银川丁香互联网医院发展的"三部曲"。①优化：医疗服务、医生工作流程以及医生学习流程的优化。②服务整体化：通过互联网模式将诊前、诊中、诊后三个环节打通。简单来说就是"看一看、问一问、管一管"，三者是一个连贯的过程。"看一看"，是指丁香医生通过生产与健康和疾病相关的可靠信息来满足患者获取信息的需求。"问一问"丁香园推出的"来问丁香医生"，通过连接患者和医生，提供了在线的咨询服务。"管一管"，主要是线上线下结合的健康管理、诊断和治疗。③智能化：丁香园选择将人工智能与皮肤领域疾病相结合，联合中南大学湘雅二医院和睿琪软件共同开发出了一款识别皮肤疾病的应用"智能皮肤"。智能皮肤已经在内蒙古、银川、黑龙江、海南、新疆这四省一市落地，缺乏皮肤科医生的基层医院最喜欢该产品。

资料来源

杜刚、杨丽娜、钟艳、林元直：《取轻还是取重：丁香园能否医路突围?》，中国管理案例共享中心，2019 年 12 月 26 日。

曾秋林：《互联网医疗行业深度：破局之路，行则将至》，《国金证券证券研究报告》2020 年 4 月 8 日。

贺菊颖：《互联网医疗：政策拐点，行业加速》，《中信建投证券研究报告》2020 年 3 月 3 日。

 经验借鉴

医疗行业是一个特殊的行业，它的盈利模式不能像普通公司一样，它在道德或法律层面上要比普通互联网行业更加敏感。丁香园在这一领域为我们提供了可借鉴的经验：①抓住核心资源，优化产业链。在"医院""医生""患者"的链条中，丁香园移除了"医院"这个环节，直接连接了"医生"和"患者"这两"边"核心的元素。在继续保持"医院—医生"及"药企—医生"的价值链优势同时，其平台边界以医生为中心，围绕着医生与病患展开。在看病救人的价值链之中，医生和病患是不可或缺的服务对象，平台无论如何创新，都离不开这两群核心对象的参与。②抓住机遇，积极创业。基于移动终端的医疗健康市场已经成为下一个发展重点，丁香园抓住机遇着手打造移动产品。对丁香园来说，发展新终端意味着更广阔的用户市场和产品延伸空间，"用药助手"作为丁香园在移动端的首次尝试，也成为丁香园迈入移动互联网医疗的重要里程碑。③企业战略布局要考虑全面，注意政策风险与安全保障。医疗行业是个高度管制的行业，这就决定了移动医疗一定是一个高度依赖政策开放的行业。矛盾的是，移动医疗在设计服务方式的时候往往走得比政策要快，政策风险往往成为移动医疗的最大障碍。此外，如果不具备对患者安全的保证以及对医疗质量的保证，风险也随时会出现，企业危机也会随时发生，在这个过程中，丁香园审慎考虑，对医患负责，在确保医疗质量的前提下进行了合适的战略布局。④团队中的多元视角有助于理性决策。就丁香园团队在发展过程中进行了多次布局规划，团队成员提供的多元视角，使其能够理性分析市场局面，做出谨慎反应。如针对患者端业务的后续发展问题，团队内展开过激烈的讨论，最终结合团队中的多元视角，帮助丁香园做出了更好的选择。

 本案例启发思考题

（1）试分析丁香园开展互联网医院业务的必要性和可能面临的问题。

（2）结合丁香园所面对的内外部环境，分析丁香园为什么要采用生态战略。

（3）试结合案例及生态战略回答，丁香园应该建立怎样的商业模式来起到支撑其选择的战略方向作用？

（4）丁香园的目标顾客有什么特点？其怎样定位目标顾客的？

（5）互联网医疗行业的其他企业还有哪些？与丁香园的商业模式有什么区别？

（6）从价值链角度，分析丁香园发展过程中是如何进行定位的？

（7）丁香园开展生态战略，未来是否会被其他竞争者模仿超越？假如你是李天天，你认为应当如何领导丁香园持续保持生态战略优势？

12　钉钉：定义数字化时代的"新"工作方式

 公司简介

　　钉钉（DingTalk）取之"言之凿凿，板上钉钉"，是阿里巴巴集团专门为中国企业打造的免费沟通和协同的多端平台。它起步于2009年成立的来往，2015正式成立独立事业部。钉钉的使命是让工作更简单，其依托于"组织在线、沟通在线、协同在线、业务在线、生态在线"，赋予中国企业"新工作方式"。使用钉钉，全方位提升企业内部沟通与协同，帮助中国企业通过系统化的解决方案，全面提升中国企业沟通与协同效率。截至2020年5月，在阿里巴巴钉钉上，超过1000万家企业组织的2亿上班族在线上班，共有14万所学校、290万个班级在线开课，覆盖全国30多个省份的1.2亿学生。在中国智能移动办公领域的活跃用户数排名第一，超过第二至第十名活跃用户数总和。五年来，钉钉坚决贯彻"为中国4300万企业数字化转型服务"的美好愿景，围绕着核心软硬件产品和服务，联合硬件提供商、ISV、阿里云等第三方服务机构，以数字化为目的，以客户流量为中心，运用平台经济、共享经济等新技术新理念，试图打造一个资源高效配置的良性平台化生态圈。

 案例梗概

（1）钉钉探索出一条助力企业数字化转型之路。

（2）从小 B 到大 B，钉钉不断扩展客户群体。

（3）组织在线助力组织扁平化、透明化，成为一个有生命的智能协同体。

（4）使用数字化技术构建统一沟通平台，帮助企业员工及时高效沟通。

（5）软硬件协同一体，对数据信息进行充分整合挖掘，推动组织的业务发展。

（6）"一站式"服务与独立软件开发商的引进，推动企业实现业务在线。

（7）打造商业生态系统，以数字化为目的，建立一个良性平台化生态圈。

（8）主打免费模式，尚未实现盈利，但有极大的发展前景。

关键词： 数字化转型；平台经济；在线化；赋能

案例全文

12.1 钉钉成立的缘由：帮助客户实现数字化转型

2018 年钉钉秋冬发布会接近尾声时，钉钉 CEO 陈航说："有两条路深深印在我的脑海。一条是从加拿大抵达北极圈，人类史上最北的高速公路丹普斯特（Dempste highway），路的尽头有这样一句话：到这里，路已经没有了，而你的故事才刚刚开始。"钉钉要做什么？陈航表示，钉钉要做数字经济时代的企业操作系统。当前中国消费数字化走在世界前端，但企业的数字化转型还相对比较落后。当下中国产业升级面临诸多挑战，新兴的数字企业在过去十年中，无论是市值还是收入规模都超过传统蓝筹公司。显而易见，数字化已经成为中国企业转型的最大机遇。企业数字化的浪潮已经不可阻挡，否则诺基亚与柯达的故事将会重演——即使当时很强大，最终也落后于时代潮流。而传统企业的数字化转型之路注定是披荆斩棘的过程，不仅有国内、国际双重宏观环境的作用，也有市场竞争、用户需求等因素。中国有 4000 万家中小企业，这个巨大体量的市场正在向数字化迁移，在这个过程当中会诞生无数业务的场景、无数客户的解决方案。数字化是一个巨大的工程，钉钉所要解决的是为传统的中小企业提供全链路数字化解决方案，降低数字化升级所需要面对的技术与成本门槛。

用钉钉 CEO 陈航的话说，"数字经济的发展背后靠的是数字化的产业推动，再往下归根结底还是由数字化的企业组织来推动"。五年来，钉钉团队全体人员不忘初心、牢记使命，将最先进的数字工作方式，"零成本、零门槛"地贡献给中国所有的中小企业。

12.2　钉钉的探索

12.2.1　产品/服务：从小产品到大生态

钉钉从创立之初起便受到社会的广泛重视，也颇得阿里集团管理层的关注，成为阿里内部创新、创业的一个典型。要知道，阿里系一直被评价为商务能力强、产品能力弱的互联网公司。钉钉能受到阿里高层的关注，主要的原因还是产品本身。钉钉 1.0 版本刚推出时，阿里内部有很多同事就开始使用钉钉，且口碑很好，用户留存率很高。一个很常见的场景是，一个部门负责人临时要召集会议，会议有可能还是跨部门的，此时，老板助理要一一打电话通知，很浪费时间。但是 DING 的功能一秒便能解决几十个甚至上百个人的通知问题。在之后的版本迭代中，邮件、审批等都被打通，工作效率被明显提升。事实上，如果将钉钉定位为一个社交产品并不准确，更确切地说，它是一个工作沟通协作的工具。工作中，人们在传递信息过程中要的就是效率。正因如此，钉钉 2.0 版本发布时，其传播定位是"一种工作方式"。不过，沟通只是企业级应用的一个非常小的切入口。在与企业共创中，钉钉团队发现，许多企业的需求是非常个性化的，而且许多企业有将企业已有 CRM、OA 系统打通的需求。而钉钉很难通过一个产品满足所有的企业的个性化需求。2015 年 8 月 31 日，钉钉正式对外发布了"C++"战略，宣布开放平台，开始走生态化发展之路。钉钉的"C++"的"C"指的是基于钉钉自身的统一通信和工作商务关系等基础服务，第一个"+"指的是合作伙伴接入钉钉后实现云和移动互联网时代的能力提升、服务升级和渠道拓展；第二个"+"指的是钉钉与 ISV（独立软件开发商）一起，为中小企业用户带来工作商务沟通协同效率提升。在钉钉宣布开放战略后，钉钉多了许多合作伙伴。自钉钉生态战略发布以来的一年，钉钉开放平台的注册 ISV（独立软件开发商）就达到 300 多家，合作伙伴已达 50 余家。钉钉用一年的时间完成了从产品到生态的商业模式升级。之后，钉钉又推出了 3.0 版本和 4.0 版本，从专注于企业内部沟通协调的工具转变为连接企业的社交协同工具，赋予企业间协作更深一层的含义。这一版本的发布一方面连接了企业上下游，实现了企业之间沟通、协同的无缝对接，推动企业完整的业务流程在线化，帮助企业在数字化转型中实现软硬件一体化，从上到下的资源整合，降低数字化成本和风险；另一方面针对垂直细分行业，面向具体企业用户的长尾需求，则利用开放平台联合 SaaS 厂商进行快速响应。从而为企业建造一个更加丰富、更加低成本、更高性价比和更快速响应的 SaaS 企业服务生态圈。2020 年，钉钉推出 5.0 版本，致力于以消费者需求为中心，运用开源技术、众创模式、平台经济等新技术、新理念持续创新，打造一个智能商业生态系统，形成产品生态、产业生态、社会生态三个不同的层级、层层递进的生态圈。

12.2.2 从小 B 到大 B：钉钉的客群拓展之路

钉钉从中小企业服务起步可能有各种各样偶然的因素，但这一选择或许也是偶然中的必然。一方面，我国各个制造类行业集中度大多低于美国，尤其是品牌服装、化工产品（涂料）、机械制造（食品机械）、钢铁制造（粗钢）等行业中，在这些行业中，无不存在大量的中小型企业，钉钉全面免费的沟通与协同平台为小 B 端服务提供了天然的生存土壤。另一方面，在集团层面，阿里巴巴打造了淘宝、天猫等大型电商平台，为钉钉提供了天然的小 B 商户流量与丰富的小 B 商户合作经验。这些商户都是数字化转型的潜在用户。

但单纯做中小企业的生意难以实现高额回报，根据阿里巴巴研究院的数据，我国中小制造企业平均利润率仅为 3%～5%；目前中小企业创造的 GDP 约占 60%，而其贷款余额仅占银行贷款总余额的 25%。这两组数据反映出我国中小企业利润率水平较低且融资相对困难，这无疑将导致其对成本非常敏感。加之国内中小企业老板大多对于人力价值的重视程度不足，导致其对于数字化服务的付费意愿尤为薄弱。同时根据 *Ecology of Chinese Private Enterprises* 一书中的数据，我国中小企业平均寿命仅为 2.9 年，远低于美国（7.0 年）、日本（12.0 年）等国的中小企业存续期，这导致针对中小 B 端客户提供服务的企业其先期建设成本较难被摊薄。若假设钉钉覆盖的中小企业客户人数在其覆盖的客户总人数中占比为 70%，则在目前钉钉的 2 亿用户中中小企业从业人员用户为 1.4 亿，而我国中小企业从业人员约为 3.47 亿，钉钉渗透率已达 40%。需要注意的是，这是最为理想的情况，在实际情况中并非所有中小企业都会为组织信息化建设买单，类似于在我国 4.34 亿城镇就业人口中仅有 1.93 亿人缴纳了失业保险（占比 44%）；此外，会有部分企业选择企业微信、飞书等竞品。随着钉钉在中小客户客群中的渗透率已处于较高水平，钉钉需要拓展大型客户以保障其客户规模的持续快速增长，进军大 B 是必然选择。

大客户的核心关注点聚焦于生态化、整合化、专属感、云安全等方面。与中小企业更关注产品性价比不同，大型企业对于持续稳定优质的服务保障能力要求更高，这在产品选择过程中体现为对产品生态化、整合化以及安全性更高的要求；此外，大型企业对于自身品牌与特色的追求往往需要通过一些专属服务来进行满足。针对大客户需求，专属钉钉应运而生。专属钉钉是钉钉针对大客户的解决方案，主打专属界面、专属安全、专属继承三个特性。对客户而言，专属钉钉的核心价值主要集中在三个方面：①满足企业专属性：为客户提供包括专属皮肤与自定义工作台等在内的专属解决方案；②构建企业安全体系：帮助客户构建安全的服务体系，诸如员工的离职数据保护等；③输出基层能力：在钉钉构建的开发底座上，ISV 可以针对客户需求进行定制化开发。至此，钉钉通过不断的产品技术迭代扩张编织了一张紧密的用户网，将大中小微用户群圈入其中。

12.2.3 方式：数字化时代的全面在线

（1）扁平透明组织在线。未来的组织会是什么样的？可能是像蒙牛这样的传统农牧企业，拥有超过 5 万名员工，覆盖城市 30 多个，涉及工厂 50 多家；可能是像滴答打车这样的创业团队，几百名员工，快速反应；可能是像洛可可这样的钉钉平台合作企业，4 万名设计师实现网络协同；可能是像秋叶学院这样的教育机构，数万学员遍布全国各地……无论是高新技术企业还是传统企业，无论是人员精干的创业团队还是上万人的协同组织，它们都有一个共同点，都是数字化时代的经历者。公司无疑是人类历史上的伟大发明，从第一家公司诞生至今，距今已有 400 余年历史。这种重要的组织形式不断发生变化以适应环境变迁。随着科技的飞速发展，数字化时代悄然而至，类似公司这样的组织形式面临着重新解构。企业在这一过程中不仅需要开拓新业务，还必须要有真实的效率。传统的组织架构基本遵循命令链条，商机命令一层层传导至下级，难以发挥组织个体真正的价值，协同低效、碎片化资源难以统一管理。因此，难以应对数字化转型的挑战。组织数字化是企业转型的大势所趋，而钉钉在里面又扮演着什么样的角色呢？

2016 年夏季的一个夜晚，钉钉所在的杭州海创园 5 号楼依旧灯火通明。陈航及其团队已经连续工作了 16 个小时，目的就是为了上线复星集团体系内部交流管理平台"复星通"（基于钉钉建设）。复星集团已经投资 40 多个行业的几百家企业，如何加强被投企业的投后管理，在各个企业内形成有效的资源和业务协同来实现价值创造是复星集团近年来面临的主要业务挑战。复兴集团 IT 总经理梁剑锋曾这样感叹道："原来使用微信群进行沟通，最大的群上限只有 500 人，但实际需要可能有近千人的通知需求，机密的信息无法在微信上进行沟通，很有可能被内部人员截屏或用其他方式泄露出去。"为此，他进行了很多思考、尝试，最终选择"钉钉"这款产品作为企业工作平台。基于钉钉平台建设轻应用的"复星通"平台成功打破了企业边界，管理者可以实时掌握人、项目、产品、业务、服务等资源的状态和组织变动情况，大大降低了管理者的注意力消耗。这就意味着在组织数字化技术的支撑下，管理者有能力同时管理更多的下属，实现集团层面的企业协同和资源整合。

诚如钉钉 CEO 陈航所言，就像电影《阿凡达》中的纳美人，只需将自己辫子上的触角和其他万物生灵连接，就可以互相感应和沟通，这就形成了一个互相连接协同的生态系统，整个生态系统就是一个有机的生命体。钉钉通过线上办公室、项目架构、智能人事等一系列功能让所有使用钉钉的组织也成为一个有机的生命体。组织内所有的人与人、人与物、人与事，各种流程都能够在钉钉里很好地协同、自适应、自进化，实现数字化时代下复杂的组织架构扁平化、数字化，使企业成为一个有生命的智能协同体，从而构建一个权责清晰、扁平透明的在线组织。

（2）及时高效沟通在线。当前任何工作场景都离不开沟通，组织存在的目的，是为了提供一个满足组织成员垂直场景需求的工作场所。20 多年来，即时通信 IM 的主形态从未改变，也从来没有一款真正将沟通与效率融合到一起的产品出现。无论是腾讯的微信还是 QQ，都只是一种即时通信社交工具，本身创立的目的都是满足 C 端社交需求，从软件立场角度便不是为企业服务。但钉钉与前两者并不同，钉钉是为解决问题而生的，它剥离了其部分社交的属性，使工作与生活相分离。谈及沟通需求，钉钉 CTO 一粟就分享过一些有趣的事："远程办公，有的同学在老家，所以每天 7 点开会，我们都能透过他的麦克风听到来自田园的公鸡打鸣声，于是我们上线了麦克风扩音降噪功能；视频会议时候，项目组发现不少同事还得每天早起洗头洗脸画个美美的妆，所以后来我们紧急上线了美颜功能。"不难看出，钉钉为解决沟通需求问题花了多大的心思。信息必达的"DING 一下"、满足超大人数需求的 302 人视频会议、保护公司机密的加密语音通话、满足教育交互需求的群直播等一个个功能接连应运而生。

为了提升沟通的效率，钉钉将用户的实际工作需求放在首位，以群沟通为基础形态产生的"群插件"，将智能汇报、群投票、群公告等效率插件融合到群聊中，同时进一步升级了群聊的基础能力，包括图文混排、聊天记录转长图、话题、群"@"优化等，另外，钉钉还和金山 WPS 合作，实现在线编辑的进一步升级，同时兼容 Office 文档和 WPS 文档，提供包括 Word、Excel、PPT 等多种格式的文档，而且移动端、PC 端都可以随时处理，多端同步，大幅提升了组织沟通的效率与精度。一定程度上，钉钉已经建立了员工、业务、客户、合作伙伴、管理者一体化的数字化技术构建的统一沟通平台，将消息、邮件、语音和视频等多种通信方式融入其中，实现与组织内、外部多维度、高效安全的在线沟通，从而为用户减少成本并加速创新。这可能就是为什么钉钉能迅速蹿红并被 1000 多万家企业所认可的原因之一吧。

（3）软硬一体协同在线。信息化是从"业务到数据"，数字化却是从"数据到业务"。其核心转变是业务逻辑的数字化，将企业业务与信息技术相融合以实现管理的智能化。但业务逻辑的数字化并不是一蹴而就的，要实现企业范围的协同需要涉及企业的办公信息软件与办公场所硬件等。面对成千上万不同企业的特殊需求，钉钉一直在不断摸索中。

OA 系统（Office Automation）是面向组织正常运作和管理，员工及管理者使用频率最高的软件。OA 在软件内容的深度与广度、IT 技术运用等方面随着数字化时代的发展都有了新的变化和发展，并成为组织不可或缺的核心软件系统。但与之相对应的，打造适应企业实际需求的 OA 系统造价昂贵，大型企业通常需要花费数千万打造自用系统，而中国的中小企业，他们没有自主研发信息化系统的能力，通常需要花 50 万~100 万元购买通用 OA 模板，但他们同样渴求更高效的内外部协同，这就是钉钉一直紧抓的核心需求。阿里钉钉普惠了企业实现数字化的工作方式，实现了通用 OA 功能全部免费。细看钉钉 5 年的发展内容，每次产品信息都紧跟经济发展趋势，紧跟企业发展需求，以工作场景作为出发点，数字化作为发展主线，不断延伸业务线条，以此在办公场所的细分领域开辟新天地。

2017 年，钉钉发布了 M1 指纹考勤机，标志着钉钉正式涉足硬件市场。通过自研与智连合作的方式，钉钉逐步完善智能办公硬件产品线，涵盖门禁人脸识别、访客接待、无线上网、会议投屏、远程视频会议、云打印等工作场景，为企业组织打造智能办公空间。那么钉钉为什么要做硬件市场？软件市场已经完全开发了么？并不是，其实在钉钉出现之前，协同办公硬件领域的升级变化，慢得令人无法想象。中国有 4300 万中小企业，真实存活的大概有 2500 万家，其中只有 10 万家是大型企业。绝大多数的中小企业仍然采用相当传统的办公模式，人、硬件、软件三者之间处于一种分离状态。就拿之前提及的访客接待来说，许多公司因为企业规模和成本的原因，没有动力在这样的细节上做优化，简单地雇两个前台便完事了。但眼下，随着外部环境变化，国际贸易环境紧张，全球经济增长放缓，人力成本飞速上涨，中小企业过去触手可得的订单以肉眼可见的速度减少，已经到了生死存亡之际。外需已然不行，就到了内求的阶段，用数字化的方式，升级企业内生能力迫在眉睫。企业又该如何获得数字化的能力呢？答案只有一个，软硬件一体化。只考虑前台的接待功能，目前雇用一个前台的人力成本就超过 4 万元一年，而一套钉钉最新的 M2S 智能前台的花费不过 3000 元，能说、能听、会认人，通过检测人走近的行为，它会自动判断身份并主动发起交互。如果是未知人员，它会快速引导完成访客登记和接待，如果是已知员工，则自动进行人脸识别智能考勤。基于硬件与软件的深度融合，钉钉 M2S 还能实现考勤自动统计和自动算薪，让 HR 再也不用为整理 Excel 表格等事情花费太多精力。智能办公硬件能够实现信息与物理空间的数字化协同，软件能够实现信息之间的数字化协同。目前在这一赛道上，也只有钉钉具备这种能力。企业需要钉钉这样一个入口，统一协同企业的软件与硬件，对数据信息进行充分整合挖掘，最终推动组织的业务发展。

（4）"一站式"服务业务在线。企业采用数字化技术重构自身的商业模式，最直接的目的是自身提供创造收入和价值的机会。一方面，从业务流程和业务行为的数据化、智能化和移动化入手，通过增强企业的大数据分析能力，向业务的数字化转变，以此实现企业提升效率，增加收益的目标。在这一领域，阿里已经打造了多个国民级的平台，如 1688、淘宝、饿了么等。通过对企业的业务数字化改造，能够直接提升企业的收入水平。而阿里云平台能够帮助企业对生产信息、客户信息进行采集与分析，从而使企业整个业务流程发生的信息流进行数字化沉淀，提升了生产效率。而钉钉要解决的一个问题就是企业熟知但又不知如何下手的业务标准化。

在我们的印象中，ToB 业务与 ToC 业务是割裂开来的，比如阿里偏重 ToB 业务，腾讯偏重 ToC 业务。但换一种思路，无论 C 端还是 B 端，最终都是与人进行业务往来。而钉钉通过 IM 和 OA 系统切入企业级服务，就是同时链接了 B 端和 C 端，使整个业务流程以标准化的形式确定下来。从企业推出数字化产品和提供数字化服务开始，经过业务和行业经验的提炼，从而形成可重复使用的标准化业务，提高客户对产品的满意度，而这一切都发生在钉钉这个平台上。

另一方面，企业的业务多种多样，不同企业的业务需求偏好也迥然不同。作为一款普惠性的平台应用，钉钉的团队不可能满足全部的需求。针对这种情况，陈航曾表示："通用型的、投入大的钉钉自己做，而针对垂直细分行业的，同时盈利情况比较好的应用，则交给创业公司去开发。"面向企业，尤其是面向中小客户的同质化业务，钉钉提供了普惠的、低门槛的商品及组合，降低客户的决策成本。从公司的注册、取名、Logo 设计、代理记账一系列全链式服务，实现整个办公业务的数字化。以企业财务为例，过去的中小企业需要雇用每月至少 5000 元工资的会计，成本高、留人难，税务政策的持续升级又使企业对会计的要求越发高，但使用钉钉的代理记账业务，每个月仅需专职会计 1/20 的成本，工商年报"一站式"解决，还附带专业的税收政策解读，能够给予企业最为适合的建议。面向企业用户的长尾需求，钉钉毫不犹豫地将业务交给 ISV（独立软件开发商）。从而使企业在钉钉上能以低廉的价格、绝佳的服务解决大部分数字化转型遇到的业务问题，使企业本身能更多地关注自身的核心业务。就好比建房子，钉钉的 IM、OA 系统是打地基，应用服务商的服务是装修，虽然地基很重要，但用户并不愿意为此埋单，但装修看得见、摸得着，用户的付费意愿就强了，从而吸引更多的企业入驻钉钉，形成良性循环。

（5）高效配置生态在线。数字化时代，企业间的边界日益模糊。共享员工现象的出现，说明了当前经济形势下人才、客户、资本的流动性水平。以企业为中心的上下游和顾客都实现了连接，大数据驱动下整个社会的用户体验实现共享，企业获取外部资源的成本降低。这种开放性、包容性习惯被称为生态。2019 年底，在杭州举办的 ONE 商业大会上，陈航表示钉钉将帮助组织从内部走向生态，扩展业务新增长模式。

钉钉的核心竞争力是什么？是钉钉输出的 OA 系统、即时通信、DING 等数十项软件模块以及指纹考勤机、智能前台、智能门禁等配套硬件设施。正是有了这些技术，钉钉才能吸引数以亿计的用户，这是钉钉商业生态体系形成的核心。同时，钉钉联合了硬件厂商、独立软件开发商、阿里云服务平台，将长尾需求业务开放给生态伙伴，帮助其生态伙伴专注于自身所擅长的领域，进行快速创新，实现高速发展。以钉钉为中心的上下游和客户都实现在线化连接，用大数据提升整个生态的用户体验，不断优化生产销售效率。由此可见，以人为本的透明管理激发生态体系中的每一个人的创新力。

钉钉打造的商业生态系统，是围绕着钉钉的核心软、硬件产品和服务，联合硬件提供商、ISV、阿里云等第三方服务机构，以数字化为目的，以客户流量为中心，运用平台经济、共享经济等新技术新理念，最终建立一个资源高效配置的良性平台化生态圈。

12.3　盈利模式

钉钉目前主打免费模式，尚未实现盈利，但仍有极大的发展前景，未来盈利方式众多。

第一，钉钉有望成为阿里云触达海量企业的端口，对后者实现持续高速增长意义重大。阿里云 2018 年收入营收 214 亿元，增速 80%，全年增速首次低于 100%，2019 年第三季度营收增速进一步下滑至 68%。几年之后，随着阿里云体量的不断增加以及云计算市场渗透率的提高，云市场可能逐步趋于平稳增长。而钉钉的客户覆盖规模正在持续快速攀升，根据云栖大会上阿里官方公布的数据，钉钉个人用户数量已超 2 亿，企业组织数量超 1000 万。在这一背景下，钉钉作为已链接大量企业的高频应用，有望成为阿里云能力输出的重要途径，助力阿里云业务再次腾飞。

第二，钉钉有望成为阿里商业服务在 B 端的载体。近三年，与支付宝的作用相同，钉钉与阿里内部商业应用的互动日益增加。自 2016 年 10 月起，钉钉先后完成与神州专车、饿了么、阿里商旅、天猫、阿里健康等一大批阿里商业服务的打通，涉及出行、餐饮、企业采购、健康、支付等各个可实现 B 端与 C 端链接的领域。钉钉后续有望将其 B 端客户导流至其各个商业服务，成为后者在 B 端的重要流量入口。

第三，为中大型企业提供增值服务。截至 2020 年 4 月，已经有超过 150

家银行、保险、证券等金融机构使用金融钉钉解决方案保障金融业务的正常运行。钉钉可以满足中大型企业的定制化需求，在钉钉功能的基础上设计符合企业需求的统一办公平台。增值服务还可扩展为付费表情，办公工具模板等。企业用户很难开拓，但是用户黏性大，这和 ToC 用户完全不一样。企业用户一旦形成依赖后，就会一直使用该产品，所以在后期的连续性服务上，可收费的增值服务众多，服务项目聚焦于生态化、整合化、专属感、云安全等。

资料来源

佚名：《2019 钉钉商业生态系统及经济社会价值报告》，阿里研究院，2019 年 8 月。

范小华：《"移动+云时代的工作方式"——阿里钉钉的创新之路》，中国管理案例共享中心，2016 年 7 月。

新望：《钉钉的趋势红利》，《界面新闻》2020 年 5 月 18 日。

佚名：《阿里巴巴钉钉入选企业数字化转型伙伴》，《中国新闻网》2019 年 5 月 13 日。

 经验借鉴

钉钉脱胎于阿里巴巴来往事业部，由一个无人知晓的内部项目发展到风靡全球，从无预算向媒体求助到投掷 5 亿元做推广，从发布之初的无人看好到如今众人追捧，从一个企业 IM 应用升华到企业移动办公平台，钉钉完成了逆袭。钉钉的成功，不仅因为其背后的阿里巴巴，还是其给企业级市场带来的颠覆性创新。钉钉给我们带来的启示如下：①从客户的业务需求出发。中国企业的数字化过程是漫长且艰难的，由于经济效益与社会效益并不匹配，导致企业不愿意承担数字化过程的高昂费用。钉钉从企业需求出发，以协同与沟通为突破口，推动企业数字化水平发展。②以工具倒逼管理水平提升。钉钉这一类企业服务软件，除了提升执行力，启示也是在传递一种管理哲学：公司治理应该透明、高效，上下级之间应该加强沟通。③找准痛点快速迭代。几乎所有的互联网产品都是因为"痛点"应运而生，钉钉的目的是解决中小企业沟通与协同中的痛点，进而不断进行产品迭代，从而在行业竞争中处于有利地位。④从小产品到大生态。工作中，企业员工在传递信息过程中要的是效率，而钉钉很难通过一个产品满足所有企业的个性化需求。钉钉秉承着开放包容的态度，对外开放平台，引入硬件供应商、独立软件开发商、云平台等生态伙伴，彻底颠覆企业级应用的传统，带来互联网的新思维。⑤持续不断创新商业模式。在当今商业社会中，企业与企业之间的竞争更多体现在商业模式上，而商业模式并非一成不变，企业需根据内外部环境的变化进行创新。阿里钉钉创造性地布局 B 端，成为阿里其他业务触达海量企业的端口。站在汹涌变革的时代前端，钉钉以数字经济践行者的身份，不断聚焦组织变革与转型，承载和体现了阿里巴巴数字经济体所呈现的市场运营和组织创新能力。

 本案例启发思考题

（1）什么是商业模式？商业模式的构成要素有哪些？

（2）企业移动办公软件的内外部环境是怎么样的？

（3）智能移动办公企业有哪些发展优势？

（4）企业商业模式创新的路径有哪些？

（5）你认为阿里钉钉的商业模式还可以如何创新？

（6）如何评价企业商业模式创新路径选择的有效性？

13　物产中大：价值驱动商业模式演化

 公司简介

物产中大集团股份有限公司（以下简称物产中大）总部位于浙江省杭州市，是浙江首个完成混合所有制改革并实现整体上市的国有企业，由浙江物产集团吸收合并浙江中大集团后建立。2015 年物产中大完成混合所有制改革并实现整体上市，是国务院国资委国企改革十二样本之一。物产中大坚持"一体两翼"战略，以供应链集成服务为主体，金融服务和高端实业为两翼，拥有各级成员公司 390 余家，员工近 2 万人。自 2004 年起稳居浙江省百强企业前三位，2011 年以来，连续跻身《财富》世界 500 强。物产中大坚持物产通全球、产业惠天下的理念，通过集购分销、配供配送、增值服务、期现结合、"大平台+小前端"等集成化平台化运营模式，联动商流、物流、资金流、信息流，为上下游供应链合作业务伙伴提供原材料采购、加工、分销、出口、物流、金融、信息等高效率的供应链集成服务，致力于成为客户价值导向的定制化敏捷供应链服务集成商。

 案例梗概

（1）浙江物产集团抓住改革契机，实现产权清晰化。

（2）建立效能分配制度，实现经营模式转型。

（3）转型发展阶段，上控原料，下造网络，中联物流。

（4）由供应链服务提供者向系统解决方案提供者转型。

（5）以供应链集成服务为主体，提供金属、煤炭、化工、汽车全供应链服务。

（6）金融服务和高端实业为两翼，实现广度和深度的补充。

（7）"三驾马车"拉着物产奔向综合商社高端经营模式。

关键词：全供应链；转型；商业模式

案例全文

物产中大在激烈的市场竞争中，历经前身浙江物产集团改革发展阶段的产权清晰化，转型发展阶段的流通产业化，到与中大集团联合上市后提升发展阶段的一体两翼化，历经改革发展阶段的产权清晰化、转型发展阶段的流通产业化、提升发展阶段的一体两翼化，有效打通了流通产业链，推动了集团持续快速发展，成功跨入了世界 500 强排行榜并成为供应链集成服务的引领者。

13.1 改革发展阶段的产权清晰化

（1）价值主张。1996 年，浙江物产集团在原浙江省物资局基础上转体组建成立，集团转制成功，极大地调动了员工的积极性。转制当年浙江物产集团就取得了骄人的经营业绩，销售收入达到 185.79 亿元，实现了从计划经济的执行者到市场经济竞争者角色的转变。1997 年，在国家"抓大放小、扶优扶强"的政策下，走集团化道路，建立现代企业制度是国有物资系统的必然选择，但好景不长，1997年7月亚洲金融风暴爆发。刚从计划经济体制中分离出来的浙江物产集团，既无应对金融风暴的思想准备，更无应对金融风暴的实战经验。很快，金融风暴对浙江物产集团销售收入的影响开始显现出来。在1997年销售收入达到最高点187.13亿元之后，浙江物产集团陷入了低速缓慢增长中，直到2001年仍没有恢复到1996年发展水平，流通产业不断发生变化，如何站在产业发展制高点来构建集团发展战略成为集团最重要的工作。此阶段，浙江物产集团坚持主业是立身之本，多业是强身之路，提出了以"一业特强、关联多业发展的具有国际竞争力的一流的大型现代流通企业集团"为愿景，以"成为一流的现代流通业的服务集成商"为使命，为现代制造企业提供采购、分销、产品配送、融资的系统解决方案。

（2）价值创造。浙江物产集团深化以产权制度为核心的各项改革：①资本结构调整，释放企业活力。成员企业在原则上都要改制为多元投资主体的有限责任公司或股份公司。②组织结构改革，消肿减负增效。撤并了9个行政处室、部门，合并、兼并、托管了5个公司，对120名下岗职工进行了妥善安置。③经营结构拓新，努力开拓市场。在取得内贸系统首批进出口经营权试点后，"一顶帽子大家戴"，设了6个外部分部，并积极开拓配送制等流通新业态。

（3）价值分配与获取。浙江物产集团初步建立了以效能为主的分配制度，不断发展。1997年以前建立评奖评优制度，1998年则实行利润考核，1999～2000年以国家资产保值增值为考核奖励指标，2001年起对经理人员试行年薪制。2002年浙江物产集团经营业绩一举打破原有销售纪录，销售收入首次突破200亿元，达到226.6亿元，并首次进入"中国500强"，位列第68位。

总之，由于外部环境的变化，传统体制下的商业模式难以为继，浙江物产集团敏锐地抓住市场机会，成功实现了经营模式的转型，重新定义了商业模式的价值主张、价值创造、价值分配与获取，建构了新的商业模式。故这一阶段商业模式创新属于重构型，其逻辑如图3所示。

13.2 转型发展阶段的流通产业化

（1）价值主张。根据WTO协议，我国从2004年12月开始逐步放开对外资进入流通产业的相关限制。2003年底，浙江物产集团销售收入突破300亿元，达到343亿元。但从2004年开始，其员工明显感觉到工作更忙、节奏更

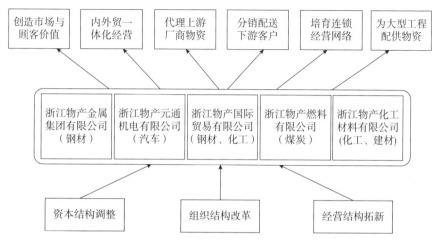

图3　浙江物产产权清晰化商业模式（改革发展阶段）

快、压力更大，但经营业绩却不尽如人意。在"三个没有"（没有垄断资源、没有倾斜的政策、没有进入门槛）的情况下，浙江物产集团加快从传统流通企业向现代流通企业的转型发展。此阶段，浙江物产集团全面导入"流通产业化"的战略体系，拓展供应链、延伸产业链，从传统贸易向供应链集成服务跨越式发展，经营范围拓展至国内外贸易、现代物流、实业加工、金融投资四大领域，主业品种拓宽至钢铁（钢材、铁矿石）、汽车、能源（煤炭、油品）、化工、商业地产、金融六大业务板块。

（2）价值创造。流通产业化不仅仅是强调流通的重要性，更重要的是构筑供应链集成新理念。浙江物产集团积极借鉴了日本三井综合商社模式和沃尔玛连锁经营模式。

首先，全面推进客户价值导向的供应链服务集成模式，对上游原材料进行控制。在钢材业务领域，浙江物产集团与武钢、首钢、鞍钢、攀钢等六十余家大中型国内钢厂以及斯坦科、奥钢联、蒂森克虏伯等众多国外钢厂建立了长期稳固的战略合作关系；与国内中小型钢厂建立长期稳定的供销合作关系；与华菱钢铁集团通过资本建立关系紧密的战略联盟，由华菱钢铁集团提供稳定的资源保障，同时为华菱钢铁集团提供铁矿石、铁合金等基础材料。通过战略合作等多种途径，浙江物产集团实现了对上游资源的控制，增强了集团控制市场风险的能力，并通过商务网络布局，加强终端客户的开发与渗透。

其次，全力打造网络体系，发展连锁分销、物流配送、电子商务等现代流通方式。浙江物产集团在1997～2001年短短4年间浙江省内建立了三大物流线、五大物流基地、11个地市级一级分销中心及物流节点等；省外网络主要包括在沿海和经济发达内陆城市建立一级分销中心，在省外周边城市建立相应的对接省内分销服务网络的业务网点。同时控股的上海大宗钢铁电子交易中心成为中国最大的钢铁产品中远期合约电子化交易平台。

最后，商流、物流、资金流和信息流"四流"联动，区域集成运作。以物流基地规划建设为基础，响应省内"四大建设"，对接21个"产业集群转型示范区"，在浙江省内杭州、宁波、嘉兴、金华、台州建立五大综合物流基地，在省外唐山、佛山、长沙、新疆等建立供应链物流基地，并通过整合社会物流资源等，建立与完善相应的物流节点，形成较为完善的物流网络体系，还在台州、宁波等多个区域搭建了"要素集聚、服务集成、运作集约"的生产性服务集聚平台，供应链全过程服务，实现了实体经营和虚拟网络相结合，资本运营与产业拓新相协同。

（3）价值分配与获取。此阶段，浙江物产集团的盈利模式告别了传统流通的批零销售，向模块化服务、项目集成、供应链集成、区域集成等方向迈进，营收翻了6番，利润增加了5.5倍，2011年以2010年1353.9亿元经营业绩昂首进入"世界500强"。同时浙江物产集团在内部积极推动"绩效理念"导向改革，努力形成分配公平的经营环境。绩效管理模式从以下四方面展开：①不断完善经营者年薪制的考核办法，实行基薪与奖励年薪相结合、短期激励与长期激励相结合。下属二级公司经营者曾一年获得1800万元总收入，极大地激励了浙江物产的管理团队。②对于董事长层面管理人员则采用非市场化的薪酬激励办法，做好集团薪酬激励中的"隔水层"。这项举措既体现了国企特点，又有利于缓和社会对于国企薪酬体制改革的议论。③制定并实施了《浙江物产集团战略性人力资源规划》及相关配套制度，全面实施职业生涯规划和人才评价机制、促进员工全面发展。④推动浙江经济职业技术学院、浙江物产管理学院发展，积极打造成为浙江物产人才培养的高地。

（4）浙江物产集团在转型发展阶段商业模式发生演变的诱因。①网络经济的兴起。网络经济使信息更加公开透明，只有变革商业模式，才能从激烈竞争中脱颖而出。②重视规划，战略引领。2003年制定了《浙江物产集团发展战略规划（2003—2012）》，2006年启动了集团战略规划修订和子公司战略规划制订，2008年浙江物产集团逆市飞扬销售额突破1000亿元，2009年进行战略升级评审。③贯彻"两创"总战略。转型发展十年期间，新增企业200余家。④内部母子公司管理体制改革，浙江物产集团提出与实施了"以资产为纽带的母子公司管理体制"，通过强化母公司战略规划、资源掌控、资本运筹、协同集成和监督指导五大职能，进一步强化了对各子公司、业务板块的战略管控。⑤资本运营平台的建立。浙江物产资本运营战略规划开始启动，通过投资战略性资源以夯实资本运营基础、发展金融服务业、构建资本运营平台，为集团业务拓展及商业模式的创新创造了有利的条件与平台支撑。

随着网络经济的蓬勃发展，浙江物产集团转变思想，以客户价值为导向，构建价值网络，持续小幅度地调整公司的资源禀赋、成本结构、收入模式，搭建更大的业务平台，提高抗风险能力。在这一阶段，浙江物产集团的商业模式设计或创新属于调整型商业模式创新，其商业模式逻辑如图4所示。

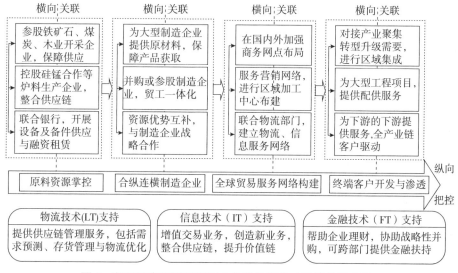

图4 浙江物产集团流通产业化商业模式（转型发展阶段）

13.3 提升发展阶段的一体两翼化

（1）价值主张。在此阶段，浙江物产集团进行重大资产重组，通过发行股份吸收合并了浙江中大集团，改名为物产中大集团，实现集团旗下业务的整体上市。物产中大集团上市后大力发展现代生产性服务业，从供应链服务提供者向系统解决方案提供者转型，向综合商社高端经营模式提升，逐步形成了"一体两翼"即以供应链集成服务为主体、以金融服务和高端实业为两翼产融良性互动的业务格局，努力打造"轻（集成服务商、金融业）、重（不动产）、高（高端制造业）"的产业格局。物产中大加快实施"流通4.0"，全力构建战略协同、周期对冲、产融结合的业务格局，致力于成为中国供应链集成服务引领者。目前，公司主营业务包括金属、能源、化工、汽车等核心品种的供应链集成服务，融资租赁、期货经纪等金融服务，以及医疗健康、环保公用等高端实业。其中，供应链集成服务业务是公司营业收入的主要来源。公司经营规模、经济效益、综合实力等主要指标一直位于全国同行前列，2019 年居世界 500 强第 249 位。

（2）价值创造。在此阶段，浙江物产集团已进入综合商社的高级经营阶段，需要通过全产业链渗透，全要素资源配置，实现综合流通、系统金融和实业投资三大业务板块的互动发展，提升集团整体竞争优势。

1）供应链集成服务为主体。①金属材料是基石。钢铁是公司最主要的供应链服务产品。主要是由子公司物产金属和物产国际来经营。其中钢材供应链业务主要包括铁矿石进口、国内供应链和钢材出口，业务涵盖产业链上下游，有助于公司扩大供应链规模，提升盈利能力，增加客户黏性。例如，物产中大向钢厂销售铁矿石，由钢厂加工成钢材，再向其购买钢材。一方面可以锁定成本，避免钢厂恶意抬高价格；另一方面也可以稳定客源，取得多个环节的利润。同时，供应链集成服务可以减少应收账款，向钢厂销售的铁矿石的货款就以钢材的形式取得。一直以来，物产中大依托上游钢厂资源优势，为下游的重点项目和终端客户用钢需求服务，与产业链上下游建立了长期的供应链服务合作关系。②煤炭供应能源。物产中大能源供应链服务的主要经营产品为煤炭。煤炭供应链主要通过子公司物产环能负责运营，上游采购以神华集团、大同煤矿、中煤能源、山西焦煤等大型煤厂为主，下游大力开拓终端直接用户，集中为电厂、建材厂、造纸厂、化工厂、冶金厂等供煤。公司不断拓展产业链上下游，扩大供应链规模，与国内大型煤炭生产企业建立了长期合作关系，保证了煤炭来源的稳定。在煤炭供应链的建设中，物产中大逐步加强面向企业用户开展门对门的配供配送服务的能力。同时，依托秦皇岛、天津、青岛、上海、乍浦等港口，加快推进港口中转和分销网络建设，重点拓展了杭嘉湖、台州、金华等区域市场，进一步扩大了销售规模，实现在浙江省内煤炭销售市场占据较大的份额。③打造化工领域垂直产业链整合平台。物产中大的化工供应链主要由子公司物产化工负责，主要产品包括聚酯纤维、塑料、硫黄、油品等化工原料及其制品，玉米、大豆等农产品，以及噻吩类、他汀类、抗病毒类医药产品等。从聚酯行业开始，物产对产业上下游进行整合，并将垂直产业链整合的模式跨行业复制到轮胎行业、化工油品行业、塑料行业、粮化行业等。目前的发展方向是打造化工领域细分行业上下游联动的垂直产业链整合平台。2019 年 3 月，商务部发布通知（商贸函〔2019〕78 号），同意赋予物产中大石油公司原油非国有贸易进口资格。未来，公司有望在上游进口原油给炼厂，同时为需求终端提供炼厂的产成品，实现油品产业链上下游打通。④汽车后市场大有可为。物产中大汽车经销的经营主体是子公司物产元通。在汽车销售业务的基础上，物产中大积极拓展汽车后服务业务，同时搭建云服务平台提供 O2O 新车销售、后服务、二手车、金融理财、车圈、积分商城服务，通过线上线下融合提升汽车整体业务规模。目前，物产中大在浙江省建立了良好的品牌效应，汽车省内销售量市占率持续提升，在省内汽车分销领域位居第一。同时汽车销售网络在地域上采用三级运营模式，销售业务由中心城市向二、三线城市拓展。截至 2019 年上半年，物产中大已与国内主要汽车集团均建立了良好的合作关系，旗下经销的汽车品牌已经涵盖了国内外 8 个大系的 45 个品牌，公司 4S 店、2S 店和综合展厅等销售网点为 193 家，其中 4S 店数量达到 135 家，逐步向中高端品牌聚焦。在汽车后服务方面，近年来公司充分利用后服务产业链优势，加快业态调整和战略转型，通过打造七大汽车平台，着力打通内部生态，以实现营运质量和抵御风险能力的提升。

2）以金融服务和高端实业为两翼。①金融服务为供应链业务赋能。物产中大开展金融服务的主要目的是为供应链集成业务赋能，其主要业务包括融资租赁、期货业务、财务公司三大板块。融资租赁：主要以整车租赁业务为主。通过子公司物产融租来经营，融租业务建立了"前端做深厂商租赁、中端做强服务增值、后端做好租赁资产证券化"的投融资良性循环运行体系，其商用车租赁业务位列全国前三。期货业务：以期现结合业务为主。物产中大旗下的中大期货分公司经营商品期货超过 20 年，是我国各大商品期货交易所会员单位。财务公司：其定位是集团一体化资金运行平台，开展银企战略合作、创新融资方式，使公司整体综合融资成本低于社会平均融资成本。2015 年 12 月，集团成立财务公司，有利于资金管理能力的进一步提升和融资成本的降低。物产中大是地方流通企业中首家获得双 AAA 信用评级的企业，能够利用信用优势和资金优势，为供应链上下游客户开展融资租赁、创新融资等定制化金融服务，增强供应链客户黏性。同时，物产也可以发挥现货端产业优势与期货端经验技术，为客户提供"金融产品超市"。另外，物产还利用区块链技术在供应链上下游成功探索"信用币"机制，实现供应链流量变现。②实业投资有望成为新亮点。环保能源业务是公司重点培育的板块，主要业务包括热电、线缆及水务。其中，热电和线缆分别构成了能源和金属供应链的延伸，有助于物产打通产业链上下游，扩大供应链规模，规避周期风险，增强客户黏性。

热电：以子公司物产环能为运营主体，通过并购重组方式逐步形成以垃圾焚烧、污泥处理、生物质发电等为核心技术的热点联产业务。截至 2018 年底，物产环能已拥有 5 家热电企业，合计装机容量 313 兆瓦，年处理污泥 75 万吨、年供热能力 1100 万吨。物产以打造环保能源供应链集成服务商为目标，从供应链拓展至实业，有助于公司整体盈利能力的提升。

线缆：物产以子公司中大实业为运营主体，在省内外构建起万余家经销商的网络体系，打通了产业链上下游，有效地解决了规模化生产与个性化需求之间的矛盾。线缆业务是金属供应链的延伸，公司从供应链拓展至制造业，力求打通产业链上下游。

水务：物产以子公司物产环境为运营主体，通过投资物产中大（桐乡）公用事业投资有限公司等方式，构建供水和污水处理两大产业体系，初步形成供水和污水处理近 100 万吨/天的规模。

医药健康业务是物产中大未来重点培育的另一个板块。公司制定了"1+N"发展战略，以综合医院为核心，培育多项盈利模式，获取综合收益。在医疗健康方面，公司先后投资设立了金华物产中大医疗健康投资有限公司和衢州物产中大医疗健康投资有限公司，以政企合作方式直接控股金华市人民医院、衢州柯城区人民医院，同时与杭州市第一人民医院开展全面战略合作，稳步推进打造集基本医疗、特需医疗、医疗康复、养老等于一体的网络化布局、全产业链联动的医养结合综合体。在养老方面，目前已有"朗和"和"朗颐"两个高端养老机构示范运行。此外，为建立科学、高效、有序的一体化投资及管理体系，有效整合物产中大内部现有大健康资源，2017 年 6 月，物产中大设立全资子公司物产医疗，投资基本医疗、特需医疗、医疗康复、养老等大健康项目以及相关产业投资。

（3）价值分配与获取。供应链集成服务、金融和实业这"三驾马车"拉着物产中大奔向综合商社高端经营模式。因此，全产业链渗透正为物产中大带来广泛的利润来源。

1）供应链集成服务。①金属板块增长稳定。2018 年，物产中大钢材销量 2789.43 万吨，实现销售收入 1217.38 亿元，同比增长 11.52%，全年实现钢材供应链营业收入为 1050.61 亿元，同比增长 12.59%。2018 年，钢材供应链营业收入占供应链集成服务营业收入的比例为 36.26%。钢材是物产中大主要的利润来源。②煤炭市场份额增长稳定。作为浙江省内龙头企业，2014～2018 年，物产中大的煤炭销售量年复合增速约为 14.6%，占浙江省的市场份额稳步提升，2016 年市场份额已达 57.6%。2018 年，公司煤炭销售实物量 6226.11 万吨，实现销售金额 414.04 亿元，煤炭板块实现营业收入 359.42 亿元。煤炭供应链营业收入占供应链集成服务营业收入的比例为 13.54%。③化工板块垂直产业成效显著。目前垂直产业链服务业务收入占物产化工整体收入的比例逐年提升。2015～2018 年，垂直产业链服务业务收入年复合增速达 111.79%，垂直产业链服务业务收入占比从 7.63% 提升至 31.71%。与此同时，物产化工的流动资产周转率和净资产收益率水平均稳步提升，这说明物产中大将聚酯行业的垂直产业链整合模式进行跨行业复制的方法卓有成效。④汽车板块趋向稳定。2018 年，物产元通的汽车销量达到 18.39 万辆，但同比 2017 年同期下降 0.65%。全年实现销售金额 319.90 亿元，但毛利率仅为 4.99%，相比全国汽车经销商百强企业毛利率 8.50% 仍有提升空间，同时汽车售后服务收入 49.71 亿元，后服务收入增速持续高于汽车销售收入增速，有望带来汽车板块整体毛利率的提升。

2）金融服务方面，目前期货板块略有小成。2018 年，公司在各大商品交易所交易额为 1.54 万亿元，市场份额为 0.41%。截至 2018 年底，中大期货资产总额 33.19 亿元，所有者权益 6.80 亿元。2018 年，受益于期现结合业务规模扩大，中大期货实现营业收入 9.62 亿元，同比增长 42.94%。而 2015 年才成立的财务公司，目前财务资产总额已达到 99.75 亿元，发放贷款及垫款 36.23 亿元。2018 年，物产财务实现营业收入 3.18 亿元，实现净利润 0.68 亿元。

3）实业投资方面：环保能源业务涨势惊人，有望成为物产中大的又一利润增长引擎。热能板块 2018 年实现净利润 5.93 亿元。线缆业务实现销售 22 亿元，同比大幅上涨。水务则实现营业收入 4.89 亿元，净利润 1.12 亿元。而截至 2018 年底，物产医疗总资产 8.59 亿元，所有者权益 4.83 亿元。2018 年实现营业收入 1.19 亿元，实现净利润 0.03 亿元。

（4）物产中大在提升发展阶段商业模式发生演变的诱因。首先，世界经济增速放缓。中国目前采取"去杠杆化""去产能化"的政策，对物产中大影响较大。其次，世界500强的内在要求。作为世界500强，要进得去、稳得住、做得好，就需不断创新。最后，2015年实现整体上市后，物产通过员工持股，将公司与员工利益深度绑定，激发了员工的工作活力，极大地推动了公司业务发展和稳健经营。

总之，提升发展阶段物产中大商业模式逻辑的重点是登高看远，价值观引领，进行业务体系的整合，打造流通产业的商业生态系统，构建企业的核心竞争优势。这一阶段，物产中大的商业模式设计或创新属于完善型商业模式创新，其商业模式逻辑如图5所示。

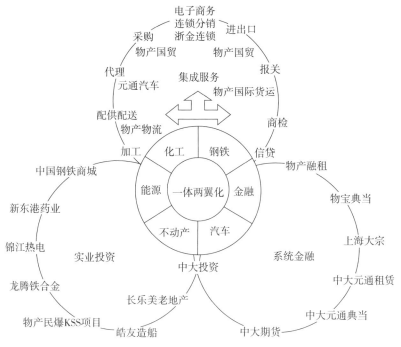

图5　物产中大一体两翼化商业模式（提升发展阶段）

资料来源

项国鹏、罗兴武：《价值创造视角下浙商龙头企业商业模式演化机制——基于浙江物产的案例研究》，《商业经济与管理》2015年第1期。

曾杨希：《央媒聚焦浙江国企改革经验 物产中大集团将开启"二次混改"》，浙江在线，2016年8月13日。

姜楠：《供应链集成服务的引领者——物产中大深度报告》，《浙商证券》2020年1月9日。

 经验借鉴

物产中大以金属、能源、化工、汽车等供应链集成服务为基础，以金融服务为支持，以高端实业为培育新增长级，致力于打通各行业上下游产业链，成为客户价值导向的定制化敏捷供应链服务集成商。在物产中大的商业模式演化过程中，有很多值得借鉴的经验：①商业模式持续拥抱变化。物产中大作为一个流通企业，其早期的商业模式主要是典型的"贸易商"形式，这种模式在早期是可行的，但随着内外部环境变化，流通企业竞争的加剧，越来越难以持续。在物产中大明确提出垂直一体化战略之后，企业的商业模式开始变革与转型，从积极拓展采购、仓储、加工、分销、物流等增值服务，到逐步形成了"一体两翼"的业务格局。物产中大的商业模式随着现代化流通产业的发展而不断丰富与完善。②稳固已有业务。物产中大目前依托"智慧供应链物流体系""特色供应链金融体系"两大支撑，不断降低供应链集成服务成本，向上下游扩展供应链，并逐步夯实自身作为国内供应链集成服务领导者的地位。③标准化商业模式灵活复制。物产中大通过发挥自身的集成服务优势，辅之以权益投资手段，适时介入具有较为广阔发展前景又能够充分调动国有上市公司资源的新事业领域，以轻资产与重资产、服务业与高端实业相结合的方式实现产、商、融全面结合，总结出了一套通用型流通技术，形成一套适合于自身特点的标准化商业模式和盈利模式，在优化集团业务结构的基础上，进一步提升自身的核心竞争力。④激发各类要素活力。在集团公司层面，物产中大先后进行以产权结构为核心的改革和混合所有制改革，在成员公司则推行混合所有制，尝试由法人股东、职工持股会、自然会、社会法人股东共同出资，组建投资主体多元化、以现代企业制度为运作基础的公司。在员工层面则推进成员公司股权改革和现代企业制度建设。

本案例启发思考题

（1）什么是垂直一体化战略？

（2）物产中大早期实施垂直一体化战略的动因是什么？

（3）物产中大的商业模式在发展过程中发生了哪些变化？

（4）对于物产中大的商业模式，你有什么看法？

（5）为什么物产中大的商业模式会发生变化？

14　淘宝直播：后电商时代的成长引擎

 公司简介

淘宝直播是阿里巴巴推出的直播平台，定位于"消费类直播"，用户可边看边买，涵盖母婴、美妆等。在直播行业刚崛起时，阿里巴巴率先跟上潮流，推出直播与电商结合的淘宝直播、天猫直播平台，并且佐以淘宝达人培训、催化直播网红生态，形成新的"边看边买"的生态系，同时天猫技术团队自己研发了"边看边买"技术，在消费者观看视频的时候，主播会随机发布商品，并推荐媒体、达人对商品进行介绍、评测，用户在不中断视频的过程中就能完成添加购物车、付款流程，培养了新的消费习惯。目前，淘宝直播商业模式逐渐打通，并带动形成了一个新的产业生态，许多与此相关的机构正在参与进来，比如，它改变了先前的线上合作供应模式，发展出两种新的供应模式：一是线下市场与建立聚合多种品牌商品的品牌基地；二是第三方机构多渠道网络服务（MCN），它通过向供应端下达订单需求，对已有资源进行分配，并将任务发放至签约网红，与网红、平台合作分成。

根据淘榜单和淘宝直播联合数据发布，2018年，淘宝直播平台带货超过1000亿元，同比增速近400%；81个直播间成交过亿元，5家机构引导成交破10亿元，成绩十分亮眼。2019年，淘宝直播主播数量100多万，引导成交2000多亿元，177位主播带货销量破亿元，直播带货商品数超过4000万，商家自播店数同比增长268%。

案例梗概

（1）淘宝直播颠覆了传统直播模式，实现从"货到人"到"人到人"的转变。

（2）颠覆娱乐型直播模式，寻找新模式留住"粉丝"。

（3）借助明星和网红的"粉丝效应"，在短期内快速聚集流量，并实现流量的转化。

（4）带动第三方 MCN 机构发展，提升平台效率，带动全产业链受益。

（5）改变了传统的线上合作供应模式，发展线下市场及品牌基地，解决了线上供应模式问题。

关键词：电商直播；关键意见领袖；直播生态系统；产业链

案例全文

14.1　淘宝直播的起源

2015 年，主打美女与游戏的直播行业成了网红与资本的名利场，那时有门票，也有打赏，而且打赏成为直播行业的核心商业模式，主播通过向粉丝售卖虚拟道具从而与平台进行分成，这成为直播平台最稳定的来源。随后，在内外部环境的共同作用下，直播行业开始向外拓展，直播的内容由最初的单一形式，开始综合性地向"旅游""户外""金融""财经"等各行各业延伸，并且给各类行业收入带来了不一样的东西，以淘宝直播为代表的"直播+电商"模式也随之出现。

淘宝直播的前身是 2015 年 11 月 28 日上线的"达人淘"体系下的产品雏形"Play"，包括微淘、有好货、哇哦视频、淘宝直播、品牌号，其中微淘相当于淘宝微博、有好货相当于淘宝小红书、哇哦视频相当于淘宝抖音、品牌号相当于淘宝公众号。直播是 2015~2016 年淘宝"内容化、社区化和本地生活化"下达人体系产品开发的尝试，彼时微博上的网红、小红书、值得买上的关键意见领袖（KOL）蓬勃发展。2016 年 5 月 13 日 Play 更名为"淘宝直播"正式上线，入口从"地下 5 楼"（手机淘宝页面上划 5 次才能找到入口）一点一点往上移到了首屏的"海景房"，足见其在淘宝中的重要性。

最早入驻淘宝直播的主播大部分是淘系内的角色，包括淘女郎和淘宝达人，淘宝红人主播薇娅此前也是自家店铺的淘女郎。早期为了满足淘宝内主播供给侧的需求，淘宝举办了校花大赛，去各个高校挖掘校花丰富内容生态。2016~2017年，淘宝直播开始以专业生产内容PGC为突破口，接连做了一系列营销类活动，如2017年的淘宝造物节，完成了600万日活跃用户数量（DAU）的指标。2017年后，天猫淘宝的商家店铺加入，淘宝直播与天猫直播也正式合并，MCN机构逐渐出现在淘宝直播的生态圈中。2018年开始，商家自播的比例有了大幅度的增长。直播跟电商的结合度更高，孵化出了门店导购直播，BA直播、客服直播，甚至直播直接跟商家工作台打通。2019年初"淘宝直播"这一独立APP推出，给大量淘宝天猫商家和中小主播带来更多新发展机会。淘宝直播的发展过程如图6所示。

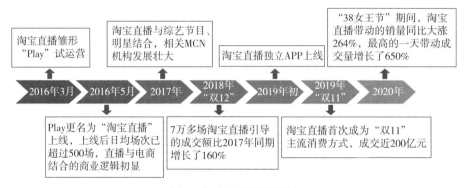

图6 淘宝直播发展过程

14.2 淘宝直播发展模式

14.2.1 直播电商颠覆传统模式

以淘宝直播为代表的直播+电商模式的出现，重塑了传统电商中的人、货、场：从"人"的方面来说，消费者从主动消费变成了被动消费。传统的主动消费中搜索选品通常需要一个长时间的品牌导入过程，但直播带来了被动消费和口碑的传播，大大缩减用户购物决策的时间。同时，消费者在直播间里可以通过评论的方式加强两者的交互，从而得到个性化的消费，提升用户体验；从"货"的方面来说，直播电商实现了去中间商，拉近产品与原产地的目标。过去商家需要采购，把货存进仓库然后再上架，而现在这一过程被略去。同时视频代替了原来的图片展示，以一个更真实和直观的方式展示产品，并且直播商品以高性价比、限量为主要卖点，吸引"粉丝"的购物冲动。所以无论从货源上还是货品的展示上，直播电商都更加拉近了消费者与商家的距离，缩短了决策时间。从"场"的方面来说，"千里眼+顺风耳"的功能变成现实。依靠技术和设备的升级革新，商家不再局限于单纯的卖场中，而是通过手机直播可以在任何时间、任何场景展示产品，具有很强的时效性。

淘宝直播使淘宝红人、货、消费者之间的关系更加紧密且直接，成为商家变现的重要手段。就具体过程来说，淘宝红人向用户讲解产品，而用户则因为喜欢一个主播进而去关注店铺、了解商品，这使传统的"货与人"的关系向"人与人"的新型关系转变。另外，电商直播以一种互动式营销模式对众多消费者产生了吸引力，在电商直播普及之前，消费者主要通过如微博、微信、小红书、抖音等社交平台来"做功课"，"种草"好物，然后再去电商或者线下门店进行购买。而电商直播则改变了这一模式，如淘宝内部的关键意见领袖（KOL）在选品时，通常会采用大众知名品牌加上独有的低价策略，让那些不愿做深度思考、花时间"做功课"的用户可以在观看直播的同时，快速做出购买决定，减少选择障碍，降低用户决策成本。此外，在直播强直观性、高互动性、低门槛性、强煽动性的特点下，配合直观的试用效果、限制购买数量的营销方式等综合作用，消费者受到直播的感官刺激，也极易引起冲动性的消费行为，促进成交。根据淘榜单和淘宝直播联合数据发布，2017~2018 年淘宝直播经历了跨越式发展，2018 年，淘宝直播平台带货超过1000 亿元，同比增速近 400%；81 个直播间成交过亿元，5 家机构引导成交破 10 亿元，成绩十分亮眼。另外，丰富的消费品内容也支撑着淘宝直播的发展，相关数据显示，当前消费者每天可以观看的淘宝直播内容超过 15 万小时，可购买的产品数量超过 60 万种。"网红"与商家的合作更加深入，在模式的选择上更加注重"粉丝"端的感受，不断改善用户体验，提升合作效果，形成长期高效的互利关系。

14.2.2 发展新形式留住"粉丝"

直播刚兴起时，主打美女与游戏的娱乐型模式成了"网红"与资本的名利场，那时的直播有门票，也有打赏。打赏一度成为直播行业的核心商业模式，即主播通过向粉丝售卖虚拟道具从而与平台进行分成，这也成为直播平台最稳定的收入来源。

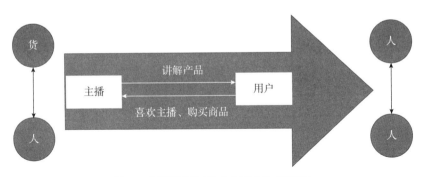

图7 "货到人"到"人到人"的转变

而淘宝直播却隐约有些"不合群",在整个行业打赏的趋势下,它却计划做一个新的商业型产品。背靠淘宝这一电商平台,直播与电商的结合似乎顺风顺水。但如果不做打赏型模式的话,不仅主播失去了打赏这一收入来源,而且主播与"粉丝"的连接关系也被取消了,那该从何盈利?针对这一问题,淘宝直播开发了新的解决方案,并提出两种商业模式:第一种是导购分成,即主播给商家推广商品然后拿佣金。第二种则是主播通过淘宝的V任务平台与商家达成广告宣传协议。运营后的V任务平台上,已经出现了主播10天能有将近300万元广告收入的例子。除此之外,淘宝直播通过新建一个"粉丝"亲密度的产品,将粉丝和主播之间通过任务化的方式建立关系,同时又通过"粉丝"等级,如铁粉、钻粉、真爱粉等,方便主播对"粉丝"的分层运营。这个功能上线于2018年5月,截至2019年3月30日,一共产生了3000多万对主播与"铁粉"的关系。淘宝直播的盈利模式不是靠打赏,而是靠消费者对于主播的喜爱,对于货品的认知。"铁粉"在购买转化率、观看时长、整个直播间里的互动方面区别于普通的"粉丝",购买转化率高于普通"粉丝"20倍以上。

14.2.3 提出目标定位:有趣、有料、有用

淘宝直播在产品发展行进的道路中越来越明确眼前的方向:核心出发点只有一个,就是思考如何解决创作者和平台用户之间的高效衔接,如何把他们之间的互动能力通过直播媒体化的方式最有效地表达。所以,淘宝直播在发展的道路中慢慢沉淀出了三个关键词:有趣、有用、有料。

(1)有趣,即生活分享。淘宝直播负责人闻仲表示:"生活中有很多不可思议和没被发现的美好,通过淘宝直播,可以贴近生活,认真感受。"闻仲很

喜欢珍珠哥，问起珍珠哥做直播的初衷，他说："中国乃至世界90%以上的人从来没见过现场开蚌取珍珠，刚好现在的直播给了我一个分享的机会。"他直播的方式也很简单，一个人喊号一个人开蚌，58元开一次，开出的珍珠，归买家所有。但是购买者无法预知蚌里面的珍珠成色如何。而这似乎并不影响消费者的热情，最热闹时有65万人围观现场开蚌。"就前几天，开出一个直径16毫米的，市场价值3000元呢。"珍珠哥说，"先下单再开蚌的方式，就是图个有趣刺激。"在没直播前，他的淘宝店年销售额几百万元，结果一直播，销售额一下飞涨至半年3000万元。

（2）有用，即购物指引。目前的淘宝直播就像是一个知识型营销，无论是主播还是卖家，都相当于在教用户怎么去用专业的知识挑选需要的商品。这也改变了电商平台"货对人"的传统模式。因为在传统的主动消费过程中，消费者搜索及选品都需要一个长时间品牌导入过程，而在淘宝直播间中，主播会根据自身的专业知识向消费者详细介绍产品，或直接在直播间向消费者展示产品。有了主播为产品背书以及直观的产品展示，能够大大缩减用户的购物决策，从主动消费变成被动消费。除此之外，消费者还可以在直播间里以评论的方式加强两者的交互，从而得到个性化的消费，提升用户体验。

（3）有料，即电商玩法。有料，这是淘宝直播区别于其他直播平台的一个差异化玩法，那就是电商属性。所以淘宝直播是一个生活消费类的直播平台。淘宝直播站在电商平台最核心的角度去思考："如何回归到最简单的商业逻辑，回归到最简单的用户需求，回归最真实的用户场景。2018年开始淘宝直播变得很不一样。2016~2017年淘宝直播上主要卖衣服、美妆、珠宝，但是2018年开始出现很多卖零食的、卖藕的、卖手工豆腐的，等等，淘宝直播越来越发挥电商这一属性，更加贴近用户的日常需求了。

14.2.4 发展生态圈

（1）KOL经济持续增长。直播与电商结合的优势体现在两个方面：持续性和转化率。在持续性方面，直播电商摒弃流量思维，以用户思维运营"粉丝"，从"消耗粉丝"到与粉丝共赢。在转化率方面，相比于传统电商0.4%左右的购买转化率，李佳琦、薇娅等淘宝直播顶级"网红"的购买转化率高达12%~14%。淘宝直播提供了非常优质的私域流量运营池。而头部KOL正是电商直播的关键所在，借助明星和"网红"的"粉丝效应"，明星和"网红"主播所推荐的商品更易受人信赖，能够在短期内快速聚集流量，并实现流量的转化。鉴于此，邀请明星、"网红"、垂直领域的 KOL 助力直播，已成为时下卖家入局直播的利器，自带人气、关注和流量的主播能够实现热启动，迅速触发抢货风潮，帮助商家在短时间内获得惊人的销量转化效果。

"网红"在微博、微信等各种社交平台与粉丝互动，通过淘宝直播呈现产品，最终在淘宝店铺内实现成交。这一系列的闭环操作，把主播的"粉丝"属性、互动属性和平台的成交属性结合得天衣无缝。比如李佳琦，他是淘宝直播的当红主播，在发展前期采取了"出圈"的方式吸引"粉丝"。他开设的抖音账号有 3400 万"粉丝"，通过与马云进行卖口红比赛，成功打响"口红一哥"的名气，并多次登上微博头条，受到全民关注。目前他的全网"粉丝"超过 5000 万，成为直播网红代表性人物。而这些流量最终都引入了淘宝直播，2019 年 11 月李佳琦直播间的累计观看人数达到 1.89 亿人次，在"双 11"当天实现超 10 亿元的交易额，完美地将外来流量在直播间转化为成交额。

（2）PGC 内容生产带来全新购物体验。淘宝的电商综艺类 PGC 直播致力于打造特色的直播 IP，做品牌、效果、销路三合一的专业直播。2017 年，这一方向逐渐升级，主要表现在 PGC 制作者会将电视栏目的制作经验移植到直播内容的生产，同时更注重互动，而"网红主播"同样会提升专业化能力，注重直播内容的设计、脚本写作等。截至 2017 年 11 月，已经有 60 多档节目在淘宝直播开播，包括吴宗宪的《宪在出发》、杨乐乐的《乐享生机》、黄子佼的《今晚佼点》、冉莹颖的《脱颖而出》。淘宝直播的模式得到了更广泛的认可。2018 年淘宝直播推出"启明星计划"，它尝试用一种新的方式来改变明星与"粉丝"以及商家与品牌之间的关系。明星的"粉丝"效应和影响力能够帮助淘宝直播跳出自有生态，辐射到更多增量人群。比如李湘发起的"湘姐带你逛英国"直播，吸引近 250 万人次观看，推荐的护肤品套装售出近 20 万套，这次的直播卖货贡献了多个热搜，而热搜背后都是涌进淘宝直播的流量。明星加入淘宝直播是整体生态的一次丰富，在 2019 年天猫"6·18 大促"期间，王祖蓝、刘畊宏、张俪、乐华旗下艺人等 22 位明星首次参与淘宝直播。其中，王祖蓝在直播间内卖出了超 1 万件珠宝，单场成交额超 300 万元。"直播+电商"的模式发挥明星的带货能力，从而为消费者带来全新的购物体验，观看电商直播已成为一种全新的生活方式。

（3）MCN 机构成为红人经济的核心。几年时间，淘宝直播已经带动形成了一个新的产业生态，许多与此相关的职业正在被创造出来，包括主播、MCN 机构、直播间装修师、主播培训师等，内部分工已极其细化。在直播行业的高速发展期，行业红利明显，并带动全产业链受益。其中 MCN 机构最为受益，MCN 机构聚合"网红"的第三方机构，用以保证"网红"稳定、持续地输出内容和商业变现。它充当"卖水人"角色，通过数据、供应链、系统等提升平台效率，在确定广告主及自身需求后，对已有资源进行分配，通过向供应端下达订单需求，并将任务发放至签约网红，之后再通过自身流量渠道分发作品，并与网红、平台合作分成，收入来自广告主提供的广告费以及粉丝的相关消费。

MCN 机构变现方式众多，电商变现潜力有望持续释放。当前市场上各个 MCN 的变现方式主要有广告营销、平台补贴、内容电商、课程销售、衍生品销售、IP 授权等，由于各个 MCN 的基因属性不同，其核心变现方式也不尽相同。不同规模的 MCN 会根据自身优势打出不同的变现组合拳，当前多数 MCN 的变现仍以广告营销变现为主，但内容电商的潜力已在持续被释放，在各大 MCN 机构的营收构成中所占比重也较高，而多元变现和多元分发平台无疑可助力 MCN 机构快速成长。

目前，在淘宝直播带动下 MCN 机构的商业模式正在成型，并逐步开始组建起自己的供应链。比如，构美开始做自己的品牌供应链，妃鱼的核心竞争力就在于其二手奢侈品供应链，头部 MCN 谦寻则是组建了超级供应链。据 2019 年数据显示，淘宝直播带动就业超过 400 万元，淘宝直播上的 MCN 机构已经达到 1000 多家。淘宝直播上的生态角色还在不断孵化出新职业，例如，专门帮商家快速开淘宝直播的代播服务商，半年内从 0 家快速增长到 200 多家。未来线下门店、线下市场开淘宝直播可能成为新的趋势。

（4）上游供应链，改版传统合作模式。淘宝直播为品牌方和消费者创造新消费场景，为全时全域营销和品效合一提供可能。有效运用直播提效的品牌方和产业链上游投放平台有望受益。直播为品牌方带来的效果主要体现在两方面：一是声量上，获得更多、更精准的消费者数据，提高产品曝光度；二是直接表现在销量上，库存的清理和新品推广。从产业链来看，品牌方加速进入直播行业，更加重视线上投放效率，具备帮助品牌进行资源整合力的新媒体营销龙头有望受益。

2019 年在淘宝直播潮搭盛典上，薇娅一天就卖出了 3 万条连衣裙。这不禁让我们感到疑惑：这么多的货都从哪里来？每个人都能按时收到货吗？不论直播间里有多热闹，"货"都是淘宝直播绕不过去的核心问题。"一个主播每场直播基本要上 40 个款，一个月播 20 场就是 800 个款，10 个主播就有

8000 款。"淘宝直播负责人赵圆圆在 2019 年的首届淘宝女装供应链大会上算了这么一笔账。"多款式、小库存"的特点,对供应链的速度提出了很高的要求。要知道,在 2017 年的时候,淘宝直播的产品大部分是由线上合作商家供应的。而这种模式也带来了一些问题:一是退样、寄样麻烦;二是产品款式偏少;三是更新速度慢,效率完全跟不上直播更新款式的速度。

目前,淘宝直播已经改变了先前的线上合作供应模式,发展出了两种新的供应模式:①与传统线下市场合作。②建立聚合多种品牌商品的品牌基地。这不仅进一步拉近了产品与原产地的距离,也解决了线上供应模式存在的问题。

(5) 下游各大平台竞争激烈。直播与电商的结合越发火热,除淘宝直播外,更多的平台加入到这场角逐中,其中这些平台可以划分为短视频平台(快手、抖音)和电商平台(淘宝、拼多多、京东),其中短视频平台具有低成本流量、海量主播等前端优势,电商平台具有供应链、品牌商资源等后端优势。电商平台之间的竞争逐渐明面化,巨头之争正错综复杂地展开。

抖音是最早和淘宝接轨开启电商之路的。在淘宝直播内部,由于红人主播成长太难,涨粉太慢,通常会选择外部平台来快速吸粉。2018 年,淘宝官方数据显示,头部网店 30% 的流量来自抖音,淘宝直播排名前十的"网红"都开通了抖音账号。与此同时,抖音凭借自身流量也捧红了很多爆款商品,虽然抖音与淘宝的依赖关系密切,但抖音若想继续发展壮大,则不能一直依赖淘宝,需要进一步形成自己的电商闭环,无论是在视频输出、流量导流还是购物支持后台管理的方面。而抖音的野心也早已显露,比如抖音在 2018 年上线"精选好物联盟"平台、开放视频直播带货、开设抖音小店等。根据 2018 年底双方给出的用户月活跃量数据,淘宝的日活跃用户数量(MAU)达到 6.99 亿人,抖音已经增至 5 亿人。2019 年抖音直播更是在流量、产品、运营三方面持续发力,在扶持优质新人主播和助力公会多元变现方面已经形成了一套完整的产品架构和服务体系。快手带货场景的逐渐成熟,使它间接与淘宝直播生态形成潜在竞争。

在电商平台的普遍认知中,直播已经变成了一个标配,是未来最有力的基础营销工具。快手与拼多多在直播电商中的迅速发展将对淘宝直播的下沉市场造成"抄底袭击",直播市场竞争非常激烈。

资料来源

朱彬彬：《揭秘淘宝直播背后的超级供应链》，《江苏经济报》2019 年 3 月 27 日，第 A02 版。

诸海滨：《淘宝直播带货规模超过千亿，电商直播成为新的战略要地》，《安信证券策略报告》2019 年 10 月 30 日。

宁浮洁、丁浙川、周洁：《直播电商三国杀，从"猫拼狗"到"猫快抖"——新零售研究之直播电商系列》，《招商证券：新零售研究之直播电商报告》2020 年 1 月 5 日。

 经验借鉴

在直播行业发展的过程中，淘宝直播以直播与电商结合的新形势，从一众直播与秀场结合的模式中突围，它的发展给直播行业带来了很多值得借鉴的经验：①结合技术发展，把握市场机遇。淘宝直播善于发现技术带来的新机遇，借助直播与本身的电商结合，形成一种互动式营销模式，对众多消费者产生了吸引力，使传统的"货与人"的关系向"人与人"的新型关系转变，"网红"、货、消费者之间的关系更加紧密且直接，进而刺激了用户的消费行为。②另辟蹊径，敢于创新。在直播刚兴起时，打赏一度成为直播行业的核心商业模式。但在淘宝直播通过分析自身竞争优势和外部发展机遇，打造出新的商业型产品，其背靠淘宝这一电商平台，通过直播与电商的结合发展壮大。③聚焦核心群体，致力于解决用户问题。淘宝直播在发展的过程中围绕用户思考创作者和平台用户之间怎样才能高效衔接等问题，这一聚焦用户的做法使淘宝直播在发展的道路中慢慢明确自身的目标定位，并始终致力于解决用户问题。④实施闭环操作，把主播的"粉丝"属性、互动属性和平台的成交属性结合，发挥资源最大效用。直播与电商结合的优势体现在两个方面：持续性和转化率。持续性方面，直播电商摒弃流量思维，是以用户思维运营"粉丝"，从"消耗粉丝"到与"粉丝"共赢。转化率方面，借助明星和"网红"的"粉丝效应"，在短期内快速聚集流量，并实现流量的转化。⑤注重内容生产，完善互动形式。淘宝直播打造了特色的电商综艺类 PGC 直播，通过特色的直播 IP，从而为消费者带来全新的购物体验，让观看电商直播成为一种全新的生活方式。⑥带动相关行业，助力市场就业。在直播行业的高速发展期中，行业红利明显，并带动全产业链受益，从而出现了新型MCN中间机构，它充当"卖水人"角色，通过数据、供应链、系统等提升平台效率，持续地输出内容和商业变现。淘宝直播与MCN机构开展广泛的合作，带动并支持其发展。⑦扩大业务范围，打通产业链上下游。淘宝直播为品牌方和消费者创造新消费场景，为全时全域营销和品效合一提供可能。有效运用直播提效的品牌方和产业链上游投放平台有望受益。淘宝直播已经发展出了两种新的供应模式：一是与传统线下市场合作，二是建立聚合了多种品牌商品的品牌基地，这不仅更加拉近了产品与原产地的距离，也解决了线上供应模式存在的问题。

 本案例启发思考题

（1）结合案例及相关资料，了解淘宝直播出现前的行业背景，试分析当时市场的宏观环境。

（2）淘宝直播进入市场的路径是什么？

（3）分析为什么淘宝直播没有走"直播+秀场"的模式？它的模式有何创新点？

（4）试用商业模式画布分析淘宝直播的商业模式。

（5）抖音、快手和拼多多它们的模式与淘宝直播有何区别？

（6）淘宝直播开展生态系统战略，未来是否会被其他竞争者模仿超越？

（7）假如你是淘宝直播负责人，你认为应当如何领导其持续保持战略优势？试为其提出一些建议。

经 验 篇

新时代浙商商业模式创新的经验与启示

1　新时代浙商商业模式创新的六大经验

分析近 20 年来浙商企业商业模式案例，我们可以得出浙商企业在商业模式创新方面至少有以下六大经验。

经验一：明确价值主张，注重客户需求。企业应注重从客户的角度思考、设计企业的商业模式。而商业模式创新的出发点，就是如何从根本上为客户创造增加的价值，因此，企业思考的起点是客户的需求。同时，企业的价值主张也是重要一环，价值主张即给客户带来了怎样独到的价值创新。换句话说，给客户提供了哪些更优的解决方案。企业要想实现价值创新，就要在资源配备上下功夫，提升自身的核心能力。企业有了核心能力才可能建立竞争优势，才能与竞争对手拉开距离，才能让目标客户感受到企业的价值所在。比如盒马鲜生的团队在发展中提出"所想即所得，用户需要的，盒马必须提供"的战略性要求，采用店仓合一的经营理念，提供 3 千米内 30 分钟送达服务，消费者无论想要鲜活的海鲜，还是冰凉的冷饮，还是热腾腾的熟食，只要通过盒马 APP 下单，30 分钟内马上送到家，从而满足用户在任何场景的即时性需求，让消费者的生活更加方便。更快速、更新鲜成为盒马鲜生抓住客户需求的重要竞争力。

尽管我们已经知道客户价值主张的重要意义：为客户创造价值是企业得以生存的根基。然而，企业管理者有时却总是在强调自身产品和服务有多优秀，忽视了客户真正所需要的东西。客户价值主张是提供给顾客的特定利益组合，客户需要的不只是某项产品，而是解决客户实际问题的一整套方案，企业通过其产品和服务给消费者解决了某个潜在问题，企业才对消费者有了实际意义。例如，海康威视明白一家企业能够不断研发出新产品固然重要，但若想推出可以引领行业的新产品、新技术就必须要把握市场应用转折点。面对安防监控应用市场从小型系统到大型系统、从通用型系统到行业应用解决方案等一系列的转换节点，海康威视每一次都不失时机地推出了相应的优势产品技术，这体现了海康威视将内部规划实施与外部需求有效匹配的超强能力。如何才能得先机？海康威视 CEO 胡扬忠的简短回答点明了要点：客户需求，即多去听客户的声音，了解客户的需求，关注产业的发展和演变。在洞察市场的过程中，海康威视也会根据需要调整公司内部的组织结构，比如其针对用户的不同行业，陆续组建了公安、司法、金融、文教卫等七大事业部，从而能面向各个细分行业提供系统解决方案。同时，海康威视在分公司的基础上，又拓展出地市级办事处，以更好地服务用户。通过贴近用户和市场，对越来越细分的行业和场景进行充分研究，海康威视的产品从而更加精准地瞄准用户需求。

经验二：找准目标市场，谋划业务布局。"精耕细作还是多元发展"这是企业发展需要考虑的问题。由于社会的不断发展，企业的业务布局也更加多样化，对于一些力量弱小的企业来说，市场竞争越来越残酷。因此，企业不能再单纯靠机会去多业务发展，而应该像农夫一样，在熟悉的领域精耕细作，进而提高市场占有率。因此，对于一些企业来说，在拓展市场的同时从内部着手，开展存量市场深耕是最优选择。比如正泰，其专注主业，在"电"字上做文章，做深做全"电"产业，做强做大"电"主业是其发展的最好概括，其还在低压电器领域持续发力。企业业务深度聚焦电力、机械、通信、工业、建筑工程和新能源六大行业，持续开拓行业优质大客户。正泰通过"技术+商务"的模式不断提升客户满意度，并取得了阶段性的突破，并且持续深耕渠道建设，推进各区域渠道下沉，加速全球本土化建设，通过海外子公司、分公司、办事处布局二级渠道，提高市场覆盖率。即便是涉足新能源领域，正泰还是把重心放到了与电相关的光伏发电上。这种避免多元化经营对企业资源的占用和对主业发展干扰的方式，保证了企业健康、持续、较快地发展。

而对于另一些企业来说，在适应未来发展趋势的同时，要根据市场形势的变化及国家产业政策要求不断寻求调整，推行"主业不变兼顾新型业务"的业务布局定位。这些企业一般在保持主业资源优势的前提下，关注到其他逐年蓬勃发展的行业，在分析市场后，紧跟发展趋势，将触角更多地延伸到基础建设方面，从而在做好主业的同时，发现和孕育新型产业，对口发展一个细分业务，为企业转型升级与持续发展打开新局面，实现新的利润增产。例如，海康威视在发展中业务逐渐变得多元化。当其营业收入高位增长但增长率却逐年下降时，海康威视开始自省，发现一方面是由于自身体量越来越大，另一方面也是由于主流安防行业已趋向有节制的增长，进入从追求规模向效益调整的阶段。此时如何开拓新的业务增长点引领行业发展，成为海康威视新的战略方向，针对此，公司围绕自身竞争优势做了一些有益的尝试和探索，布局互联网业务以及开拓机器视觉、移动机器人和行业级无人机业务。这些看起来完全和主营业务"不搭边"的创新业务，慢慢地成为海康威视的竞争力量。如今，海康威视的业务体系俨然已将技术、产品、系统全部打通，这也预示着其正在坚实的市场和技术基础下，驶入了蓬勃发展的"快车道"。对于不同的企业发展情况来讲，要找准自身的市场定位，根据市场形势的变化及国家产业政策要求不断寻求调整，谋划自身业务布局。

经验三：坚持数字理念，助力转型升级。随着计算机技术不断发展，IT技术不断与传统产业融合，例如，商业、教育以及娱乐等与计算机技术相融合，大大促进了社会及商业生产力的提升，同时也促进了IT产业的高速发展。从数字时代的发展历程来看，融合一直是驱动数字时代演进的基本力量。之所以融合是数字时代的基本驱动力，其根本原因是在融合过程中可以创造新的价值体系。从数字时代发展到互联网阶段，融合驱动力发挥的效用更大，一些传统的产业也借此提高了生产力。比如万事利集团将深耕的智能技术、移动互联、大数据分析等信息化领域和传统丝绸的结合，将大数据、云计算等智能化手段融入技术中。通过产业大数据化，万事利可以获取精准用户画像，对客户有深入理解，通过解决用户需求功能来完成产品迭代以及用户画像的改善，通过大数据、云计算等智能化手段驱动丝绸技术创新，充分挖掘其内在价值，提升企业的可持续竞争优势，实现传统企业的转型升级。它的崛起也使得中国丝绸时尚产业最初只靠引进国外技术、设备为国外品牌做廉价贴牌加工到如今向世界反向输出新技术、新品牌，这是中国丝绸时尚产业崛起的一个标志性开局。尤其对于传统制造业来说，抓住大数据的机遇能够使其赶上时代步伐，甚至脱颖而出。

但传统企业的再造与重生困难重重，大数据带来的变革在为传统企业重构商业模式进而转型升级提供难得机遇的同时，也充满着挑战。企业的成功正是来自一次次对机遇的准确把握，利用变革进行商业模式重构，完成一次华丽转型，或许这正是深陷危机的传统企业再造重生之时。比如自2019年以来，传统服装制造业目前面临的环境正在发生巨大变化，随着以李佳琦、薇娅为代表的带货"网红"、淘宝品牌、社区电商的订单逐渐增多，以大客户为中心，随之而来的大批量订单已逐渐成为历史，对于包括汉帛在内的传统生产企业来说，转型已经势在必行。在汉帛，高敏利用数字化技术，针对缝纫机建立了一整套解决方案，比如在每台缝纫机上装一台设备，通过这台机器抓取缝纫机的数据，同时来指导工人进行操作工序。数字技术帮助汉帛适应市场变化，实现小批量灵活生产，汉帛正从单一制造商转型为时尚平台服务商。在数字化、网络化、智能化的新一轮信息革命背景下，运用数据化促进企业转型升级将成为企业的核心竞争力。

经验四：强化技术研发，驱动模式创新。我国正在进行创新型国家建设，全国科技界深入实施创新驱动发展战略，加强研发攻关，加快成果转化应用，主要指标得到稳步提升。据统计，2019 年全社会研发支出达 2.17 万亿元，占 GDP 比重为 2.19%，整体创新能力大幅提升，创新型国家建设取得新进展，表明我国建设创新型国家又迈上一个崭新台阶。不管是中国创新指数位居世界第 14 位，还是高铁、5G 移动通信、新能源等高新技术产业已进入世界前列，这些都是我国进入创新型国家的重要标志，也是我国不断加强研发投入的结果。但正所谓"无限风光在险峰"，科技创新是一个不断爬坡和持续攻关的过程，越是到达高点，越需要克服更大困难，要在研发投入上付出更多，以维持科研创新的永续活力。这一点对于技术型企业尤为重要，技术型企业是指凭借技术优势，在与传统行业不同的发展领域，大力依托知识、技术以支撑其生产、经营、发展的经济实体。相比于传统产业，高新技术企业的研发费用在总费用中占比非常大，因此加强高新技术企业研发方面的内部控制制度建设就显得更加重要。

比如电器行业中的正泰，其把技术看作企业生存的根本，在发展过程中相继在北美、荷兰、德国等多个国家设立研究中心。正泰坚持自主创新，大力推进应用技术研发，日臻完善技术研发体系。截至 2019 年，正泰电器的研发投入已达到 9.8 亿元，着力对在研科技项目进行四大系列 16 个壳架的整合，进一步落实三大自主研发平台及零部件加工基地建设等研发项目，被称为最舍得研发投入的企业之一。安防行业的海康威视也认为没有技术作为支撑，企业或许走不了太远。因此，海康威视走上了自主研发的道路，坚持科技创新，并积蓄了强大的研发实力。其在视频监控产业向数字化、网络化、高清化、智能化方向发展的过程中，始终保持高额的研发投入。2011～2015 年海康威视的研发投入近 50 亿元，其中仅 2015 年就超过 17 亿元。在这样长期专注的创新投入下，海康威视凭借创新的前瞻性技术以及由其转化出的全球领先的应用技术和产品，市场表现优异，根据美国权威机构 IHS 报告显示，在视频监控领域，海康威视全球市场份额已从 2014 年的 16.3% 增长至 2015 年的 19.5%。

技术创新全球化已是当前世界的显著特征，在全球化形势、国际合作与贸易格局面临新的不确定性的大背景下，我国企业更需加大研发投入，提升科研自主创新能力，因为增强科技创新能力是提高企业核心竞争力的必由之路。在研发投入的保障下，技术创新的可能性才会越大，由此才能持续创造出适合未来市场需求的产品，以技术驱动创新。

经验五：顺应国家政策，挖掘创业机会。企业要跟着时代步伐走，企业家要不断创新。对于企业来说，首先要永不满足现状，其次要充分应用现在的科技成果，最后要顺应国家的政策导向，比如说"互联网+"、《中国制造2025》等。

在民宿市场发展中，国家政策是重要的影响因素。随着民宿市场的急剧扩张，各个省市纷纷出台政策，如将民俗安全纳入监管体系、规范民宿的经营合法性、治理农村土地流转问题等。对于民宿行业来说，国家政策影响着其经营成长的方方面面，获得合法性是其需要考虑的重要问题。裸心民宿针对当前酒店行业与政府之间的关系，成立了专门的政策关系部门，主动去跟政府对接，并接受政府一些具体规范上的指导。由于与政府的良好对接，2008年裸心拿到了裸心谷生态逸站的建设用地。裸心借助良好形势实行高打高举的策略，承办论坛进行宣传、对"五水共治"捐款等，在赢得自身成长的同时，也迎来了以裸心为蓝本的民宿管理办法出台。2014年1月，以裸心为蓝本，德清县人民政府签发《德清县民宿管理办法（试行）》，这标志着裸心关键合法性的获取。随着政策红利的不断释放，裸心在合法性方面逐渐完善，从而获得了持续性的良好发展。

另外，随着公民社会意识的觉醒以及企业缺失社会责任现象的曝光率越来越高，社会公众对企业是否履行社会责任越来越关注。只有致力于解决社会问题，才有可能成就一个有价值、可持续的商业模式。当企业将社会属性纳入帮助企业设计创新商业模式时，既可以开拓其商业模式设计的新思路，同时，也可以使企业在实施新的商业模式时能够更加顺利，能够广泛地被认可和接受，不至于出现一味进行商业模式创新而忽视了各相关利益主体对新模式接受程度，从而影响企业发展。比如，作为"互联网+新能源"出行服务平台，曹操出行不仅抓住国家政策的机遇，且积极承担社会责任，从而在众多网约车企业中争得了一席之地。首先，曹操出行推出吉利帝豪EV纯电动汽车，真正做到"不让污染上路"。使用纯电动专车，运营成本仅为普通油耗车的1/5，成本大幅度降低。这种新能源汽车的出现，顺应了国家新能源政策的推行，从而得到了政府的大力支持，由此，曹操出行在互联网共享出行业内异军突起。除此之外，曹操出行还推出"曹操碳银行"业务模块，这一业务具备传统银行的功能，但其记录的资本为每一个客户使用曹操出行降低的二氧化碳排放量，曹操出行围绕人们低碳出行的偏好，鼓励更多的人加入绿色出行的队伍中，使企业在赢得自身成长的同时，也向社会公众表现出积极承担社会责任的形象。履行社会责任是时代以及社会对企业提出的基本要求，企业只有承担应有的社会责任，才能实现可持续发展。企业应当致力于创造正面的社会与环境价值，并且为其利益相关者谋求最大利益，这种行为能够促进商业模式创新及其可持续性。紧随国家政策、把握机遇，勇于承担社会责任，从而充分发挥自身优势。

经验六：寻找生态伙伴，携手共创未来。现代企业往往处于创新生态系统之中：由客户、供应商、主要生产商、投资商、贸易合作伙伴、标准制定机构、工会、政府、社会公共服务机构和其他利益相关者所组成的生态系统。在这种过程中，企业要明确与自己相关的所有利益相关者，即把企业的所有利益相关者之间是什么关系，各自扮演什么角色，各自的价值如何体现描述清楚，或可将所有的上下游关系和所有的合作伙伴关系用一张图画出来，把各利益相关者在整个价值链上所创造的价值计算出来，把大家的工作关系理顺。面对竞争激烈的当今世界，只靠企业自身的力量已经不够了，整合更多的社会资源共同做一件大事是未来的发展大势，通过生态系统的形式能提高企业的成功率，提高企业的安全系数。参与进来的企业越多，企业的安全系数就越高，一旦搭建起一个完整的生物链，就相当于有了一个屏障，可以阻止竞争对手发起进攻。不夸张地说，未来的竞争，将是生物链的竞争，谁拥有了健康的生物链，谁就拥有了未来。比如以线上办公为主要业务的钉钉平台，其打造的商业生态系统，是围绕着钉钉的核心软硬件产品和服务，联合了硬件厂商、独立软件开发商、阿里云服务平台第三方服务机构，以数字化为目的，以客户流量为中心，运用平台经济、共享经济等新技术新理念，最终实现一个资源高效配置的良性平台化生态圈，将长尾需求业务开放给生态伙伴，帮助其生态伙伴专注于自身所擅长的领域，进行快速创新，实现高速发展。以钉钉为中心的上下游和客户都实现在线化连接，用大数据驱动整个生态的用户体验，生产销售效率的不断优化提升，并且这种以人为本的透明管理能够激发生态体系中的每一个人的创新力，使每一个环节都发挥最大效用。再如，盘石企业创造了"盘石全球新经济平台"，其整合了盘石数十年以来积累的盘石云大数据与服务经验，打造了以营销云、信用云、内容云、

SaaS 云、电商云、教育云、金融云七大云系核心服务，涵盖业务范围广泛，包括基于盘石大数据为基础而交互链接的盘石全球移动内容分发、盘石网站安全信用认证、盘石全球数字营销推广、盘石社交电商市场、盘石全球互联网金融、盘石大学互联网教育等全球新经济互联网生态圈系统。平台能够"一站式"解决传统实体，制造业，中小企业转型新经济过程中的触网、开店、营销、跨境、资金、人才、征信等一系列难题。作为全球首个新经济平台，"盘石新经济平台"在今后将助推国内乃至国际的传统实体经济、制造业、中小企业提升未来竞争能力；加快发展互联网金融，大力拓展全球市场，帮助更多企业转型升级；加强互联网教育体系建设，培养互联网人才，切实提升互联网应用水平、技术水平，为我国经济的转型升级助力。面对竞争激烈的当今世界，企业一旦搭建起一个完整的生物链，就能使其在竞争中提高自身的安全性与竞争力，目前来说，整合更多的社会资源共同做一件大事是未来的发展大势。

2　新时代浙商商业模式创新的六大启示

分析近 20 年来浙商企业商业模式案例，我们可以得出浙商企业在商业模式创新方面至少有以下六大启示。

启示一：差异化市场定位，扩大品牌影响。企业需要为企业品牌进行定位，将本品牌与其他品牌进行区分，为客户创造出差异化价值，最终获取经济利益。品牌既是企业的上层建筑，也是企业重要的无形资产。为了保证品牌具有旺盛的生命力，企业要针对产品特性，结合互联网特点，准确对品牌进行定位，定位的最终目的就是通过差异化的表现吸引消费者购买产品。品牌市场定位与品牌价值之间有着密不可分的关系，一方面品牌市场定位决定了品牌影响力的表现形式和生命力；另一方面品牌影响力的发展又反过来影响品牌市场定位的方向和目标，将品牌与市场定位有机结合，保证企业品牌的定位符合未来发展趋势。同时企业还需制定可持续发展战略，使企业的品牌定位更加精准。企业应以提升经济效益为目标，将品牌定位作为一项长远的工作，保证商品盈利的同时提高商品在市场中的份额。

本案例中，裸心凭借其独特的品牌定位在民宿市场中独树一帜。裸心从创立之初不同于常见的景区度假酒店的规划模式，其采用分散的模式，产品定位于回归自然本身而非休闲。裸心在市场上树立良好、高端的形象，瞄准企业的高端会议旅游、接待旅游、员工拓展旅游和公司发布会等市场需求。裸心的定位强化了其竞争性机制的核心能力与差异化，成为中国最具发展魅力的生活方式品牌。此外，智能移动办公市场的钉钉，贯彻的也是差异化市场定位的发展战略。钉钉最初起步于对公的即时通信，但对公的即时通信如何与对私的腾讯的微信、QQ 电话区别开来？一开始钉钉将信息与短信将结合，后又与电话相结合，通过将语音、文本转语音的方式把信息直接通过电话传达到对方，实现了差异化定位；同时快速实现用户需求，进行产品快速迭代，日益优化已有功能。目前钉钉已成为智能移动办公的"代名词"，用户在提及智能办公时便会想到钉钉。

启示二：线上线下联动，扩展业务布局。企业通过"实体渠道、电商平台、移动互联"三大平台相结合，衍生出新的商业模式和消费模式，整合所拥有的资源以弥补单一线上或线下服务力的不足，这正是 O2O 商业模式的生命力所在。企业可以利用移动互联网社会化营销媒体并配合主流招商媒体，初步构建自有电商平台或入驻已有电商平台，同时在业务辐射范围内分仓负责物流配送与售后服务，产品规格和价格实现线上线下统一。同一区域、同一经营主体、同一品牌、同一产品，无论通过线上还是线下的方式，都能让客户获得相同的产品、相同的服务。其中线上关系非常适合借助互联网来实现，微信等社交工具非常有利于客户关系的维护。实体店不仅仅是电子商务的线下提货点、展示点，更应该致力于解决诸如退换货、逆物流等客户体验最关键的"最后一公里"。搭建电商平台的优势之一就在于能够整合各方资源，所以线下企业可直接利用现有的物流通道，减少运营成本，将库存和仓储分摊到各个线下门店或分仓，能够实际减少总部的投入和风险，也有利于总部掌握好现金流。

线上、线下联动为盒马生鲜市场的蓬勃发展打开了另一扇窗。在"互联网+"和完全消费者中心时代，盒马把信息流和资金流放在线上进行，把物流和商流放在线下进行，同时强制使用线上支付将线下流量引入线上，利用大数据、移动互联网、智能物联网、自动化等先进技术设备，借用算法驱动订单归类，建立"去中心化的物流模式"。同时盒马的线下补货流程也实现了全部线上数字化。淘工厂则作为线上平台，为线上电商卖家与线下优质工厂搭建稳固的交互关系，采用柔性化的产能共享帮助传统工厂电商化转型，实现整个线上服装供应链的贯通。同时淘工厂通过聚合海量工厂，向线下品牌渗透，形成销售渠道驱动的线上线下结合的生产即服务模式。云集作为近几年兴起的社交驱动的精品会员电商平台，属于线上企业，在不断扩大线上付费用户的同时，云集也布局线下，与数百家供应商达成合作，借助供应商的线下渠道为云集提供更为有效的传播。随着体验为王消费时代的到来，未来一定会掀起企业线上线下联动，拥抱发展机遇的热潮。

启示三：注重技术革新，以创新促发展。技术创新驱动就是创新主体从事技术创新活动的驱动力。技术创新是一个过程，源于科技新发现，产品经过技术经济构思、研发试生产、正式生产、销售以及售后服务，最终实现商业利益。因此，从研究开发到市场实现的全过程中所发生的一切相关创新行为都可以界定为技术创新。技术创新是一个跨越多组织的活动过程，创新过程不仅涉及企业本身，而且还和企业所处的社会经济环境紧密相关。在技术创新中，大企业有更强的资源优势，其成功更多源于内部因素，而中小企业的成功更依赖于一些外部因素。企业如果想要得到发展，必然要加大研发投入与技术创新，持续创造出适合未来市场需求的产品，激活潜在市场。

例如，海康威视意识到主流安防行业趋向有节制的增长后，便积极开拓机器视觉、移动机器人、无人机、高清摄像机等创新业务。通过核心技术与体制机制的创新探索，目前海康现已拥有视音频编解码技术、视频图像处理技术、嵌入式系统开发技术等多项核心技术及云计算、大数据、人脸识别、深度学习、视频结构化等前瞻技术，以不断地进行创新应对未知的挑战。正泰电器作为全球知名的"一站式"低压电器企业，充分利用其稳固的行业标杆地位、强大的技术创新能力，布局新能源光伏业务，向全球智慧能源解决方案供应商发展。曹操出行作为全国网约车平台的典型代表，另辟蹊径，定位于中高端移动出行细分市场，全部采用吉利集团旗下吉利帝豪 EV 开展服务，使吉利集团实现从制造业到服务业的转型。

启示四：做好数字化转型，开辟变革"赛道"。数字化提高了识别价值创造中未满足的需求和未充分利用的资源，创造了新的需求，并扩大了企业对未充分利用的资源的接触范围。中国信息通信研究院发布的《中国数字经济发展与就业白皮书（2019 年）》显示，2018 年我国数字经济规模超过 31 万亿元，占国内生产总值的比重超过1/3。目前，我国在电商平台、云服务、共享经济等领域的商业实践走在了世界前列，越来越多的企业将"数字"视为核心资产、新资源和新财富。过去的商业模式是企业生产什么消费者就买什么，但现在转变为消费者需要什么企业生产什么，这给企业的业务模式和流程带来颠覆式的改变。而传统企业在进行数字化转型时，需要从企业自身的状况、数字化转型实施环境和成熟度，以及投入产出、知识与能力、财务、企业文化是否能接受或适应转型等进行分析和考虑，对标行业标杆，制定每一个阶段的目标和终极目标。数字化转型是一种思维方式的转型甚至颠覆，它对企业提出了系列变革的要求。

例如，万事利引入数字化生产理念，加快产品开发速度及更新速度，拓展产品种类，增加丝绸产品的应用领域，让丝绸成为高档装修材料、高端艺术品。以服装为主导产业的传统纺织公司——汉帛为生产线安装传感器和平板电脑、接入网络，运用数字化技术实现小批量灵活生产，导入富士康的智能制造能力，同时成立哈勃云，以构建"ZHI"时尚产业链。汉帛实现从单一制造商到时尚平台服务商的转变。随着大数据、云计算、物联网为代表的数字技术的崛起，企业已身处数字化经济。在新趋势大潮中，传统企业应该要抓住机遇，不断提升数字化能力，推进数字化转型，提高传统企业发展后劲。

启示五：优化行业生态圈，抱团发展共赢。企业要以核心业务为基础构建企业生态圈，拓展自己的业务范围，巩固已有利润渠道或扩展自身单一的利润渠道，规避自身核心能力单一、刚性的风险，获取持续竞争优势。在这个过程中，企业的价值创造不再是垂直整合，已经变成了用户和企业之间的双向协同驱动，价值转移在围绕企业的利益相关群体之间呈现多元化、立体化的特性，拓展了传统理念中以企业提供产品或服务为核心的垂直转移。在大数据时代下，互联网企业构建以柔性、动态的价值创造为特征的生态圈已成为一种趋势。企业要合理控制生态圈的扩张步伐，在依托自身拥有的流量优势和品牌积淀为自身产品引流和背书，达到价格、品质、品牌的平衡。同时企业应积极建立战略同盟，发挥产业集聚效应，与产业网上的其他公司共同开发供应链、硬件技术，积极驱动其他创业者，构建生态圈。

例如，蚂蚁金服的金融生态圈以支付宝为核心业务，其衍生业务有互联网理财的余额宝、互联网信贷的阿里小贷、金融担保方面的商城金融担保、互联网保险的众安在线、金融 IT 服务的恒生电子等，这些衍生业务围绕核心业务，有机地形成整个蚂蚁金服的互联网金融生态圈。目前蚂蚁金服生态圈中囊括了 200 多家来自金融行业（银行、保险、基金等）的合作方，这些金融机构有专业的理财产品设计和风险控制能力，蚂蚁金服立足于给金融机构搭建平台，而不是自身去开发金融理财产品；利用自身支付、大数据、云计算等能力帮助金融机构从以能力为服务核心转化为以数据为服务核心。盘石商业生态圈则是以盘石生态 SaaS 平台为核心，其衍生覆盖业务包括关注客户信息的内容云、网盟广告推广服务的营销云、基于智能移动办公的 SaaS 云、基于信用评价的信用云、提供电子商务解决方案的电商云、聚焦人才孵化的盘石大学等。这些衍生业务围绕核心业务，有机形成整个盘石的生态圈。未来企业在构建生态圈过程中要充分重视挖掘信息和数据，要从企业价值主张转向客户价值主张，实现企业核心业务与用户之间的双向驱动；围绕核心业务的完善，进行适当多元化业务，同时基于共同价值的多方共赢，为生态圈带来更多的参与者与用户，使企业的核心业务或企业标杆效应凸显，最终实现企业价值。

启示六：因势而谋、谋而后动，做好模式探索。企业在商业模式方面，从最初的模式选择到实践发展，再结合发展实际进行调整或再造，最终演变成一种新的商业模式，就构成了商业模式的单个循环周期。商业模式演化是企业进行商业模式探索的过程，是商业模式探索的表现。在演化的不同阶段，企业应注意商业模式探索的前瞻性、匹配性和操作性。企业管理者必须监控商业模式主导要素与企业发展阶段相匹配，以保证持续绩效的一致性。

物产中大在发展过程中，商业模式要素均发生了变化。在改革发展阶段，物产中大面临转型的生死考验，在业务上坚持"老五篇"（钢材、煤炭、汽车、化工、建筑）不放松，由内贸扩大到进出口业务；将分配激励创新与企业改制相结合。在转型发展阶段则表现为重点打造价值网络，借此提升顾客价值。此阶段物产中大在长三甲、珠三角等主要经济区域完成营销网点的布局，并通过物流、信息、金融三大平台，推动流通产业化。在提升发展阶段，物产中大则通过跨境电子商务平台，为中小外贸提供外贸流通、外贸金融以及风险防范等一系列集成服务，提升顾客价值，并采用联合、兼并、重组等资本运作手段，扎实推进实体投资，加大业务结构调整，创新收入模式。而以淘宝直播为代表的"直播+电商"模式的出现，重塑了传统电商中的人、货、场的商业模式：从"人"的方面来说，消费者从主动消费变成了被动消费。传统的主动消费中，消费者搜索选品通常需要一个长时间的品牌导入过程，但直播带来了被动消费和口碑的传播，在缩减了用户购物的决策时间的同时提升了用户体验；从"货"的方面来说，直播电商实现了去中间商，拉近了产品与原产地的目标。过去商家需要先采购，把货存进仓库然后再上架，而现在这一过程被略去。同时视频代替了原来的图片展示，以一个更真实和直观的方式展示产品；从"场"的方面来说，"千里眼+顺风耳"的功能变成现实。依靠技术和设备的升级革新，商家不再局限于单纯的卖场中，而是通过手机直播可以在任何时间、任何场景展示产品。

　　显然商业模式的每一阶段演变都是为了构筑企业的核心能力优势，使企业持续发展，具有某种程度的动态一致性，而企业未来在面对外部环境变化所带来的压力和企业构筑市场竞争优势时，已经处于完善型创新时期，并不意味着商业模式探索已经结束，探索的难度、力度仍然面临严峻挑战。

参考文献

［1］ Afuah A. , Tucci C. L. Internet Business Models and Strategies：Text and Cases ［M］. New York：Mc Grow, Hill Education, 2001.

［2］ Aspara J. , Lamberg J. A. , Laukia A. , Tikkanen H. Strategic Management of Business Model Transformation：Lessons from Nokia ［J］. Management Decision, 2011, 49（4）：622-647.

［3］ Casadesus-Masanell R. , Ricart J. E. From Strategy to Business Models and onto Tactics ［J］. Long Range Planning, 2010, 43（2/3）：195-215.

［4］ Casadesus-Masanell R. , Zhu F. Business Model Innovation and Competitive Imitation：The Case of Sponsor-Based Business Models ［J］. Strategic Management Journal, 2013, 34（4）：464-482.

［5］ Cavalcante S. , Peter K. , Parm J. Business Model Dynamics and Innovation：（Re）establishing the Missing Linkages ［J］. Management Decision, 2011, 49（8）：1327-1342.

［6］ Chesbrough H. Designing Corporate Ventures in the Shadow of Private Venture Capital ［J］. California Management Review, 2000, 42（3）：31-49.

［7］ Hamel G. Leading the revolution ［M］. Boston：Harvard Business School Press, 2000.

［8］ Hammer M. Deep Change. How Operational Innovation Can Transform Your Company ［J］. Harvard Business Review, 2004, 82（4）：84-93.

［9］ Peng M. W. , Heath P. S. , The Growth of the Firm in Planned Economies in Transition：Institutions, Organizations, and Strategic Choices ［J］. Academy of Management Review, 1996, 21（2）：492-528.

［10］ Johnson M. W. , Christensen C. M. , Kagermann H. Reinventing Your Business Model ［J］. Harvard Business Review, 2008, 86（12）：50-59.

［11］ Luo, X. W. , Zhang, L. Y. The Optimal Scheduling Model for Machinery

Resources with Time-window Constraints [J]. International Journal of Simulation Modeling, 2016, 15 (4): 721-731.

[12] Luo, X. W. Motive Power Model and Technology Routing of BEZ Development Mechanism under the Visual Angle of Industry Chain [J]. Advances in Information Sciences and Service Sciences, 2012, 20 (11): 345-352.

[13] Luo, X. W. , Huang, F. F. , Tang, X. B. , Li, J. L. Government Subsidies and Firm Performance: Evidence from High-tech Start-ups in China [J]. Emerging Markets Review, 2020. (on-line version).

[14] Linder J. , Cantrell S. Carved in Water: Changing Business Models Fluidly [J]. Accenture Institute for Strategic Change Research Report, 2000, 8-10.

[15] Magretta J. Why Business Model Matter [J]. Harvard Business Review, 2002, 80 (5): 86-92.

[16] Mitchell D. , Coles C. Establishing a Continuing Business Model Innovation Process [J]. The Journal of Business Strategy, 2004, 25 (3): 39-49.

[17] Mitchell R. K. , Wood D. J. Toward a Theory of Stakeholder Identification and Salience: Defining the Principle of Who and What Really Counts [J]. Academy of Management Review, 1997, 22 (4): 853-886.

[18] Mohan S. , Mark A. Y. The Influence of Intellectual Capital on the Types of Innovative Capabilities [J]. Academy of Management Journal, 2005, 48 (3) : 450-463.

[19] Morris M. H. , Schindehutte M. , Allen J. The Entrepreneur's Business Model: Toward a Unified Perspective [J]. Journal of Business Research, 2005, 58 (6): 726-735.

[20] Morris, M. H. , Shirokova G. , Shatalov A. The Business Model and Firm Performance: The Case of Russian Food Service Ventures [J]. Journal of Small Business Management, 2013, 51 (1) : 46-65.

[21] Moyon E. , Lecocq X. Co-evolution Between Stages of Institutionalization and Agency: The Case of the Music Industry's Business Model [J]. Management International, 2010, 14 (4): 37-53.

[22] Nadkarni S. , Narayanan V. K. Strategic Schemas, Strategic Flexibility and Firm Performance: The Moderating Role of Industry clockspeed [J]. Strategic Management Journal, 2007, 28 (3): 243-270.

［23］ Nadler D. A., Tushman M. L. A Model for Diagnosing Organizational Behavior ［J］. Readings in the Management of Innovation, 1988, 148-163.

［24］ Narayanan V. K., Zane L. J., Kemmerer B. The Cognitive Perspective in Strategy: An Integrative Review ［J］. Journal of Management, 2011, 37（1）: 305-351.

［25］ Narver J. C., Slater S. F. The Effect of a Market Orientation on Business Profitability ［J］. Journal of Marketing, 1990, 54（4）: 20-35.

［26］ Naver J. C., Slater S. F., Maclachland D. L. Responsive and Proacive Market Orientation and New Product Success ［J］. Journal of Product Innovation Management, 2004, 21（3）: 334-347.

［27］ Navis C., Glynn M. A. Legitimate Distinctiveness and the Entrepreneurial Identity: Influence on Investor Judgments of New Venture Plausibility ［J］. The Academy of Management Review, 2011, 36（3）: 479-499.

［28］ Nelson R. E. The Strength of Strong Ties: Social Networks and Inter-Group Conflict in Organizations ［J］. Academy of Management, 1989, 32（2）: 377-401.

［29］ North D. C. Institutions, linstitutional Change, and Economic Performance ［M］. Cambridge, MA: Harvard University Press, 1990.

［30］ Oliver C. Strategic Responses to Institutional Processes ［J］. Academy of Management Review, 1991, 16（1）: 145-179.

［31］ Oliver C. Sustainable Competitive Advantage: Combining Institutional and Resource-Based Views ［J］. Strategic Management Journal, 1997, 18（9）: 697-713.

［32］ Osiyevskyy O., Dewald J. Explorative Versus Exploitative Business Model Change: The Cognitive Antecedents of Firm-level Responses to Disruptive Innovation ［J］. Strategic Entrepreneurship Journal, 2015, 9（1）: 58-78.

［33］ Ostenwalder A., Pigneur Y., Tucci C. L. Clarifying Business Models: Origins, Present and Future of the Concept ［J］. Communication of the Association for Information Systems, 2005（16）: 1-25.

［34］ Osterwalder A, Pigneur Y. Business Model Generation: A Handbook for Visionaries, Game Changers and Challengers ［M］. Hoboken, New Jersey: John Wiley & Sons, 2011.

［35］ Osterwalder A. The Business Model Ontology-A Proposition in a Design Science Approach ［D］. Université de Lausanne , 2004.

［36］ Peng M. W. , Wang D. Y. L. , Jiang Y. An Institution-Based View of International Business Strategy：A Focus on Emerging Economies ［J］. Journal of International Business Studies, 2008, 39（5）：920-936.

［37］ Penrose, Edith T. The Theory of Growth of the Firm ［M］. Oxford：Basil Blackwell Publisher, 1959.

［38］ Perkmann M. , Spicer A. What are Business Models? Developing a Theory of Performative Representations ［J］. Research in the Sociology of Organizations, 2010（29）：265-275.

［39］ Peters T. J. Thriving on Chaos：Handbook for Management Revolutions. ［M］. New York：Alfred P. Knopf, 1988.

［40］ Priem R. L. , Butler J. E. , Li S. Toward Reimagining Strategy Research：Retrospection and Prospection on the 2011 AMR Decade Award Article ［J］. Academy of Management Review, 2013, 38（4）：471-489.

［41］ Rappa M. A. The Utility Business Model and the Future of Computing Services ［J］. IBM Systems Journal, 2004, 43（1）：32-42.

［42］ Ricart J. E. , Enright M. J. , Ghemawat P. , Hart S. L. , Khanna T. New Frontiers in International Strategy ［J］. Journal of International Business Studies, 2004, 35（3）：175-200.

［43］ Teece D. J. Business Models, Business Strategy and Innovation ［J］. Long Range Planning, 2010, 43（2/3）：172-194.

［44］ Timmers P. Business Models for Electronic Markets ［J］. Journal on Electronic Markets, 1998, 8（2）：3-8.

［45］ Verstraete T. , Laffitte E. J. A Conventional Theory of the Business Model in the Context of Business Creation for Understanding Organization Impetus ［J］. International Management, 2011, 15（2）：109-132.

［46］ Weill P. , Vitale M. R. Place to Space ［M］. Boston：Harvard Business School Press, 2001.

［47］ 鲍舟波. 数字化时代的商业模式创新 ［N］. 黑龙江日报, 2018-10-29（007）.

［48］ 贝圣颉. 大数据时代消费者行为变迁及对商业模式变革的影响

［J］. 财经界（学术版），2016（23）：337.

［49］曹正勇. 数字经济背景下促进我国工业高质量发展的新制造模式研究［J］. 理论探讨，2018（2）：99-104.

［50］陈冬梅，王俐珍，陈安霓. 数字化与战略管理理论——回顾、挑战与展望［J］. 管理世界，2020，36（5）：220-236+20.

［51］陈劲，杨文池，于飞. 数字化转型中的生态协同创新战略——基于华为企业业务集团（EBG）中国区的战略研讨［J］. 清华管理评论，2019（6）：22-26.

［52］迟考勋，杨俊. 对商业模式设计的三个误解［J］. 企业管理，2016（9）：61-63.

［53］单标安，蔡莉，费宇鹏，刘钊. 新企业资源开发过程量表研究［J］. 管理科学学报，2013，16（10）：81-94.

［54］丁宁，丁怡. 基于维度视角的企业商业模式设计的创新模型［J］. 科技管理研究，2010，30（20）：171-173.

［55］方舢. 传统媒体如何重构商业模式？——基于熊彼特"五个创新"理论的思考［J］. 市场周刊（理论研究），2016（11）：37-39.

［56］高婴劢，王宇霞. 赛迪智库信息化与软件产业研究所. 工业数据赋能制造业数字化转型［N］. 中国工业报，2020-05-20（004）.

［57］胡权. 新竞争优势：移动互联时代的商业模式设计［J］. 清华管理评论，2014（9）：38-46.

［58］纪慧生，陆强，王红卫. 基于价值的互联网商业模式设计［J］. 北京邮电大学学报（社会科学版），2010，12（3）：48-55.

［59］［美］克拉克，［瑞士］奥斯特瓦德，［比利时］皮尼厄. 商业模式新生代［M］. 北京：机械工业出版社，2012.

［60］李江涛. 商业模式创新的三大特点［J］. 全面腐蚀控制，2014，28（4）：20.

［61］李名亮. 广告公司经营模式转型研究［D］. 上海大学，2014.

［62］李平，杨政银，胡华. "万联网"与多智生态系统：未来商业模式与组织架构［J］. 清华管理评论，2019（3）：86-101.

［63］李卓贤. 云聚合：物联网商业模式的可行选择［J］. 通信世界，2011（2）：19.

［64］刘绍荣，夏宁敏. 产业赋能平台：智能时代的商业模式变革——以

贝壳与 58 同城的平台攻防战为例 [J]．清华管理评论，2019（Z1）：124-134．

［65］刘洋，应瑛．传统企业的大数据再造 [J]．清华管理评论，2015（6）：29-37．

［66］吕鸿江，程明，李晋．商业模式结构复杂性的维度及测量研究 [J]．中国工业经济，2012（11）：110-122．

［67］吕炜．中国经济转轨实践的理论命题 [J]．中国社会科学，2003（4）：4-17+204．

［68］罗兴武，刘洋，项国鹏．中国转型经济情境下的商业模式创新：主题设计与量表开发 [J]．外国经济与管理，2018，40（1）：33-49．

［69］罗兴武，项国鹏，宁鹏，等．商业模式创新如何影响新创企业绩效？——合法性及政策导向的作用 [J]．科学学研究，2017，35（07）：1073-1084．

［70］马蔷，李雪灵，申佳，王冲．创业企业合法化战略研究的演化路径与体系构建 [J]．外国经济与管理，2015，37（10）：46-57．

［71］马庆国．管理统计：数据获取、统计原理、SPSS 工具与应用研究 [M]．北京：科学出版社，2002．

［72］毛基业，李晓燕．理论在案例研究中的作用——中国企业管理案例论坛（2009）综述与范文分析 [J]．管理世界，2010（2）：106-113+140．

［73］[美] 沃尔特·鲍威尔，保罗·迪马吉奥．组织分析的新制度主义 [M]．上海：上海人民出版社，2008．

［74］倪志伟，欧索菲著，阎海峰，尤树洋译．自下而上的变革——中国的市场化转型 [M]．北京：北京大学出版社，2016．

［75］裴云龙，江旭，刘衡．战略柔性、原始性创新与企业竞争力——组织合法性的调节作用 [J]．科学学研究，2013，31（3）：446-455．

［76］彭华涛．创业企业成长瓶颈突破——政企互动的中介作用与政策感知的调节作用 [J]．科学学研究，2013，31（7）：1077-1085．

［77］彭新敏．企业网络对技术创新绩效的作用机制研究：利用性—探索性学习的中介效应 [D]．浙江大学，2009．

［78］《商业模式新生代》：颠覆守旧者的统治 [J]．IT 时代周刊，2012（2）：80．

［79］盛亚，单航英，陶锐．基于利益相关者的企业创新管理模式：案例研究 [J]．科学学研究，2007（S1）：106-109．

［80］苏晓华，王科．转型经济中新兴组织场域的制度创业研究——以中国 VC/PE 行业为例［J］．中国工业经济，2013（5）：148-160.

［81］孙海法，朱莹楚．案例研究法的理论与应用［J］．科学管理研究，2004（1）：116-120.

［82］陶虎，周升师．当代科技创新与商业模式变革——以移动支付为例［J］．自然辩证法研究，2018，34（8）：57-63.

［83］田志龙，程鹏璠，杨文，柳娟．企业社区参与过程中的合法性形成与演化：百步亭与万科案例［J］．管理世界，2014（12）：134-151+188.

［84］万建华等．利益相关者管理［M］．深圳：海天出版社，1998.

［85］王炳成，许长宇．破坏性创新商业模式的成长路径研究［J］．科技进步与对策，2010，27（8）：1-4.

［86］王泓．以商业模式画布为工具的商业模式设计［J］．中外企业家，2013（19）：3+5.

［87］王建国．商业生态网中的商业模式分类、创新和设计［J］．营销科学学报，2016，12（1）：1-17.

［88］王建明，王俊豪．公众低碳消费模式的影响因素模型与政府管制政策——基于扎根理论的一个探索性研究［J］．管理世界，2011（4）：58-68.

［89］王翔，李东，张晓玲．商业模式是企业间绩效差异的驱动因素吗？——基于中国有色金属上市公司的 ANOVA 分析［J］．南京社会科学，2010（5）：20-26.

［90］王樟云，陈瑾．杭州桐庐县民宿经济调查报告［J］．统计科学与实践，2013（12）：44-45.

［91］王兆君，关宏图．基于集群系统结构的企业集群成长与政府行为研究［J］．商业研究，2010（8）：34-37.

［92］王正伟．共享模式，将会是物联网商业模式的最佳突破口吗？［J］．物联网技术，2017，7（2）：5-6.

［93］魏江，李拓宇，赵雨菡．创新驱动发展的总体格局、现实困境与政策走向［J］．中国软科学，2015（5）：20-30.

［94］魏江，刘洋，应瑛．商业模式内涵与研究框架建构［J］．科研管理，2012（5）：107-114.

［95］魏炜．4 步设计卓越商业模式［J］．经理人，2011（9）：42+43.

［96］温忠麟，侯杰泰，张雷．调节效应与中介效应的比较和应用［J］．

心理学报，2005（2）：268-274.

[97] 文亮，何继善．创业资源、商业模式与创业绩效关系的实证研究[J]．东南学术，2012（5）：116-128.

[98] 文亮，李海珍．中小企业创业环境与创业绩效关系的实证研究[J]．系统工程，2010，28（10）：67-74.

[99] 吴东．战略谋划、产业变革与对外直接投资进入模式研究[D]．浙江大学，2011.

[100] 吴玲，贺红梅．基于企业生命周期的利益相关者分类及其实证研究[J]．四川大学学报（哲学社会科学版），2006（6）：34-38.

[101] 吴明隆．结构方程模型——AMOS 的操作与应用[M]．重庆：重庆大学出版社，2010.

[102] 吴晓波．"中国制造 2025"的商业模式转型[J]．西部大开发，2015（7）：99-101.

[103] 吴义刚．创业氛围：基于内生演化的视角[D]．安徽大学，2010.

[104] 奚艳燕．民营企业跨国并购战略的制度创业过程研究[J]．管理案例研究与评论，2014，7（1）：1-21.

[105] 项国鹏．从战略系统观视角分析"浙商"战略转型[J]．科技进步与对策，2009（1）：49-53.

[106] 项国鹏，李武杰，肖建忠．转型经济中的企业家制度能力：中国企业家的实证研究及其启示[J]．管理世界，2009（11）：103-114.

[107] 项国鹏，阳恩松．国外制度创业策略理论探析及未来展望[J]．科技进步与对策，2013，30（13）：154-160.

[108] 项国鹏，杨卓，罗兴武．价值创造视角下的商业模式研究回顾与理论框架构建——基于扎根思想的编码与提炼[J]．外国经济与管理，2014，36（6）：32-41.

[109] 项国鹏，喻志斌，迟考勋．转型经济下企业家制度能力对民营企业成长的作用机理——吉利集团和横店集团的案例研究[J]．科技进步与对策，2012，29（15）：76-81.

[110] 项国鹏，张志超，罗兴武．利益相关者视角下开拓型制度创业机制研究——以阿里巴巴为例[J]．科技进步与对策，2017，34（2）：9-17.

[111] 谢家平，梁玲，龚海涛．物联网环境下面向客户价值的商业模式变革[J]．经济管理，2015，37（11）：188-199.

［112］杨吉．怎样读《商业模式新生代》［J］．销售与市场（评论版），2011（12）：53.

［113］杨敏．传统行业的企业资源整合与商业模式创新［J］．市场研究，2019（10）：69-70.

［114］杨柔坚．基于价值链重构的传统企业商业模式创新和价值创造研究［D］．南京师范大学，2018.

［115］姚明明．后发企业技术追赶机制研究：商业模式设计与技术创新战略的匹配视角［D］．浙江大学，2014.

［116］张云霞．物联网商业模式探讨［J］．电信科学，2010，26（4）：6-11.

［117］赵铁．共享经济催生的商业模式变革研究［D］．重庆大学，2015.

［118］郑烁．"新零售"时代传统零售企业商业模式创新研究［J］．财经界（学术版），2019（12）：57.

［119］郑欣．物联网商业模式发展研究［D］．北京邮电大学，2011.

［120］郑欣．物联网未来商业模式探析［J］．移动通信，2011，35（21）：82-85.

附录：商业模式画布
（Business Model Canvas）

重要伙伴 Key Partners	关键活动 Key Activities	价值主张 Value Propositions	客户关系 Customer Relationships	客户细分 Customer Segments
	核心资源 Key Resources		渠道通路 Channels	

成本结构 Cost Structure	收入来源 Revenue Streams

后 记

　　本书是教育部人文社会科学研究规划基金项目"制度创业视角下新兴民营企业商业模式创新主题设计及其影响机制研究"（编号：19YJA630052）和浙江省高校高水平创新团队"转型升级和绿色管理创新团队"的重要成果。

　　商业模式创新是近些年战略管理理论与实践热点问题之一。本书从实践出发，汇集了近二十年来具有代表性的浙商商业模式创新的经验探索，通过认知篇、案例篇和经验篇向读者生动地呈现了浙商企业商业模式创新的现实样本。同时，总结出新时代浙商商业模式创新的六大经验：明确价值主张，注重客户需求；找准目标市场，谋划业务布局；坚持数字理念，助力转型升级；强化技术研发，驱动模式创新；顺应国家政策，挖掘创业机会；寻找生态伙伴，携手共创未来。此外，还提炼出新时代浙商商业模式创新的六大启示：企业未来要差异化市场定位，扩大品牌影响；企业未来应要线上线下联动，扩展业务布局；企业未来需要注重技术革新，以创新促发展；企业未来需做好数字化转型，开辟变革"赛道"；企业未来应优化行业生态圈，抱团发展共赢；企业需要因势而谋，谋而后动，做好模式探索。

　　本书由浙江财经大学工商管理学院罗兴武副教授完成。浙江财经大学董进才教授、王建明教授给予了本书宝贵的指导意见。浙江财经大学工商管理学院研究生张皓、宋晨青、黄菲菲等，以及浙江财经大学工商管理学院本科生林芝易等参与了本书部分章节的资料收集、案例收集和案例分析工作。浙江财经大学滕清秀老师、经济管理出版社编辑张莉琼为本书的出版也做了不少工作。在此，一并对他们表示感谢。

　　最后，由于新时代情境下商业模式创新是一个相对前沿的、与进俱进的研究领域，研究文献的更迭也比较快，而本书完成时间也较仓促，加上我们知识和能力欠缺，书中难免存在一些不足和疏漏之处，恳请各位专家学者、老师同学批评指正。

罗兴武
2021 年 6 月 16 日于杭州